本书得到聊城大学学术著作出版基金资助

行政责任法律规制研究

Xingzheng Zeren Falü Guizhi Yanjiu

翟月玲 著

中国社会科学出版社

图书在版编目（CIP）数据

行政责任法律规制研究/翟月玲著．—北京：中国社会科学出版社，2014.11
ISBN 978－7－5161－5065－8

Ⅰ.①行…　Ⅱ.①翟…　Ⅲ.①行政管理—责任制—法律—研究—中国　Ⅳ.①D922.114

中国版本图书馆 CIP 数据核字（2014）第 262030 号

出 版 人	赵剑英
选题策划	李庆红
责任编辑	许　琳
责任校对	任　纳
责任印制	王　超
出　版	中国社会科学出版社
社　址	北京鼓楼西大街甲 158 号
邮　编	100720
网　址	http：//www.csspw.cn
发行部	010－84083685
门市部	010－84029450
经　销	新华书店及其他书店
印　刷	北京市大兴区新魏印刷厂
装　订	廊坊市广阳区广增装订厂
版　次	2014 年 11 月第 1 版
印　次	2014 年 11 月第 1 次印刷
开　本	710×1000　1/16
印　张	14.75
插　页	2
字　数	251 千字
定　价	45.00 元

凡购买中国社会科学出版社图书，如有质量问题请与本社发行部联系调换
电话：010－84083683
版权所有　侵权必究

目 录

第一章 学术视野下的行政责任制度 …………………………… 1

 第一节 行政责任释义 …………………………………………… 1
  一 "行政"的含义 ……………………………………………… 1
  二 "责任"与"责任行政"的内涵 ………………………… 3
  三 行政责任主体 ……………………………………………… 4
  四 行政责任释义 ……………………………………………… 6

 第二节 行政责任的分类与特征 ………………………………… 10
  一 行政责任的分类 …………………………………………… 10
  二 行政责任的特征 …………………………………………… 12

 第三节 行政责任法律规制的基本原则 ………………………… 14
  一 我国现有行政责任法律制度基本原则的不足 ………… 14
  二 我国行政责任法律制度基本原则的确立 ……………… 17

第二章 行政责任法律规制的古代溯源 ……………………… 22

 第一节 中国古代行政责任法律规制 …………………………… 22
  一 中国古代官吏考核法律规制 …………………………… 22
  二 中国古代官吏选任与监察法律规制 …………………… 33

 第二节 西方国家古代行政责任法律规制溯源 ………………… 46
  一 古希腊古罗马时期的民权思想 ………………………… 46
  二 古希腊古罗马时期的自然法思想 ……………………… 59
  三 中世纪西欧的权力思想 ………………………………… 72

第三章 行政责任法律制度的理论基础 ……………………… 84

 第一节 行政责任法律规制的理论基点 ………………………… 84

	一	政治哲学基点 ······ 84
	二	法学基点 ······ 90
第二节	公共利益限制个人利益的合理边界 ······ 94
	一	原因分析：个人利益是公共利益的基础和依归 ······ 95
	二	影响因子：合理边界涉及的五个要素 ······ 97
	三	补偿边界：公共利益限制个人利益的"公正补偿"原则 ······ 104
	四	结语 ······ 107
第三节	政府干预政策的合法化 ······ 108
	一	政府合理定位：经济转型中政府干预市场政策的合法化前提 ······ 109
	二	市场缺陷与政府缺陷：政府干预市场政策的合法化边界 ······ 111
	三	"选择性"干预：政府干预市场政策的合法化尺度 ······ 115
	四	权利与权力的平衡：政府干预政策的合法化保障 ······ 118
	五	公民参与：政府干预政策的合法化基石 ······ 119
	六	结语 ······ 121

第四章 我国行政责任法律制度的现状分析 ······ 123

第一节	行政责任制度的立法现状 ······ 123
一	相关的法律文件 ······ 124
二	现状分析 ······ 129
第二节	我国行政监察机制的运行现状与原因 ······ 134
一	我国行政监察法律规制运行现状 ······ 134
二	我国行政监察机制之困境 ······ 138
三	运行困境之原因分析 ······ 141
第三节	我国反腐制度现状及其相关因素 ······ 142
一	我国的反腐制度现状 ······ 142
二	反腐制度运行成效及其相关因素分析 ······ 147

第五章 行政责任法律制度体系之构建 ················ 162

第一节 建立行政责任法律制度体系的必要性与可行性········ 162
一 WTO规则对中国行政责任制度提出的挑战 ······ 162
二 我国社会利益群体分化的需要···················· 167
三 可行性：日本行政程序法发展的启示·············· 173

第二节 行政责任法律规制体系的选择方向与模式········ 180
一 行政责任法律制度的价值取向与规制·············· 180
二 行政责任法律制度体系的选择方向与立足点········ 188

第三节 构建行政责任法律制度的基本思路················ 195
一 我国行政责任法律制度的实体性规定·············· 195
二 我国行政责任查处的程序性问题·················· 208

附录 ··· 213

参考文献 ·· 226

第一章　学术视野下的行政责任制度

第一节　行政责任释义

行政责任不能得到有效追究是我国行政管理领域腐败、执法不严、违法不究等不良现象广泛存在的重要成因。行政责任不能得到有效追究问题虽已引起了学术界与实务界的大量关注，但相关理论研究明显滞后，学界对政府及其公务员行政责任实现问题的研究尚处在起步阶段，研究成果相对较少，不能为行政责任的设定及其有效追究提供有力的理论引导与支撑。到目前为止，我国还没有一部专门规范行政责任的《行政责任法》。我国的行政责任法律制度是由大量的法律、法规中有关行政责任的法律规范构成的。随着这一系列行政法律的施行，行政责任的立法化、规范化已成为当今学术界普遍关注的问题。行政责任是保障相对人合法权益，监督行政主体行政行为的必要手段。鉴于此，笔者首先对"行政"与"责任"以及"行政责任主体"进行分析，并在此基础上分析整合，最后阐述"行政责任"的基本含义。

一　"行政"的含义

在"行政责任"一词中，"行政"是属性的限定词，与立法、司法相对立，它强调的是"行政"责任，而不是立法、司法责任。如不明晰何谓"行政"，则对"行政责任"的认识，将无探讨之基础，因此，这是一个首先应该解决的问题。

"行政"一词，可作形容词，也可作名词。《现代汉语词典》解释"行政"：1. 指行使国家权力的：如行政机构。2. 指机关、企业、团体等内部的管理工作；如行政人员。就"行政责任"而言，"行政"的第一种含义是指事物的一种属性。国家权力划分为三种：立法、司法与行政，而国家在行使权力时，相应地就会产生三种责任：立法责任、司法责任与行政责任，而"行政"的第一种含义强调的就是"行政"责任，而非其他责任，而"行政"的第二种含义指的是对内实施的一种行为内容，它强调的是内部管理和机关、企业、团体等与其内部人员的关系。由于中国目前没有《行政责任法》，因此，"行政"的含义只能参阅专家学者的相关论述。而《国家司法考试辅导用书（2013）》则有相对的权威性。它从三个方面对"行政"的含义进行阐述。

（一）在不同国家制度时代背景下，行政有不同的领域、作用和意义

现代行政大体可分为公共行政和普通行政两大类。公共行政包括国家行政、公共事业组织行政、地域性自治组织的行政、团体性自治组织的行政和其他公共行政；普通行政包括以营利为目的的企业行政、民营非营利社会服务组织的行政和其他普通行政。

（二）行政法意义上的行政是指公共行政

行政法支配公共行政的范围，因国家和历史时期的不同而变化。有的国家将国家设立的教育机构等公共事业单位和地域性自治组织的行政都纳入行政规范的范围，有的国家的国有企业和公用设施企业也受到或者在历史上曾经受到行政法的支配。虽然行政法对行政的支配范围没有固定的模式，但是一般都保持在公共行政框架内。我国行政法支配的公共行政，现在主要是国家行政。它是指国家行政机关行使职权实现国家行政职能的活动。

（三）国家行政可做各种分类

在行政法学可以将国家行政分为积极行政和消极行政、负担行政和授益行政、形式行政和实质行政。

其实，"行政责任"一词，体现的是一种行政主体与相对人的关系，实际上包含了两个层面的含义：其一，指作为行政主体的政府部门对人民承担其因实施行政行为所造成的法律后果的责任，这里的行政行为既包括具体行政行为也包括抽象行政行为。承担这种责任是政府的义务。其二，指当相对人的合法权益受到行政机关行政行为损害时，有权要求政府予以保护，这是行政相对人的权利。

归纳起来，"行政责任"中的"行政"是指政府及其工作人员对行政相对人及其政府内部人员实施的一种合理行为。

二 "责任"与"责任行政"的内涵

现代的行政机构职责众多，诸如颁布命令或公告，做成各种调查、研究或考核等报告，就各种问题做出决定并实施行为等，其结果是直接影响人民权益，或者涉及学术研究。因此，没有一套完整健全的行政责任制度体系，很难对行政行为进行监督与管理，更无法保障相对人的合法权益。即使合法权益遭到损害，也是不知所措，出现投诉无方、状告无门的尴尬局面。

我国大部分的法律和行政法规是由行政机关来执行的，而全部的行政行为都是由行政机关、法律法规授权的组织、行政机关委托的组织与个人来实施，而这些行为会无一例外地对人民权益造成各种各样的影响。近年来，由于部分行政人员本身法制观念不强，主仆意识颠倒，把手中的权力看成是个人随意支配的工具，要物权，谋私利，出现许多损害人民利益的现象。这种现象出现的原因除个人观念外，关键因素就是我国缺少一套健全的行政责任体制，没有做系统化整理，没有对行政人员的行为进行具体的、程序的量化责任限定，以至于当他们实施了行政侵权行为，给人民利益造成损害后，能够逃避法律法规的制裁，或者只处以隔靴搔痒的行政处罚，不能对其行为造成的后果承担足够的责任。

责任一词有两种内涵：一是指应尽的职责，二是指应承担的过失。在行政法学研究中人们只是从法律责任制度关注行政责任，而不是道义的责任。"责任"一词，实际上体现的是行政法学界的平衡论精神。自从20世纪90年代初罗豪才先生提出平衡论以来，曾引起行政法学界的诸多争论。从中国行政法学的发展来看，对行政法性质的认识有一个从"管理论"转向"控权论"再到"平衡论"的过程。"平衡论"作为行政法学的基础理论，其基本含义是：在行政机关与相对方权利义务的关系中，权利义务在总体上应当是平衡的。它既表现为行政机关与相对一方权利的平衡，也表现为行政机关与相对一方义务的平衡；既表现为行政机关自身权利义务的平衡，也表现为相对一方自身权利义务的平衡。[①] 现代行政程序以民主、公正为宗旨，同时兼顾效率，行政程序的设立赋予了相对方重要

[①] 罗豪才：《现代行政法的理论基础——论行政机关与相对一方的权利义务平衡》，《中国法学》1993年第1期。

的程序性。公民正是以这些程序上的权利，抗衡行政机关的执法权力，从而使自己从单纯的行政行为对象变成了可以通过行政程序制约行政行为的主体，从纯粹的被动者变成了一定条件的主动者，从而起到平衡作用。即通过行政责任的追究程序设计，保障行政法律关系双方主体在行政争议处理过程中的地位平衡。具体到行政责任制度而言，行政法的基本功能是调整行政主体和行政相对方的相互关系。也就是说通过确立双方主体各自的权利、义务，使其相互关系处于最有利于实现二者各自任务的状态。在行政法律关系中，行政主体和行政相对方的法律地位不是完全对等的，二者的权利、义务不是完全对应的，但二者的相互关系却处于一种相互平衡状态，即行政法所维系的一种特定秩序——行政法律秩序状态。这里行政责任的整体机制起着重要的作用，行政法通过不同的行政责任形式调节行政主体双方关系的冲突，保障双方关系的平衡。

责任行政，又称责任政府，是现代民主政治的一种基本价值理念。它要求行政机关及其公务人员履行其在整个社会中的职能和义务时，必须正确地做事，不做法律禁止的行为。同时，要做有利于社会的事，不做有损社会的事。

依民主政治的理念，政府从社会获取权力代表社会施政，其条件是切实履行社会契约规定的义务，即政府机关及其工作人员必须积极地履行社会义务和职责。其出发点必须是基于民意，政府必须回应社会和民众的基本要求并采取积极措施，公正、有效地实现民众的需求和利益。政府只有在其能够保障社会利益的实现、真正履行其责任时才是合乎理性的、有道理的、合法的。

三 行政责任主体

行政责任主体是指行政机关及其负有直接责任的主管人员或其他直接责任人员。自然人承担上述法律责任时，必须具有责任能力。责任能力是指行为人依法承担法律责任的能力或资格。责任能力与自然人的年龄、智力状态、身体健康状况等密切相关。一般来说，各国都规定了国家或地方政府的公务机关应该是行政责任的当然承担者。但是，各国对于"公务机关"的理解不尽一致，尤其对议会、法院、军事机关、国家企业法人等组织是否为行政责任的承担者，出入较大。瑞典把国家行政机关、国会、教会、法院、地方公共团体等规定为行政责任主体。法国规定行政责任主体为国家行政机关、地方公共团体、私法上的团体被政府委托进行公共服务管理的组织等。韩国规定国家行政机关、国会、大法院、宪法法院、中央选举委员会、地方公共团体、政府投资的机关等为行政责任主体，范围更广。[1] 总体而言，大陆法系国家，所谓的公务机关应该指的是行政主体，即政府行政机关和公务法人。

一般而言，行政法是规定国家行政机关的组织、职权、行使职权的方式、程序以及对行使行政职权的法律监督的调整行政关系的法律规范。但是，一些不属于行政机关范围的团体与组织也都纳入了行政责任主体的范围之内，原因是什么呢？

首先是行政权力的扩张。由于不断发生的世界性经济危机，西方发达国家认识到政府对国家经济调控的重要作用，从而使其经济体制由自由竞争而转至市场与国家调控相结合的中间路线，这就使得政府的影响力渗透到社会经济的各个方面，特别是出现所谓"福利国家"（Welfare state）以后。[2] "福利国家"的出现可以上溯到20世纪初，以英国1911年《国家保险法》、1902年《教育法》、1908年《老年退休金法》等法律的出现为标志，[3] "福利国家"的特征是管理性规章激增，更多的权力集中到国家身上。与此同时，现代类型的行政部门替代了旧式的委员会，部长负责制学说伴随着相关的文官隐性名利以及文官与政治相分离的原则开始形成，从而奠定了庞大而有力的官僚政治基础，它是现代行政的主要工具。[4] 地方政府的领域也扩展到从人的生存环境到人的就业、培训等衣食住行活动。在中国更是如此，新中国自成立以来直至20世纪90年代，一直是计划经济体制，国家控制着一切经济活动，国家行政机构异常庞大，中国是彻底的行政国家。在中国行政授权产生了法律法规授权的组织，这些非国家组织的行政主体，如学校、医院等成为有管理社会公共事务职能的事业单位，一部分事业单位行使的行政职权，也应纳入行政责任立法的范围，它们以自己的名义行使行政职权，并承担相应的法律责任。行政机关委托的组织也不是行政机关，但是它们却能行使一定的行政职权，这种行政职权来源于行政机关的委托，因此行政机关委托的组织也被纳入行政

---

[1] 刘杰：《外国情报公开法述评》，《法学家》2000年第2期。
[2] 冯国基：《行政资讯公开法律制度研究》，法律出版社2002年版，第6页。
[3] ［英］韦德：《行政法》，徐炳等译，中国大百科全书出版社1997年版，第703页。
[4] 冯国基：《行政资讯公开法律制度研究》，法律出版社2002年版，第6页。

责任主体范围，不同的是，它不能以自己的名义行使行政职权，而是以委托机关的名义行使，其行为后果产生的法律责任也由委托机关承担。在西方，各国宗教团体和其他自治组织之所以成为行政责任主体是与其社会政治经济文化密不可分。在西方各国，教会有自己的财产，管辖着所属教区的教务和信徒，在本教区内享有世俗政府不能干涉的许多权力，而自治团体主要包括地方团体和行业组织。由于西方一些国家实行地方自治制度，地方自治团体有很大的行政权力，如法国，地方团体包括组织和行政长官，享有管理地方事务，通过财政预算、管理地方财产等权力。[①] 至于行会组织，它们收取会费，管辖着所属的会员，制定行业规则和资格评定，也有较大的权力。上述三者都起到了行政管理职能的作用，故而有些国家将宗教团体和其他自治团体纳入行政责任主体的调查范围，以便对其活动加以监控，保障人民的权益。

以上主体要承担行政责任，行为人主观上必须有过错，包括故意和过失，但主要是故意。所谓故意是指行为人明知自己的行为会造成某种损害后果而希望或放任这种危害结果发生的一种主观心理状态。

所谓过失，是指行为人应当预见自己的行为会造成某种损害后果而没有预见，或虽已预见但轻信能够避免的一种主观心理状态，最典型的过失后果是失职，对于失职必须进行责任追究。失职追究是指机关工作人员由于不负责、不履行或不正确履行自己的工作职责，构成失职行为，致使国家、集体、人民群众的利益遭受损失，必须追究其行政及经济上的责任。

四　行政责任释义

行政责任概念主要是源自法学界与行政学界。行政学界从权力来源本职职责出发对行政责任进行阐释。法学界则从"法律责任"概念出发将行政责任与民事责任、刑事责任等一同进行大量探讨。

（一）行政学对行政责任的阐释

在行政学上行政责任是政府及其构成主体行政官员（公务员）因其公权地位和公职身份而对授权者、法律以及行政法规所承担的责任。[②] 在行政学视野中，认为行政机关及其公务员行使行政权力是公共行政的主

---

① 王名扬：《法国行政法》，中国政法大学出版社 1988 年版，第 52—100 页。
② 张创新、韩志明：《行政责任概念的比较分析》，《行政与法》2004 年第 9 期，第 486 页。

体，自然就是行政责任的主体；其行政权力来源于人民授权，权力行使不仅要对法律、法规和政策负责，还须对公众、政党、立法机关、社会价值和伦理道德承担责任。这是对行政责任内涵广义上的阐释。在该意义上行政责任的内涵重点强调行政机关及其公务员应承担履行行政职权在政治、法律和道义上最基本层次和最低限度职责，亦可以称作"必须做"和"应当做"的本职职责。至于本职职责未履行或履行不当所引起的责任，则属于从属责任。

行政学范畴中行政责任的履行与追究：首先，除了依据法律的责任履行与追究，还包括在政治上、道义上的责任履行与追究，就行政领导者来讲，包括"引咎辞职"政治后果的承担与追究；其次，行政学的行政责任是针对本职岗位职责的履行与承担；再次"法律责任"不仅包括依据行政法的责任追究与承担，还包括其他法律的责任追究与承担。

（二）法学对行政责任的阐释

在法学领域，行政责任则被看作是法律责任的一种，法学集中探讨行政责任的内涵及其与其他责任的区别。

1. 法学视角的行政责任

在法学领域行政责任有广义和狭义之分。广义指行政法律关系的主体和相对人违反行政法规依法承担的责任；狭义指行政机关及其公务人员的违法行政责任，即行政主体的行政责任。随着法治社会的建设、责任政府的建设及权力控制理论的发展，在法学领域，行政责任越来越多地指向行政机关及其公务人员的违法行政责任。本书探讨的"行政责任"指向狭义行政责任——行政主体的行政责任。关于"法律责任"，法学上存在着"义务说""后果说""谴责说"以及"三位一体说"等不同认识。"义务说"认为，行政责任是指行政主体在行使行政职权的过程中所必须承担的法定义务。[①] 这种观点将行政责任混同为行政职责，违背了法理上"义务—责任"的关系原理，使行政责任的"责任"含义与民事责任、刑事责任不一致。"后果说"认为，行政责任就是指行政主体及其工作人员因违反行政法律规范而依法必须承担的法律责任，它是行政违法包括部分行政不当所引起的法律后果。[②] 这种观点突出了违法行政与责任之间的因果

---

① 张世信、周帆：《行政法学》，复旦大学出版社2001年版，第72页。
② 朱新力：《行政违法研究》，浙江大学出版社1999年版，第280页。

关系，把违法行为与责任紧紧联系在一起，但仍具片面性，没有全面概括行政责任的特点。"谴责说"认为，行政责任是行政主体因违反行政法上的义务而应受到谴责而必须由行政主体或国家承受的法律上的不利负担和制裁。① 这种观点忽视了行政责任中的行为违法特征。如若法院判令行政机关履行其应作为但不作为的行政行为，那么，行政机关履行其依法应当履行的本职工作，这是不是一种不利负担呢？"三位一体说"认为，行政责任是行政主体及其执行公务的人员因行政违法或行政不当，违反其法定职责和义务而应依法承担的否定性的法律后果。② 这种观点既顺应了"义务—责任"的关系原理，又突出了违法行政与责任之间的因果关系，并体现了行为的违法性及其否定的评价。因此，它在法学领域被大多数人接受，被认定为通说。③

综合以上对"行政""责任""责任政府"和"行政责任主体"等概念的分析描述，我们可以初步得出行政责任这一概念的定义。

这里所说的行政责任首先是一项制度，就我国目前的立法状况来说，尚没有专门的法律规定这一项制度，只是见于一些法律法规中。其实行政责任这一观念的真正产生和发展是近代民主政治发展以后的事情。在近现代民主政治社会里，公共权力无论是名义上还是实质上都来源于人民权利的让渡。在理论上深刻表达这种"主权在民"思想的莫过于社会契约论。霍布斯认为，为了摆脱"自然状态"，人们在理性的指引下共同约定，"把大家所有的权力和力量付托给某一个或一个能够通过多数意见把大家的意志化为一个意志的多人组成的集体"。④ 洛克指出，为了使天赋的权利得到可靠的保护，就需要一种既凌驾于每个个体之上，又能代表每个个体意志的公共权威来裁决和调整人与人之间的利益冲突关系。这种公共权威起源于契约和协议，以及构成社会的人们的同意。⑤ 在卢梭看来，主权体现着人民的意志，是公意的运用，"什么是政府呢？"政府就在人民与主权者之间建立一个中间体，以便两者得以互相适合，它负责执行维持社

---

① 费伟等：《行政责任概念之探究》，《法律园地》2001年第2期。
② 皮纯协、胡锦光：《行政法与行政诉讼法教程》，中央广播电视大学出版社1996年版，第221页。
③ 李蕊、赵德铸：《行政主体行政责任阐释——源自责任追究视角》，《内蒙古社会科学（汉文版）》2013年9月，第78—83页。
④ ［英］霍布斯：《利维坦》，商务印书馆1985年版，第131页。
⑤ ［英］洛克：《政府论》，商务印书馆1964年版，第105页。

会的及政治的自由。① 也就是说，首先公共权力的国家是更好地保护"私权利"，也必须对公共权力的设置课以相应的责任规定和设计，建立起权责统一的公共行政体系。

我国是人民民主专政，一切权力属于人民，公务人员只是代表广大人民群众行使权力，当人民群众把掌握的国家权力赋予其之后，为人民谋利益维护群众合法权益就是履行职责。权力意味着一种责任，权力越大其责任就越重。从法治制度而言，有怎样的权利就应有怎样的相应义务，行使什么样的权力就应承担相应的责任。权力与责任相互依赖。法治国家的特征之一就是确保责任与权力相依相伴，不可分割，责权统一规则，使权力规范化、明晰化和合法化，权力一旦超越合法的范围，就应以承担相应的责任作为越权的必然代价。没有责任的权力必然滋生权力的放任和腐败。一些高职公务员如成克杰、胡长清等人的腐败落马，引发了人们对行政责任的思考，党的十五大、十六大均将惩治腐败、大力推进廉政建设作为党的中心工作来抓。但是，惩治腐败，即罪后处置并不是消除腐败的最佳方法，只是打击腐败的权宜之计。必须设置行政责任制度进行事先规制，才能很好地防患于未然，那么什么是"行政责任"呢？

行政责任指的是国家机关及其公务人员在行使职权过程中对国家权力主体——人民负责，必须通过对自身职责的履行保护人民合法权益，为人民谋取利益，否则将承担相应的后果。

2. 法学领域中行政主体行政责任的实现与追究

首先，在法学领域内，责任的追究指向违反法定本职职责后的否定后果；其次，该"否定后果"限于法定，是法律上应受谴责的责任，法无规定则无责任，不包括政治责任和道义责任；最后，违背行政法律规范应受谴责的责任，明确行政责任的承担方式和途径是其不可或缺的内涵，不同于民事责任、刑事责任。

行政责任与其他法律责任的追究和实现是法学关注的重点内容之一，因此，将行政责任与其他责任相区别是法学理论探讨不可忽视的内容。按照责任的性质划分，法学上的法律责任主要划分为行政责任、宪政责任、民事责任与刑事责任。刑事责任是对严重违法行为的最严厉的制裁，其在属性、功能、制裁手段等方面与行政责任、宪政责任、民事责任有着严格

---

① ［法］卢梭：《社会契约论》，商务印书馆1980年版，第76页。

的区分，一般不易混同。关于行政责任与宪政责任，由于我国对宪政责任研究起步比较晚，对于二者之间的关系关注较少。至于民事责任与行政责任之间，由于在《国家赔偿法》出台以前，依据我国《民法通则》第121条规定，国家机关或者国家机关及其工作人员执行职务，侵害公民、法人的合法权益造成损害的，应当承担或者一说追究其民事责任。因此，《国家赔偿法》出台后，人们更多关注的是行政责任与民事责任的区别。

其次，法学行政责任与行政学行政责任的区分焦点，着重表现在行政责任与政治责任的混淆。行政责任是行政主体及其公务人员违反行政法规而产生的法律责任。政治责任是政府、部门及工作人员在政治生活领域由政治行为失误而引起的责任。二者存在着明显的不同：一是责任追究的根源不同。行政责任来源于部门法——行政法规范，政治责任源于政治规则和政治道德规范。二是责任追究的程序不同。行政责任是通过法律规定的程序予以追究，由法定部门依据法律的标准和程序予以决断；而政治责任是通过授权者——民众的弹劾、不信任案或舆论等追究。三是政治责任与行政责任的责任追究效力不同。行政责任只能针对违法行政主体及其主要公务人员追究责任，对其他人员不能连带追究，而政治责任可以连带追究政治团体的整体。

第二节 行政责任的分类与特征

一 行政责任的分类

（一）按行政责任的来源可分为法定责任和道义责任

法定责任是依据法律法规和组织规定的义务作为前提。也就是说当国家机关及其工作人员违反了法律法规所规定的义务时，应当承担其行政行为产生的不利后果。行政行为可分为两部分：一是抽象行政行为，二是具体行政行为。抽象行政行为是指行政主体以不特定的人或事为对象所实施的行为。[1] 我们认为，抽象行政行为分为两类：一类是行政立法行为，指

---

[1] 姜明安主编，马怀德、湛中乐副主编，司法部法律考试资格委员会编审：《行政法学》，法律出版社1998年版，第64页。

国务院制定行政法规，各部委制定行政规章，省、自治区、直辖市人民政府，国务院批准的较大的市人民政府制定地方性规章的行为。另一类是行政非立法行为，指行政机关制定、发布其他具有普遍约束力的决定、命令的行为。特别是第二类抽象行政行为，由于部门保护、地方保护色彩浓厚，规范性文件和非规范性文件不仅在制定时随意性大，而且一旦颁布则很少根据情况变化进行清理与及时废除，因此对之设定行政责任十分必要。而所谓具体行政行为，指的是"行政主体以特定的人或事为对象所实施的行政行为"。[①] 在某项具体行政行为中，如河南平舆县黄勇特大系列杀人案，公安部门应立案而不予立案，致使相同的悲剧在不同家庭先后发生，公安机关对其行政不作为所造成的损害后果应承担行政责任。行政责任主要是法定责任，然而法定责任的效力往往在于维持公务人员最低的行为标准，若要保持较高的行政效率和效能，使公务人员具有高度的公益精神和责任感，不能只依靠处罚的方式，更重要的是责任的自我约束、自我要求，这就是道义责任的作用。

道义责任并不依据法律法规和组织的规定，在主观上，依据公务人员的良心，对职责的认同和忠诚，这是通过长期的家庭、学校、朋友的影响以及专业培训、思想教育、工作实践的社会化过程所形成的，在客观上依据社会舆论在当时的社会道德水准下做出。

二者是行政责任不可缺少的组成部分，它们相互补充，共同发挥行政责任的约束惩罚、教育、引导功能，达到保障行政权有效行使和抑制行政权滥用的目的。

（二）根据承担行政责任的主体不同，分为行政主体国家机关承担的行政责任、国家公务员承担的行政责任和行政相对人应承担的行政责任

国家机关承担的行政责任是一种政治责任，它是针对直接由全国或地方人民代表大会选举或任命产生的中央或地方政府组成人员而言的，如果政府决策失误或者行政行为（包括制定政策、法律规章、行政命令等）有损国家与人民利益，应承担政治责任（并不排除追究其他责任），政治责任由我国宪法、组织法等法律所规定，责任方式包括质询、赔偿损失、履行职责、恢复被损害的权利。

[①] 姜明安主编，马怀德、湛中乐副主编，司法部法律考试资格委员会编审：《行政法学》，法律出版社1998年版，第64页。

国家公务员承担的行政责任是指公务人员不履行或不正确履行行政职责，违反法律法规或组织规则等，而应承担的责任。责任方式有辞职、罢免、行政处分。而行政处分是指国家行政机关依照行政隶属关系对违法失职的公务员给予的惩戒措施。行政处分有六种形式，即警告、记过、记大过、降级、撤职和开除。辞职、罢免、行政处分目前在我国由《公务员法》《国家行政机关工作人员贪污贿赂行政处分暂行条例》等加以规定。

行政相对人应承担的行政责任是指行政处罚，其含义是指行政主体对违反行政法律、法规、规章尚未构成犯罪的行政管理相对人实施的制裁措施。行政处罚的种类有：警告、罚款、没收违法所得、没收非法财物、责令停产停业、暂扣或吊销执照和许可证、行政拘留、法律法规规定的其他方式。本书要研究的行政责任不包括行政相对人应承担的行政责任。

二 行政责任的特征

（一）义务性

卢梭提出："行政权力的受任者绝不是人民的主人，而只是人民的官吏，只要人民愿意就可以委托他们，也可以撤销他们，对于这些官吏来说，绝不是什么订约的问题，而只是服从的问题，而且在承担国家所赋予他们的职务时，他们只不过是在履行自己的公民义务，而并没有以任何方式来争论条件的权利。"[①] 从委托关系的角度来理解，毫无疑问"所属主体"人民是委托者，"行使主体"国家机关及其公务人员是被委托者，公共权力的行使主体始终不能超越委托范围而任意行为，更不能在行使委托权的时候损害委托者的合法利益。行政权从一开始产生，就是以国家管理及社会公共利益为目的，服务于民众利益是国家机关及工作人员的义务，义务性是其根本特征。

（二）国家性

行政责任是一种国家责任。由于国家机关及其工作人员行使的是国家权力，是对社会进行全面管理，具有国家权威性。依据法治原则，为防止行政专横，专司社会管理的行政机关的活动必须严格依照法律法规及组织

---

① 姜明安主编，马怀德、湛中乐副主编，司法部法律考试资格委员会编审：《行政法学》，法律出版社1998年版，第64页。

规则等进行。因此行政机关行使职权的过程，就是代表国家进行社会管理的过程，社会大众应当服从。但是在代表国家行使行政职权的过程中，违法侵犯了公民、法人及其他组织的合法权益就应承担相应的行政责任。比如国家赔偿，只要不是个人行为，而是职务行为造成的损害，国家就应承担赔偿责任，国家赔偿的费用来自国库。

由于行政主体行使的是国家权力，因而，违法的行政责任是否受到应有的制裁，必然影响到政府的声誉形象，影响到国家社会的稳定。

（三）惩治性

行政责任是一种监控手段和制裁措施。民主政治的实质是责任政治。为了防止国家机关及其工作人员滥施行政行为，损害国家或公民的利益，必须建立明确的行政责任制对行政权加以监督、控制，对违法的行政行为加以制裁，因为在公务活动中公务员的个人利益与公共利益存在着一定的差距，从事公务的人员有选择官僚主义或滥用权力的动机，因此必须加以监控。

（四）法定性

目前我国没有一部专门的规制行政责任的法律，行政责任制度主要散见于各法律法规。当前，我国各地方政府实行的责任制度主要以条例、规定的方式出现。归纳起来，这些责任制度主要有三类：政治责任制度、行政目标管理责任制和责任监督制。首先是政治责任制度。它是针对地方政府的权力结构的特点而制定的。一方面，地方政府及其工作人员由本级人大选举或任命产生，必须对本级人大及其常委会负责。如果政府决策失误或行政行为有损国家与人民的利益，应承担政治责任，方式包括质询、辞职与罢免。其次是行政目标管理责任制度。它是为保证工作质量和效率，根据宪法原则，下级对上级承担责任的制度，它分为三个层次：第一层是行政机构的职能或职责范围的规定；第二层是日常性组织内部的责任分工制度，包括领导责任制度、职位分类制度和岗位责任制度；第三层是专项工作责任制度，是为有效落实某项政策、推行某项工作或完成某项"工程"而制定的责任制度。行政目标管理责任制的具体做法是在政府机构内部的各个环节、各个层次进行责任分工和权限分解，把政府行政目标分解为若干个可以衡量的指标，分解落实到具体的部门或人员。在工作中，责任者要就工作状况进行汇报，工作结束后与预定的目标进行对比，以确定责任者的工作成绩，并给予一定的奖惩。第三类是责任监督制。

第三节　行政责任法律规制的基本原则

行政责任法律制度的基本原则是行政责任法的基本问题，也是行政法学的基本理论问题之一。然而，行政法学界并没有对此予以足够认识，本书试就这一问题进行一定的探讨，希望有抛砖引玉之功效。

一　我国现有行政责任法律制度基本原则的不足

我国目前没有一部专门规范行政责任的《行政责任法》，也未真正确立起行政责任法律制度的基本原则。我国有关行政责任方面的专著很少，相关争议也不多。市面上只发现由郑州大学出版社出版，沈开举、王钰编著的《行政责任研究》。《行政责任研究》把行政责任原则归结为五大原则：责任法定原则、责任公正原则、违法与责任相当原则、惩罚与教育相结合原则、"一事不再罚"原则。[1] 思考后我们不难发现："惩罚与教育相结合"应该是行政责任法制定的目的，不应称之为原则。"法定原则""公正原则""一事不再罚"原则也并不是行政责任法的特有原则，行政法的基本原则中就有，是上位法之原则。而"违法与责任相当原则"采取了客观违法的归责原则，也是值得探讨的。

翻遍行政法学的相关书籍，涉及行政责任法律制度基本原则的名家之作几乎没有，有的只涉及与之相关的归责原则。罗豪才教授在他的《行政法学》中写道：行政责任的构成要件有三个：一是存在违反行政法律义务的行为；二是存在承担责任的法律依据；三是主观有过错。[2] 浙江大学朱新力教授在其主编的《行政法学》中也强调行政责任的构成需要考察以下两大要件：一是行为性质，即行为一般已构成违法，二是责任主体，即有关主体必须具有行为责任能力。[3] 国家行政学院法学教研部主任应松年教授在其主编的《行政法学新论》中也强调行政责任的构成，客观要件是行为人已构成行政违法及部分行政不当；主观要件是行为人的主

---

[1] 沈开举、王钰：《行政责任研究》，郑州大学出版社2004年版，第55—60页。
[2] 罗豪才：《行政法学》，北京大学出版社2003年版，第110页。
[3] 朱新力：《行政法学》，高等教育出版社2004年版，第230页。

观恶性程度（包括动机、目的、事后的态度）。① 纵观以上学者之观点，皆把行政责任的归责原则定为客观违法，主观过错，这种归责原则不能很好地构建我国行政责任的承担机制。

归责原则（criterion of liability），简言之，就是追究行政法律关系主体（本书只分析行政主体及其工作人员）行政责任的依据和原则。

客观违法就是指行政行为违法，是指行政机关、其他行政公务组织和行政公务人员实施了违反行政法律规范的行政行为。② 其属一般违法，在性质上虽已构成违法且具有社会危害性，但它不具备行政犯罪的构成要件，因而不是行政犯罪行为。行政违法行为所违反的行政法律规范，是有关行政机关（或其他行政公务组织）和行政公务人员在行使行政权过程中的权利义务规范。这就使行政责任的承担机制出现问题，行政违法必须承担法律责任，这在学术界没有争议，但对行政不当（合法但不合理）的行政行为应不应承担责任，还没有形成统一认识。行政不当是以行政合理性为侵权对象，它以合法为前提，是行政合法范围内的不当。行政合法范围外的不当已被行政违法所吸收，也有相应的救济措施，但是行政合法范围内的不当却没有相应的救济措施，客观违法的归责原则会导致部分行政责任无法承担，为部分行政主体或行政人员推卸行政责任提供法律"帮助"。

罗豪才、朱新力、应松年教授都把行政责任的归责原则定为客观违法，主观过错。客观违法的归责原则之不足我们在上文已经分析。主观过错的归责原则如何呢？主观过错，包括故意和过失。这种意见认为，判断行政主体是否应承担行政责任，应以该行政主体做出该行为时主观上有无过错为标准。有过错，就要承担；无过错，就不承担。包括个人主观过错与公务过错。公务员个人过错指可以和行政职务分离的过错，主要包括公务员在执行职务以外和与执行职务无关的过错、公务员谋取私利的故意行为，以及事实行为中的重过错。主观过错作为主观心理状态，只能为自然人所有，法人等组织采取公务过错的归责原则。公务过错是指公务活动欠缺正常的标准，来源于行政人员但不能归责于行政人员，主要包括公务的实施不良、不执行公务和公务的实施迟延。认定公务过错主要是依据公务

---

① 应松年：《行政法学新论》，中国方正出版社2004年版，第435页。
② 谭宗泽、杨解君：《行政违法的研究意义与界定探讨》，《南京大学法律评论》1996（秋季号），第22页。

的难易程度、执行公务的时间地点、行政机关具备的人力物力等情况，决定在当时情况下行政机关执行公务所应达到的中等水平，低于该水平就构成公务过错①。虽然过错归责原则较好地体现了法律惩恶扬善的基本功能，但是，随着社会的进步、民主与法制的发展，这一原则渐显出刻板、难以处理某些特殊问题、不利保护"弱者"等缺陷。因为，过错原则无论采个人主观过错抑或公务过错，都以过错为前提。随着现代行政活动的频繁展开，大量行政行为虽为社会所必需，却又具有相当危险性，如警务活动；大量公共设施也随时会因瑕疵而危及公共安全，如核电站、噪声，这些方面显然用过错原则难以应付，过错原则越来越不能适应现实社会发展的需要。

危险性的警务活动与公共设施因瑕疵而危及公共安全应适用过错推定原则。所谓过错推定原则，是指若原告能证明其所受损害是由被告所致，而被告不能证明自己没有过错，法律上就应推定被告有过错并应负法律责任。过错推定归责原则只适用于某些特殊领域，如危险性的警务活动与公共设施，不具有普遍性，而且可能为自由裁量大开方便之门，促使自由裁量权进一步膨胀。行政自由裁量权的主要特点是行政执法主体在行政管理活动中可以根据具体情况和自己的意志，自行判断、自行选择最为合适的行为方式与内容。现代社会需要能动的行政，能动的行政就必须有自由裁量权。而缺乏基本原则规制的行政自由裁量权有可能被滥用。原因如下：一是行政自由裁量权的"自由"属性是其可能被滥用的基础。由于法律、法规对行政机关实施行政行为规定了一定的范围和幅度，这种范围和幅度是必需的，同时，也就为其被滥用提供了可能。比如，《食品卫生法》第37条第4款规定，对违反食品卫生法有关规定，情节严重的可处以20万元以上、3万元以下罚款。自由裁量的幅度如此之宽，且都是以"情节严重"为衡量标准，行政主体在实施自由裁量行为时就有了较大的回旋余地。只要行政行为不超出这个范围，不畸轻畸重导致行政不当或严重不当之外，都是合法的行政行为。这样，就造成在许多行政领域，"当行政行为人滥用自由裁量权时，我们无法对其纠正，原因是他们并未超越法律字面规定的

---

① 孙笑侠：《法律对行政的控制——现代行政法的法理解释》，山东人民出版社1999年版，第90页。

权限"。① 二是行政自由裁量权的"弹性"过大,缺乏行政责任法律制度基本原则的规制是其可能被滥用的根本。目前,我国法律规范中的弹性条款过多,可操作性太差,已成为目前立法领域十分突出的问题。在具体行政行为中,自由裁量权一般有如下存在形式:法律法规只规定明确的范围和幅度,由行政机关依据实际情况做出最佳选择;虽有法律、法规规定,但没有明确规定的范围和幅度,或者规定内容过于简单,行政机关依据其职权范围,在不违反宪法、法律的前提下做出适当处理;在紧急情况下,允许行政机关为保护公共利益或者其他私人利益,依据职权做出适当处理。在抽象行政行为中也存在大量的行政自由裁量权。如行政机关上至国务院,下至乡政府,各级行政机关(主体)都有权依据宪法和法律制定法规、规章和其他具有一定的普遍约束力的规范性文件的行为,这些抽象行政行为,很大程度成为具体行政行为的依托;这些立法和规章便轻而易举拥有了前所未有的自由裁量权,因此出现了行政机关争夺收费权、处罚权、许可权,扩张本部门、地区的权限,导致规章冲突、失控,加上我国行政责任法律制度基本原则缺失,自由裁量权被滥用已是必然,这也是滥用职权、权力腐败最根本原因之一。过错推定原则中,推定者怎么推定,没有基本原则做依据,过错推定原则可能给推定者更大的自由裁量权。

总之,不管是客观违法归责原则,还是过错归责原则,抑或是过错推定归责原则,都不能很好地解决我国行政责任的承担机制问题。行政责任法律制度基本原则的确立则能满足这一需求。因为,行政责任法律制度的基本原则是一种"基础性规范",是指导和规范行政责任立法、执法的基础性法则,规范着行政行为的实施和行政责任争议的处理。因此,确立我国行政责任法律制度的基本原则已迫在眉睫。

二 我国行政责任法律制度基本原则的确立

行政责任法律制度的基本原则是指贯穿于行政责任法律规范中,指导和统帅行政责任的法律规范,而且,由它们所体现的基本精神是国家机关及其工作人员在国家行政管理活动中必须遵循的基本行为准则,是规范行

---

① 司久贵:《行政自由裁量权若干问题探讨》,《行政法学研究》1998年第2期,第27—33页。

政责任法律关系所必须遵循和贯彻的核心准则和纲领。① 行政责任法律制度的基本原则具体应表现在以下几个方面：

(一) 公开性原则

公开性原则是指行政权力运行的每一阶段和步骤都应以相对人和社会公众看得见的方式进行。按照民主与法治的基本要求，行政公开化的内容应当是全方位的，一是行政权力的整个运行过程应公开，二是行政权力行使主体自身的有关情况也要公开（行政主体公开），三是行政程序公开，四是行政行为的结果公开。就行政权力的整个运行过程而言，要公开的内容包括事先公开职权依据、事中公开决策过程和事后公开决定结论。行政主体的公开，内容包括"行政主体的基本情况、机构设备、人员编制、职责权限和财政收支状况，以及公务人员的录用、考核、奖惩、任免及其财产和品德状况、廉洁自律情况等"。② 当然涉及国家秘密或个人隐私、商业秘密的内容，不得任意公开。根据公开的对象不同，一般采取不同的方式。对社会公众的公开，主要有：会议旁听、媒体报道、刊载、查阅、政府上网工程等。对特定相对人公开的主要方式有：阅览卷宗、表明身份、告知或送达、说明理由等。由于我们的政府及政府工作人员可能犯各种各样的错误，我们必须将政府置于阳光之下，才能尽可能避免各种各样的错误，即使发生错误也能明确地进行行政责任追究。公开性原则最大特点就是行政行为让全体人民知悉评论，使政府官员对自己的行政行为做出充分的、负责任的说明和解释，通过真正实现公民对政府权力的监督，有效防止权力的腐败和公职人员的专断。

(二) 错责相一致原则

错责相一致就是指国家机关及其工作人员所承担的责任与其过错相一致，错大责任大，错小责任小。所谓过错是指责任主体对其违法行为及其由此产生的损害后果所持的一种主观心理和态度。它是确定责任归属及其大小的决定因素。在实践中，因行政机关及其公务人员行使职务的这种主观状态不同，所承担的行政责任也不同。具体可分为四种情况：第一，无责任。即违法的具体行政行为，不是个人主观上的原因所致，公务人员对

---

① 孙笑侠：《法律对行政的控制——现代行政法的法理解释》，山东人民出版社1999年版，第90页。

② 章剑生：《论行政程序法上的行政公开原则》，《浙江大学学报（人文社会科学版）》2002年第6期，第110页。

此不承担法律责任，如因上级的违法命令、指示难以识别而实施的行为违法，由于所依据的规范本身违法而实施的行为违法，等等。其行政责任分别由命令、指示的发布者，规范的制定者承担。第二，一般过失责任。一般过失责任是国家机关或其公务人员对违法的行政侵权行为未尽应有的注意义务，但情节不严重，也未造成重大的损失后果的情节。如公务人员的一般疏忽或认识上的偏差等。对此承担的行政责任一般是警告处分。第三，重大过失责任。重大过失责任通常表现为责任者主观上严重不负责，其所实施的行政行为及造成的损失是直接因这种严重的不负责所致，为此应承担较为严重的行政责任。第四，故意违法责任，这是指责任者对于违法行为是出于主观上的故意，以自己的行为或不作为促使或放任损害结果发生的情况。通常这种行为是因责任者个人的不良动机和目的所为，如为打击报复而责令停产停业；对违法建筑予以审批，等等，这种行政责任是最为严重的一种。行政的违法和不当，都是对行政法律规范的违反。行政主体必须依照法律、法规规定行使职权和履行职责，超越其责任领域行使行政权或滥用职权，当然应承担一定的行政责任；不履行法定职责，表现为不作为，同样会构成行政违法或不当，也必须承担相应的行政责任。行政责任的承担，无须行为人的违法行为造成了实际的损害后果。很明显，错责相一致原则对行政违法与行政合法范围外的不当（已被行政违法所吸收），有相应的救济效力，但对行政合法范围内的不当却没有相应的救济效力。这需要权责统一原则与领导问责原则来弥补。

（三）权责统一原则

权责统一原则是指一定的权力与责任要一致，事要有人管、管事要有权、权连其责。权力的无限运用是对民主最大的伤害。西方国家实行三权分立，用立法、司法、行政各自的行政责任来分权制衡。我国以人民代表大会制度的形式进行权力制约。人民代表大会制度是人民掌握国家权力的实现形式。一方面公共权力是"公属"的，另一方面公共权力又被"私掌"。思想家对公共权力深感忧虑和不安。亚里士多德说："人们要使其权力足以攫取私利，往往就不惜违反正义。"[①] 孟德斯鸠就是基于权力可能的"恶"论证了三权分立的必要。他认为："一切有权力的人都容易滥用权力，这是万古不易的一条经验。有权力的人使用权力一直到遇有界限

---

① [古希腊]亚里士多德：《政治学》，商务印书馆1965年版，第316—317页。

的地方才休止。"① 美国学者格尔哈斯·伦斯基指出:"权力有作恶的滥用的自然本性:这一原则由西方人士所信奉,最迟同文学、文明一样古老。"② 行政责任的设定就是要确保责任与权力的对等,防止权力的过度膨胀,以保护人民权利。温家宝在《政府工作报告》关于"加强政府自身建设"部分,特别谈到"全面推行依法行政",要求各级政府都要按照法定权限和程序行使权力、履行职责。中石油川东钻探公司井喷特大事故、北京市密云县"2·5"特大伤亡事故和吉林省吉林市中百商厦"2·15"特大火灾事故,涉及的68名责任人,其中移交司法机关处理13人,给予党纪、政纪处分及组织处理55人。68个人的行政责任,每一个人每一个层级上、每一个部门应该承担什么样的责任,应有明确的具体划分,应该权力大,责任重;权力小,责任轻,体现权责统一原则。

这一原则对直接责任者更适用,而对间接责任者,特别是与事故相关的监管失职者则难究其责,应以领导问责原则为补充。

（四）领导问责原则

我国现行《宪法》第27条明确规定了国家机关实行工作责任制。要求国家机关及其工作人员无论是行使权力,还是履行职务,都必须对其产生的后果负责。工作负责制其实就是领导问责原则,有集体负责制和个人负责制两种形式。2004年3月5日,温家宝总理在《政府工作报告》中强调"有权必有责,用权受监督,侵权要赔偿"。③ 国家行政学院教授杜钢建认为,长期以来中国政府对重大事故处理都是惩处直接责任人,相关官员却凌驾事故之上,虽有行为过失或不当,但因无触犯法律或党政纪律而难究其责。例如,湖南衡阳"11·3"特大火灾发生后,有媒体披露:早在1998年,消防部门在检查坍塌大楼的时候,便提出了三点消防整改意见,但被有关部门当成了耳边风。在长达三四年里,楼主为什么胆敢无视消防的整改意见呢?当地消防管理部门监督、检查、处罚到位吗?对这场火灾事故,有关部门是不是应该负起消防监管失职之责呢?相反,在2003年"非典"时期,包括前卫生部长张文康、前北京市长孟学农两名省部级高官在内的上千名官员,因隐瞒疫情或防治不力而被查处。这是新

---

① ［法］孟德斯鸠:《论法的精神》,商务印书馆1961年版,第154页。
② ［美］格尔哈斯·伦斯基:《权力与特权——社会分层理论》,浙江人民出版社1998年版,第8页。
③ 温家宝:《政府工作报告》,《人民日报》2004年3月5日,第1版。

中国历史上首次在突发灾害事件中，短时间内就同一问题连续地、大范围地追究领导责任，从某种意义上说，问责制的启动，成为中国战胜"非典"危机的转折点。"领导问责"的含义很简单，就是领导责任追究制，是指社会公众对公共行政行为进行质疑。主要有两种方式：一是公众对政府行为的一般性缺陷进行责问；一是特定的公民个体对其所受到的公共权威的不公正对待提出质询。对此有关领导与直接责任人必须公开做出解释，并为此行政行为承担相应的行政责任。其意义在于不仅从体制上体现了监督、惩罚的作用，而且从心理上警醒领导干部对权力的合理使用，有利于塑造良好的政府形象、取信于民。领导问责制是责任人承担政治和社会责任的一种举动，能够有效填补承担法律责任与不负责任之间的空白，有利于建立严格的责任追究制度。

（五）法治原则

宪法原则中法治原则是一项基本原则，它在行政法领域里具体深化为行政法治原则，行政法治原则的核心是政府依法办事，政府的活动必须符合宪法、法律、法规。行政法学者普遍认为行政法治原则又可以分解为行政合法性原则、行政合理性原则和行政应急性原则三项具体原则。行政应急性原则是行政合法性、合理性原则的重要补充，即在"必要"情况下为了国家利益和社会公共利益，为了迅速处理突发事件并减少损失，政府可以运用紧急权力，采取各种有效措施，包括采取对个别人正常权利和利益带来某些限制和影响的措施来应对瘟疫、灾害、事故等紧急情况。否则就应承担相应的行政责任。著名的德国社会法学派代表人物耶林曾经提出过这样一种思想，他认为：法律本身不是目的，而是为达到社会公共利益所运用的手段，行政紧急权力必须合乎宪法法律，必须体现法律的目的和精神。否则即使采取了紧急措施，如果措施不当，也应承担相应的法律责任。

第二章 行政责任法律规制的古代溯源

第一节 中国古代行政责任法律规制

一 中国古代官吏考核法律规制

从原始考课法到周朝的六计考核，从春秋战国的"上计"到秦汉官吏"考课"制，从《唐六典》到魏晋南北朝时期的《都官考课七十二法》《五条课郡县法》《三等黜陟法》《六条课郡法》，从宋代的"四善四最"和金朝的"四善二十七最"到《明会典》规定"九年三考"制和《清会典》规定的"四格八法"制，我国古代官吏考核的法律规制一步步发展完备。对我国古代官吏考核法律规制进行流变考证，有利于探究其对我国当前行政责任法律规制的启示与借鉴价值，以及对西方文官考核制度产生的深远影响。

我国古代官吏的升迁是以考核成绩为依据的。我国官吏考核法律制度是伴随着国家的产生和君臣、等级关系的出现而出现的。

（一）初步形成阶段：先秦以前官吏考核升迁的法律规制

我国有史可查的最早的官吏考核在公元前11世纪。《尚书·周官》载："唐虞稽古，建官惟百，内有百揆四岳，外有州牧侯伯。"尧舜对百官进行考核。《尚书·尧典》载：舜时所谓"三岁一考功，三考绌陟，远近众功咸兴"。"五载一巡守，……明试以功……"即对官员和诸侯分别进行三年一次和五年一次的考核。"禹会诸侯江南，计功而崩，……名曰会稽。会稽者，会计也。"禹也对诸侯功绩进行"会计"，即考核。① 尧舜时的部落官史巡视考核，曰考课。原始考课法是"三载考绩，三考黜陟"，即经过三次巡考，奖赏有政绩者，惩处政绩拙劣者，标志着官吏考核的萌芽。

夏朝设官署对官吏进行行政管理。《左传》载，夏朝哀公尤为注重设官分职，并早就有了中央和地方机构的划分，中央官分外廷和内廷，外廷官负责王朝日常政务，内廷官负责夏王个人生活事务。② 夏王朝非常重视对官吏的考核，《吴越春秋·卷六》载夏王朝"三载考功，五年政定"。③ 夏王从考核中选拔"贤者""能者"为官吏，为其服务。

商朝的官吏考核三年一次，对从政能力强的官吏破格录用。商朝专设刑狱官，主管官刑，对违法犯罪官吏给以惩戒。商朝对官员考绩的规定主要记载在《尚书·立政》中，商汤创设了考察官员的"三有宅考绩法"，主要是从政务、管理、执法三方面来考核。由于缺乏相应的监督机制，商王个人在官吏考核中的主导作用使官吏考核的法律规制发展缓慢。

西周考绩法分大计与小计两种，大计法由家宰和小宰大官负责，考核的内容包括廉能、廉政、廉法等，主要是对官府官员实行六计考核，审查他们政务、严格推行政令、执行法令的能力和表现。三年为大计，分月计、岁计、大计三种形式。小计法又叫大比法，由乡师负责，考察官员在教育、政事、法纪、户籍、六畜及所有兵器方面的能力和表现，每年一次，成绩呈报上级，到三年大比之际，乡师再负责考核官吏的教育政绩和报告的真实性和确定性，以此作为赏罚依据。大比考绩内容主要负责人口调查，考察官吏德行，选拔贤能，一般不涉及土地和财政；大计考核的内容更宽，层次更高。《周礼·天官》载西周对官吏考核实行"治官八法"和"治吏六廉"制，"治官八法"指"官属，举邦治；官职，辨邦治；官联，会邦治；官常，听邦治；官成，经邦治；官法，正邦治；官刑，纠邦治；官计，弊邦治"。这是关于官府和官员职责的法律制度；"治吏六廉"指"廉善，廉能，廉敬，廉正，廉法，廉辨。""善、敬、正"是道德标准，"能、敬、辨"是才干和治效标准，"六廉"考核官吏内容已较完善。"治官八法"和"治吏六廉"已将官吏考核上升到法律规制层面。西周周王用巡守、述职、专员监察和巡访三种方法考核诸侯。首先是巡守奖功罚

---

① 司马迁：《史记》，中华书局1959年版，第39页。
② 王宇信、杨升南：《中国政治制度通史》（第二卷），人民出版社1996年版，第39页。
③ 王宇信、杨升南：《中国政治制度通史》（第二卷），人民出版社1996年版，第39页。

过，据《礼记·王制》载"天子五年一巡守"，"有功德于民者，加地进律"。其次是述职。周极为重视诸侯述职，《孟子·告于下》载"一不朝，则贬其爵；再不朝，则削其地；三不朝，则六师移之"，说明不述职者会受到法律惩处。三是专员监察和巡访考核，并将巡狩、述职、监察和巡访与官吏的奖惩紧密结合。周朝主要有日计月核、岁末"会政致事"和"三年大比"三种官吏考核方式，且考核主体与内容具体、程序明确。如《周礼·地官》载宰夫为辨百官之"司"，每日计核主管事务的官吏治绩；"师"于月末计官吏治绩；"正"于岁末对属下的治绩进行考计，"会政致事"于岁末对各级官吏全面考核。这里的"司""师""正"和"会政致事"都是周朝负责官吏考核之职官。《周礼·地官》载"三年大比，则以考群吏而以诏废置"。《周礼·天官》载"岁终，考属官之治成而诛赏"，"三年大比"制和"岁考"制是兑现官吏考核奖惩之法律制度。

春秋时设专、兼职考核官吏，各国方法各异。《晏子春秋·内篇问上》载，晋国设司功负责考核官吏。齐国有专门的"校官"制度、"三选"制度和奖罚原则。《晏子春秋·内篇问上》载，齐设司过、五横、吏啬夫、人啬夫等职官考核官吏。[①]《管子·立政》载："春……，论爵赏校官，终五日。冬……，君自听朝，论罚罪刑杀，……五日。"春秋时"校官"制度一年两次，且奖罚分明，如《管子·君臣上》载："有善者，赏之以列爵之尊，田地之厚……有过者，罚之以废亡之辱，死之刑。"《管子·小匡》载，推选之贤才，要"桓公亲见之"，"官长书告且令选官复之"，"上报国君"，这是齐国官吏考核"三选"制，是一项官吏考核程序，包括"见"、"告且复"、"上报"，是对推选贤才程序进行的法律规制。

从战国上计制度确立后，我国古代官吏考核的组织、周期、内容、标准、程序等法律规制不断健全。对官吏考核奖惩上升到法律规制层面，严格来讲是从战国时开始，李悝、吴起、商鞅等一系列变法活动使之成为可能。《说苑·政理》关于"食有劳而禄有功，使有能而赏必行，罚必当"；《商君书·赏刑》记载的"刑无等级"；《法经》规定的"丞相受贿，左右伏诛；将军受贿，本人处死"，都包含了官吏考核奖惩的法律规制。战国时的"上计"制度更加严格，各地官吏每年对辖区内的人口、田亩、

[①] 顾德融、朱顺龙：《春秋史》，上海人民出版社2008年版，第296页。

税入、狱政等进行考核，上报中央，据以奖惩。战国时，秦的官吏考核制度以高效严明著称。《为吏之道》曰"凡为吏之道，必精洁正直"，各县上级对下级官吏考核每年一次，考核结果分"最"和"殿"两种，"最"即成绩好，受嘉奖；"殿"即成绩差，受处罚。法律规定的考核的内容全面具体，耕作、修筑、仓廪管理、财务管理、决狱正误等无一不在考核范围。仓廪"鼠穴三以上"、"有败粟"等情况，均受惩处，凡"不以官为事，以奸为事"的官吏，一律流放不贷。秦国高效严明的官吏考核法律规制为秦统一六国打下良好基础。①

（二）逐步完善阶段：秦汉官吏"考课"的法律规制

秦朝与战国秦官吏考核制度一脉相承。秦代官吏考绩仍以上计为主，由监御史负责监督考试和考绩，有时由中央直接派专人考课。《云梦秦简》载，秦规定了"五善五失"考课原则，五善指"中信敬上，精廉毋谤，举事审当，喜为善行，恭敬多让"。五失指"夸以迣，贵以大，擅（制）割，犯上弗知害，贱士而贵贷贝"。"五善五失"涉及职官的政绩和品行。秦统一六国后，继承并发展《大计法》，仍坚持"五善五失"为标准，并采用上计制度，对官吏的治绩进行考核，秦上计内容包括治民、劝功、决讼、检奸、劝民农桑等，并首次将职官的考绩列为课，且以法律的形式即《课律》予以确认。《云梦秦简·秦律十八种》之《厩苑律》（课律之一）规定："以四月、七月、十月、正月肸田中。卒岁，以正月大课之，最，赐田啬夫壶酉束脯……"，考课内容进一步具体化，奖惩也更加分明。

汉代颁布了专门的官吏考核法规《上计律》，一直沿用到明清。② 我国汉代称官吏考核为"考课"，"考"即考察任职官吏的表现，"课"即核实，指依法令、皇令、政令对官吏政绩进行查核，据以升降赏罚。汉元帝颁布了《考功课吏法》，规定"百官各试其功"，"以功举贤"。汉代的官吏考课有三种形式：一是从上到下逐级考课，二是坚持每年一度的"上计制"，三是专门的监察系统考课。对逐级考课的结果，据《汉书·丙吉传》载，"岁竟，丞相课其殿最，奏行赏罚"。上计制度每年一次，

---

① 袁庭栋：《中国古代官吏的考核与奖惩》，《社会科学研究》1988年第2期，第56—59页。

② 吉家友：《论战国秦汉时期上计的性质及上计文书的特点》，《湖北师范学院学报》（哲学社会科学版）2007年第2期，第38—41页。

由"上计官"负责将结果上报各郡和中央。汉《上记律》规定日计、月计、岁计,逐级汇聚,依次奏报。上计的内容包括户口、垦田、教育、选举、钱粮、狱讼、灾害等,凡上计不实者均要受查处。据《汉书·宣帝纪》记汉宣帝专门下诏:"上计簿,务为欺谩,……御史察计簿,疑非实者,按之……"汉代的专门监察系统已经比较完备,不仅在全国设13个监察区,且设13部刺史监察地方长官,同时法令规定由御史中丞负责对这些刺史的考课。考课一年一小考,三年一大考,每次举行专门会议对官吏进行评议。有时受考官吏要到会回答问题。汉代还对考课、赏罚的主体、方式作了相应的规定,考核百官是宰相必尽之职责,只有皇帝才能依考绩对官吏进行赏罚,如增降俸、升贬官、赐爵免官、休假、治罪等。汉代这种不论资排辈、能上能下的制度值得现代人学习。西汉考课官吏已有九等评定标准,《春秋繁露·考功名》载"积其日,陈其实,计功量罪,以多除少……为第九分,三三列之,亦有上中下。"据此推测,西汉官吏考课采用九等级制,第六属"中下",刚刚可免于责罚。后世的考课九等制皆源于西汉。① 西汉的刺史监郡制度是考课的重要法令依据,它"省察治政,黜陟能否","无属刺史……自第吏二千石以下",刺史督察的对象是二千石以下官吏,内容不限于纠劾违戾,且直接干预课第殿最等人事。刺史监郡制度突破上计,通过不途径考查官吏政绩,体现了考课与监察制度的联系。汉代还对考课、赏罚的主体、方式作了相应的规定,纵的方面,皇帝全面负责高级官员的考查和赏罚。中央设丞相、御史二府负责郡之长官考课②,宰相是考核百官之官,"课其殿最,奏行赏罚"③,中丞"受公卿奏事,举劾按章",负责纠察百官,稽核虚实。④ 地方设郡国太守考课县令长,郡县主管长官各自负责本部门属官考课。横的层次,丞相府设东西曹,东曹负责郡国官吏考课,西曹负责府史之刑罚任用之事。⑤ 郡设功曹,负责郡吏的任免赏罚。⑥ 反映西汉的考课制度未完全从监察制度中分化定型。考课的结果与官吏的奖罚直接相关,奖励主要包括诏敕嘉

---

① 邓小南:《西汉官吏考课制度初探》,《北京大学学报》1987年第2期,第20—31页。
② 《汉书·丙吉传》。
③ 《汉书·丙吉传》。
④ 《汉书》百官公卿表、宣帝纪、陈咸传。
⑤ 《汉书·丙吉传》。
⑥ 《汉书·韩延寿传》。

奖、迁官、赐爵、增秩、赏金等①，责罚主要包括训斥、左降、贬秩、下狱。"考功课吏法"考核的对象包括"相"等中央高级官员在内，对魏晋影响深远。汉元帝时《考功课吏法》标志着我国古代文官考绩制度的最终确立。但汉考课制度依赖强有力的中央集权，与广大人民利益相对抗，这是封建制度本身无法克服的。

（三）规范化阶段：汉代以后官吏考核的法律规制

唐朝的官吏考核制度更加规范，我国现存最早的一部行政法典《唐六典》，全面规制了官吏的选用、考核、监察、奖惩等，并确立了本朝的行政管理基本原则和程序，对官吏进行有效的法律规制。《唐六典》规定，考绩由尚书省吏部负责，考课一年一小考，四年一大考，中央设专门机构吏部"考功司"，下设考功郎中和考功员外郎二人专职负责。为防止舞弊，考核时由门下省、中书省高官做"监考使"、"校考使"和"知考使"进行监察，这一考课机构的设置变化较前代有大的进步，郎中和员外郎职责不同，前者判京考，后者判外官。唐代为后代考绩制度的系统化、部门化作了铺垫。"四善二十七最"是唐代考课内容和统一的标准，"四善"即德、清、公、恪，"二十七最"即二十七部门的最佳要求，依官职性质和职责不同要求亦不同，州官和县官除考核"四善二十七最"外，还考核其经济政绩。考核评定分三等九级，并将结果通知本人，对其有异议可申诉，同意者发给"考牒"以作凭证。② 对考课不实的官员，以渎职罪论。唐朝官吏考核奖惩分明，如《新唐书·百官志一》载，"凡考，中上以上，每进一等，加禄一季；中中守本禄；中下以下，每退一等，夺禄一季，中品以下，四考皆中者，进一阶，一中上考，复进一阶；一上下考，进二阶。……有下下考者，解任。"③

汉唐以后的魏晋南北朝时期和宋元明清时期，考课制度远不及汉唐，但对官吏不缺少相应的法律规制。魏晋南北朝时期考绩对象逐步由地方扩大到中央官吏，在中央设专职吏部考功司负责考核，由尚书省总领，尚书省设考功郎、考课尚书，专职负责考课官员。这一时期考核官吏的重要标准仍是工作实绩，三国魏制定了《都官考课七十二法》，是三国时唯一一部文官考绩法；晋武帝时颁行《五条课郡县法》，用以"……见长吏，

---

① 《汉书·循吏传》。
② 钱穆：《国史大纲》，商务印书馆1997年版，第426—429页。
③ 吴琼：《论中国古代官吏考绩制度》，硕士学位论文，安徽大学2003年，第3—20页。

……考度量，……理冤枉，……知百姓所患苦……"①；南朝考课内容增加了经济内容，强调重农桑，增市赋等。北朝北魏定有《三等黜陟法》，北周定有《六条课郡法》，都规定了"恤狱讼"和"均赋役"的考课内容。② 由于政权频繁更迭，世族对朝政垄断，考课制度难以有效推行。但是它上承秦汉，下启唐宋，考绩制度也有一定的发展。

据《宋史·选举志四》记载，宋代有专门的考课法令《"磨勘"之制》，"磨勘者，古考绩之法。"③ 宋元时期皇帝直接掌握官吏考核与选任权力来强化的中央集权。宋代有"两院三级"考课体制，"两院"指审官院和考课院，分别负责京官和外官的考核；"三级"指两院负责百官考核，监司负责监察知州，守令负责县令考课。宋以"四善四最"、金以"四善二十七最"作为考核官吏的最高标准，两朝均仿唐制。宋代考评分三等。宋初时优异者为上，粗理者为中，弛慢者为下。神宗时按"善最"的多少评定三等考绩。此外，还依户口、土地、租庸增减等作为考绩的补充，增减标额的确定有三种方法，一是取数年均值，二是与前一年相比，三是确定多项增减标额，这种对地方官吏经济政绩的量评为后代所效法。宋代考核机构分工明确，职责具体，大大推进了我国古代文官考绩制度的发展，但由于宋代考课机构、内容多次变化，一般官吏的升迁是按年限来长短来决定的，虽历经几次变法，均未能有效果。④

明代有专门的考课法《明会典》，并新建考功清吏司，对京官和外官进行逐级分考。《明会典》规定，明代考满法的周期是每两年一次，分称职、平常、不称职三个等级，执行"九年三考"制，三考中两考以上称职算称职；凡三考均平常或一考不称职则为不称职，明代考核标准操作性强，反映了明太祖朱元璋"严格治吏"的思想。明代的考课初期还比较认真，但中期后，原有法令日坏，中后期的考课制度基本已成为一张废纸。

清也有专门的考课法《清会典》，继续保留明朝的考功清吏司，并在

---

① 《晋书·武帝记》转引自杨普罗：《关于魏晋官吏考课制度研究的两个问题》，《甘肃社会科学》1995 年第 2 期。
② 吴琼：《论中国古代官吏考绩制度》，硕士学位论文，安徽大学 2003 年，第 3—20 页。
③ 钱穆：《国史大纲》，商务印书馆 1997 年版，第 426—429、523—580 页。
④ 宿志王：《唐代官吏考课制度》，《首都师范大学学报》（社会科学版）1999 年第 1 期，第 5 页。

清吏司下新设山东甲、江南甲、北直甲、广东甲四甲部门，分管各处官员功过，同时正式颁布了处分之法、议叙之法等，对各部门的考功进行系统化法律规范。清代都察院及京畿道参与吏部对四品以下京官的考核复议，都察院系监察机关，参与考课对考课工作起到了一定的体制制衡作用。到明清时期，文官考核机构及职责已基本法律化。《清会典》规定，清代考核官吏实行"四格八法"制，"四格"即守、才、政、年，前三项与现代的德、能、勤和绩相对应，"年"是指年龄。清代四格分十级：守分清、谨、平三级；才分长、平二级；政分勤、平二级；年分青、壮、健三级。最后综合评定为称职、勤职和供职三等。另设"卓异"为特别等，《清会典》规定，"如无加派，无滥刑，无盗案，无钱粮拖欠，无亏空仓库粮米，境内民生得所，地方日有特色"等，属卓异之列。"八法"即贪、酷、疲软无为、不谨、年老、有疾、浮躁、才力不及，"八法"属考核惩戒标准。清代"四格八法"重惩贪官污吏，较明代更加规范化和标准化。① 清代的考课制度条文不少，实行起来并不严格。原因是入旗官员是以资格当官，再加上买官之风盛行，清代考课奖惩已徒有虚名。

（四）启发与借鉴

尧舜时的原始考课法，标志着官吏考核法律规制的萌芽。西周官吏考核内容有"治官八法"和"治吏六廉"，考核方式有日计月核、岁末"会政致事"和"三年大比"三种，将考核、监察和奖惩相结合。战国秦的"五善五失"标准，并首次将职官的考绩列为课，并以法律的形式即《课律》予以确认，将官吏考核奖惩上升到法律规制层面。西汉的刺史监郡制度是考课的重要法令依据，并颁布了专门的官吏考核法规《上计律》，一直沿用到明清。我国现存最早的一部行政法典《唐六典》，全面厘定了建唐以来的行政管理法律制度，包括官吏的选用、考核、监察、奖惩等，目的是制定一套完善的行政管理法律制度，对官吏进行有效的法律规制。魏晋南北朝和宋元明清时期，考课制度远不及汉唐，但对官吏考核不缺少相应的法律规制《都官考课七十二法》、《五条课郡县法》、《三等黜陆法》、《六条课郡法》，上承秦汉，下启唐宋，考绩制度也有一定的发展。宋代有"两院三级"考课体制，大大推进了我国古代文官考绩制度的发展，明代颁布《明会典》，并建专门官吏考核机构考功清吏司，执行

---

① 蒋亮平：《中国古代人事考核运演轨迹与启示》，《党建研究》1999年第11期，第25页。

"九年三考"制，考核标准操作性与可行性增强，反映了明太祖朱元璋"严格治吏"的思想。清代颁布《清会典》规定，考核官吏实行"四格八法"制，到明清时期，文官考核机构及职责已基本法律化。

虽然由于时代限制，各代官吏考绩中的各项制度不可能被充分适用，合理运作，官吏考核法律规制也只反映了统治阶级的意志，但也不乏可借鉴之处。之所以能延续两千多年，并被国内外借鉴，主要因为有以下两个方面：一方面，建立完善的考核法律规制体系，使考核工作有法可依。完善的考核法律规制体系由四个方面构成：一是考核时间定期化。先秦的"三载考绩"制、秦汉时的岁课和大课、唐朝的定课、宋代的"磨勘制"、明代的考满与考察制、清代的京察与大计，无不体现每年一小考，数年一大考的定期化法律规制，并把考试周期与任期紧密结合。二是考核机构和考核官员专职化。秦汉的御史大夫府、魏晋南北朝的考功郎和考课尚书郎、唐朝的吏部考功司、考功郎中、考功员外郎、宋朝的审官院和考课院、明清时的考功清吏司，都体现出"初考由主管长官负责，会考由吏部主持，御史参与监察"的专职化官吏考核制度。三是考核内容标准化。历代官吏考核的内容一般包括人口、农业、水利、盗讼、灾情、教育、治安等，考核标准如唐朝的"四善二十七最"、宋代的"四善四最"、金的"四善十七最"、清代的"四格八法"，注重官吏实绩，德才兼考，量化分明，并与最后的奖惩挂钩，彰显了官吏考核的可操作性和严谨性。四是考核程序层级化。历代官吏考核程序的一个共同之处就是：第一步是主管长官对属官进行初考；第二步是由京师各司和地方各州将初考状送尚书省，由专职考官进行复考，即复核；第三步是复考上奏皇帝批准。上级考下级，中央考地方，考核程序是自下而上，层层考核。另一方面，为保障官吏考核制度的贯彻执行，重视责任立法。重视责任立法主要表现在：一是将考核权力与考核责任通过法律进行规制，如唐朝的"举状不实罪"、明代的"考察不实罪"、清代的"殉情不公罪"等，以立法纠偏官吏考核中的责任，突显对官吏考核的重视。二是考核方式多样化。考核方式多样化主要表现在日常考核记录与岁考相结合，考核公开与御史监察相结合。三是考核结果等级化。如汉代的九等制、北魏的九品中正制、唐朝的"善""最"九等制、宋朝的三级九等制、清朝的"四格十级三等制"等考核等级制度，虽然较空泛，主观随意性比较大，但等第明显，操作性较强，而考核结果与奖惩又紧密一致，互为因果，增强了考核的实用性和科学性。

目前，我国没有专门的官员考核法，《中华人民共和国公务员法》及其实施细则也只是专章专条款对官员考核进行了规定，《公务员考核规定（试行）》也只是我国国家公务员局发布的一个部门规章，不是由国家立法机关制定的法律，立法层次较低；也没有专门的官员考核职能机构，一般情况下，官员考核机构大多临时组成，或由政府领导负责，或是由人事部门负责。① 相比之下，我国古代考核的法律规制值得借鉴。

其实，西方最早实行的文官考核制度是直接模仿中国古代的，间接证据可以从许明龙的《欧洲18世纪"中国热"》查证。② 该书记载，"欧洲人对中国中央政府的礼、吏、工、兵、户、刑六部，以及地方政府官员设置和选拔和考核等有较多了解，也很欣赏，认为这些机构和官员制度保证了较高的行政效率。欧洲人最感兴趣的是吏部和礼部。吏部管理官员的派遣、升迁、考察，每三年进行一次考绩，以决定官员的调动与否。"通过欧洲传教士的传播，中国古代的官吏考核制度早在18世纪传到欧洲，并在欧洲广为传播。

据《不列颠百科全书》记载，"在历史上，最早的考试制度出现于中国。它用考试来选拔行政官员（据公元前1115年的记载），并对已经进入仕途的官员实行定期考核（据公元前2200年的记载）。"③ 在中国官吏考核法律规制的影响下，西方文官制度最早在1853年出现在英国，当时英国近代文官制度的四项基本原则之一就是，提升以上级的考核报告为依据，《公务员法令》有专章规制官员考核，并设公务员事务委员会负责公务员考试录用、晋升考核、奖励惩处、辞职辞退等职责，但它不是专门的官员考核部门。现代英国在中央和地方分设专门官员考核机构，分工明确。中央考核机构隶属内阁办公厅，地方官员考核则实行评审团制，由本部门总负责人和执行人员、工会负责人、被服务者三方组成。其他西方国家的文官考核制度都多少受到英国的影响，在英国的影响下，法、德等欧洲国家、澳大利亚、加拿大和美国分别建文官考核制度。德、法、日三国"二战"后才真正确立现代文官考核制度。法、德考核官员由政府本部门

---

① 王骚：《公务员绩效考核中的问题及对策分析》，《山东大学学报》（哲学社会科学版）2011年第1期，第25—31页。
② 许明龙：《欧洲18世纪"中国热"》，山西教育出版社1999年版，第78—267页。
③ 张佳杰、丁凌华：《论科举制对西方文官制度的影响》，《华东政法学院学报》2004年第6期，第70页。

行政首长主持，直接上级任主考官，但没有专门的考核部门。澳大利亚则设有专职人员负责考核，由公务员委员会统计和收集考核结果。[①] 除美国和日本外，其他几国都没有对官员考核进行专门的法律规制。美国国会通过专门的官员考核规制法《吏治法》即《彭德尔顿法》是在1883年。专门负责考绩制度的"考绩司"是在1912年设立。1916年，考绩司改称"效率局"独立于文官委员会之外。1920年，美国统一考绩制度。1934年，考绩内容有16项，其中包括完成工作的精度、速度、数量、执行命令的可靠性、执行职务的知识、工作的创造能力、组织能力、合作能力和克服困难的能力；等等，由审查委员会和复审委员会专门负责。[②] 美国文官考核法律规制也不断走向完善。日本称公务员考核为勤务评定，不仅在1947年日本颁布的《国家公务员法》对公务员考核进行专章规制。同时，还制定有《国家公务员工作评定规则》、《关于工作成绩评定手续与记录的政令》和人事院发布的《勤务评定的基本标准》专门规制公务员考核法。日本公务员考核的项目分为：勤务实绩、性格、能力以及适应力四项，各项之下又细分。日本的公务员考核的等次通常为四等：服务成绩超群者；服务成绩优良者；服务成绩普通者；服务成绩低劣者。[③] 从日本公务员考核的内容不难找到我国古代官吏考核的痕迹。

从先秦以前官吏考核升迁的法律规制的初步形成，到秦汉官吏"考课"的法律规制逐步完善，再到汉代以后官吏考核的法律规制规范化，我国古代官吏考核的法律规制一步步发展完备，特别是专门的官吏考核法律规制、专门官员考核职能机构、考核等级制、奖惩分明等，对我国当前行政责任法律规制有极高的借鉴价值，并对西方文官考核制度产生了深远的影响。两千多年的古代官吏考核法律规制，培育出封建官吏，塑造了传统行政管理精神，支持着中华行政管理制度的延续。但受"法律工具主义"价值观念的影响，中国古代对官吏考核的法律规制仅限于法律规定层面上，强制性大大强过教育性，终究不能适应中国行政管理法制近现代化的需要。这是我国建立法治政府过程中对公务员考核所应当避免的。

[①] 李楠、陈建成：《国外公务员绩效考核经验借鉴》，《管理观察》2008年第10期，第43—44页。

[②] 杨炳君、李启康：《美国公务员考核制度分析及其启示》，《行政与法》2005年第8期，第59页。

[③] 姜海如：《中外公务员制度比较》，商务印书馆2003年版，第123—125页。

二 我国古代官吏选任与监察法律规制

我国历代都极为重视官吏选任和监察。从春秋战国的军功爵制到秦汉时期选官察举征辟制度，从《唐六典》、宋《庆元条法事类》到《大明律》和《大清律》，我国古代对选官条件、标准、权限和程序都做了严格法律规制。最早开始于西汉的官吏选任回避制度，是为防止官员徇私而设。我国古代官吏监督制度分布在古代政令法令中，贯穿于官吏行政的各个环节，《周礼》、《秦律》、《唐律》、《大明律》和《大清律》等都对官吏监察进行了严格法律规制。

我国古代官吏选任和监察法律规制之所以能延续两千多年，主要因为建立了完善的官吏选任和监察法律规制体系，充分发挥了法律的防范功能。官吏具有行政管理和执法护法的功能，官吏违法必然造成百姓对法律的无视，法律制度的公开性、规范性、强制性是其他防范措施所无法替代的。

（一）我国古代官吏选任的法律规制

选拔官吏就是解决什么人可以做官、通过什么途径和方式做官的问题。"为政之要，惟在得人"我国历代都极为重视官吏选任，用法律制度规制职官的标准、权限和程序。秦汉的察举征辟制、魏晋的九品中正制、隋唐以后的科举制，这些选官制度有效地从官吏的来源上防止了无能之辈进入权力机构，并对官吏选任违法行为进行严厉惩处。

夏、商、周官吏选任实行的是"家国一体"的世卿世禄制度，包括世卿和世禄两部分，世卿制是指天子按血缘或姻亲任命百官和册封诸侯，并可世代继承。世禄制是指奴隶主贵族世袭自己封地的制度。任人唯亲是此三朝选任制度的特点。夏朝是我国官吏法律规制的诞生期，对官吏已有"昏、墨、贼、杀"[1] 的相关法律规定，其中的"昏"就是指选拔官吏要严明，"墨"专指贪污败官的犯罪行为，"杀"专指对败官犯罪行为的惩罚。西周比较完备的成文法典《吕刑》规定了官吏的责任，要求官吏尽可能做到无偏私，并确立考察官吏的具体标准"五过之疵"，这成为西周选任官吏的依据。

春秋战国时期的选任官吏制有三种，一是军功爵制，实行"察能而

---

[1] 杜预等注：《春秋三传》，上海古籍出版社1987年版，第448页。

授官"① 官职大小由军功高低决定。《左氏春秋》记载的春秋"书劳"制度、战国"食有劳而禄有功"政策,② 都说明军功是考官赐爵的重要依据,这是我国历史上第一次依功任官的用人制度,是历史的进步;二是荐任制,即荐举和选拔相结合,即或由中央大臣直荐人才,或考试选拔下级官吏,或养士选拔官吏。三是自荐,或游走于列国,或直接上书,阐述自己的治国方略。总之,选贤任能是这一时期官吏选任制度的特点,楚国吴起要求官吏做到"私不害公,谗不蔽忠、一言不敢苟合,行不敢苟容,行义不顾毁誉。"秦国韩非则提出"宰相必起于州郡,猛将必发于卒伍";等等,都是这一制度的体现。

  战国秦设定了严格的官吏选拔标准和具体实施办法。《商君书·算地》规定:"立官贵爵以称之,论荣举功以任之。""功"是秦国选拔官吏的必备条件之一,包括军、农、告(举报)三功。如《韩非子·定法》云,"商君之法曰:斩一首者爵一级,欲为官者,为五十石之官;二首者,爵二级,欲为官者为百石之官"。《商君书·赏刑》也有"利禄、官爵专出于兵,无有异施也"③ 的记载。《商君书·算地》:"圣人之为治也,刑人无国位,戮人无官任。"这说明战国秦对官吏任用条件进行了限制,"刑人"、"戮人"不可为官。《商君书·境内》载"能得甲首一者,赏爵一级,益田一顷,益宅九亩,除庶子一人,乃深入官兵之吏"。《韩非子·定法》解释:"斩一首者爵一级,欲为官者为五十石之官。斩二首者爵二级,欲为官者为百石之官。"④ 战国秦官吏按功行赏有了具体标准。

  秦朝在对官吏选任法律规制方面全面贯彻法家的"法家治吏不治民"的思想,吏治法律规制已渐趋完善。《云梦秦简》30多种保留下来的秦律中,大部分是秦的法律文书,包括《秦律十八种》、《效律》、《秦律杂抄》、《封诊式》、《为吏之道》等,内容大多涉及各级官吏的选任、监督、考核、奖惩等。在官吏的选任方面,法律规定"审民能,以人吏",中央、郡、县的长官要定期或不定期向国家保举人才。选任官吏十分严格,如《秦律十八种·内史杂》规定"令赦史毋从事官府",即犯过罪者不准

---

① 春秋管仲:《管子·权修》。
② 转引自邓小南《西汉官吏考课制度初探》,《北京大学学报》1987年第5期,第20—31页。
③ 浙江书局:《二十二子》,上海古籍出版社1986年版,第1110页。
④ 司马迁:《史记》,岳麓书社1988年版,第648页。

再入官供职。《秦律杂抄》规定"任法废官者为吏,赀二甲。"即保举被撤职官员为吏者处罚两副铠甲。这说明秦朝的官吏规制已进入法治化轨道。

秦汉时期选任官吏有四个标准条件:一是年龄、军功或爵位。《史记·高祖本纪》:"高祖及壮,试为吏。""壮"是年龄,"士伍"是指"军功",即对无爵者的限制。西汉初期以军功获爵而为吏也大量存在,汉简《奏谳书》记载,爵为大庶长、大夫、官大夫的人担任狱史、求盗、邮人、亭长等吏职,这是关于以年龄、军功或爵位选任官吏的标准。二是能力。《秦律十八种·置吏律》:"官啬夫节即不存,令君子毋害者若令史守官","无害"应指文吏具备的对各种律令、文牍、官僚制度、行政运作等的通晓能力,比如,《编年纪》载:"三年,卷军。八月,喜揄史","揄史"是"为进官之意","喜"是指由"学室"培养出来的一吏官,一生曾任安陆史、安陆令史、鄢令史等。① 三是不得用废官、罪人、赘婿者为吏。《秦律杂抄》载:"任废官者为吏,赀二甲。"《汉书·贡禹传》:"孝文时,贾人、赘婿及吏坐赃者皆禁锢不得为吏。"四是学校培养。西汉"修学官于成都市中,招下县子弟以为学官弟子,……高者以补郡县吏"②,东汉"又立校官,……吏子孙,皆令诣学受业……悉显拔荣进之"。③ 秦律还对官吏的调任进行了随任限制和时间限制。《金布律》规定"啬夫之送见他官者,不得除其故宫佐、史以之新官。"即调任官吏不得将其原来的下属一同带往新职。《置吏律》规定"县、都官、十二郡免除吏及佐、群官属,以十二月朔日免除,尽三月而上之",即官吏任免须在每年的三月底前完成,时间限定非常严格。如急需补缺则时间更短,目的是不能影响地方行政事务的正常进行。以上规定说明秦汉选任官吏的法律规制已逐渐形成。

秦汉时期选拔官吏实行察举征辟制度,分察举制和征辟制两部分。秦朝专门有官吏选拔的法律《除吏律》、《置吏律》和《除弟子律》。察举制是依皇令规定科目,由高级官员通过考察而推荐下级官吏的制度。征辟制是皇帝及各级官员选任属官的一种制度。其中"征"包括"诏举"和"直任"两种:"诏举"是指皇帝诏令各郡推荐"贤良"、"直谏"者,经

---

① 卜宪群:《吏与秦汉官僚行政管理》,《中国史研究》1996年第2期,第43—50页。
② 《汉书·文翁传》。
③ 《后汉书·任延传》。

皇帝面试为官。"直任"是指皇帝直接任社会上有声望的士人为中央官员。"辟",又称"辟除",是指中央和地方官员选拔下属官吏的制度,中央和地方官员包括国相、三公、九卿、刺史、郡守。辟除法选拔面较宽且有较大的自主选择权,这种先推荐后考试的制度一方面有利于知人善任,协调主从关系,但另一方面容易导致任人唯亲。察举征辟制的随意性和非客观标准性,东汉时,察举不实之风盛行,最终使其失去了生命力。汉初叔孙通制定《附益律》目的是限制诸侯随意选拔官吏。

唐朝的官吏选任制度更加规范,《唐律疏议》之《职制律》专门对官吏的设置、选任、失职、渎职等进行了详细的规定,《唐律疏议》共12篇,其中11篇涉及官吏法律责任追究。《唐六典》是我国现存最早的一部行政法典,全面厘定建唐以来的行政管理法律制度,规定了国家机构的设置、职责、官吏的选用、考核、监察、奖惩等,并确立了本朝的行政管理基本原则和程序,目的是制定一套完善的行政管理法律制度,对官吏进行有效的法律规制。现存宋朝的《庆元条法事类》对官吏的选任、考核、升迁、官品、考察、奖惩作了具体规定。明朝朱元璋"乱国用重典"的立法思想不仅用在惩治官吏犯罪上,而且制定《大明律》对选官制度进行规范。清朝继承明朝治吏思想强化官吏法律规制。《大清律》对选官中防止八旗诸王结党、内外官勾结、官宦干政作了严格规定。唐宋明清对官史选任的法律规制已基本完备。

(二)我国古代官吏任用回避的法律规制

我国古代官吏任用回避制度最早开始于西汉,是为防止官员徇私而设,也是依法对官员进行法律规制的一项重要制度,它涉及官员的选任和培养。西汉武帝中叶以后,为防止官吏任人唯亲,对地方官和监察官的选任在籍贯上进行限制,规定,除京畿所在的州、郡、县之外,上至郡国守相,下至县级官吏不得使用本郡人,刺史不得使用本州人。宗室不得主管京畿三郡。到东汉回避制度更加严格,连京畿所在的州、郡、县也不得任用本地人,东汉后期甚至规定姻亲所在地也成为限制地。《后汉书·蔡传》载:"婚姻之家及两州人不得交互为官。"后来又颁布"两州人士不得对相监临法",即一甲州人若在乙州做官,乙州人就不能再到甲州为官。灵帝时的"三互法"规定,三个不同州的人,若一人已在其一州做官,其他二人再不得在另外两州做官,这一规定也适用婚姻之家,目的是防止形成亲党和宗派。

隋唐时回避制度更加严格，隋文帝为了削弱地方势力，立法规定地方官不得在本籍任职，并对任期严格限制，州、县长官三年一换，佐官四年一届，只任一期。唐代除了对官籍和姻亲的回避规定，还限定不能到本籍的邻县做官。唐代宗曾下诏"不许百姓任本籍州县及本籍邻县官"。对亲属、统属或监察关系任职的规定也更加严厉，有类似关系者一律回避。规定宰相之子不能做谏官，兄弟不可同郡县任职，京官亲属不得做京之地方官。

宋承唐制，除了官籍、姻亲、任期的回避限制外，还规定对其他田产地也须回避，并且不得在辖区内典买房宅，调任离任后不得在原辖区居住。

明清回避原籍和回避亲属的法律规定更加完善，《明史·选举志》载"洪武年间，立南北更调之制，南人官北，北人官南。其后官制渐定。"到明中叶才渐放宽，地方上的民政、财政官员可到邻省就职，学官和仓官等可到邻府就职。洪武二十六年还规定户部官员不能到税粮占全国一半的浙江、江西、苏松三省任职，以防利用同乡关系舞弊。万历年间又规定，凡父兄伯叔官职有隶属关系者同，实行"以下避上"原则，对品改调，职官低的或辈份小的调走。唯一例外的是巡按御史不能到布、按二司中有近亲的省份巡察。为防藩王利用婚姻关系打入中央要害部门，弘治年间规定，王府官员不得与藩王同住一城。清代对官籍实行"回避本省"原则。康熙时"定外任官在籍五百里内者，回避"，对亲属回避更加严格具体，三品以上官吏子弟不得考选科、道官员，有亲属的府级官员须调离本府。同一衙门的京官，凡有亲属关系者，官职低者调离。凡涉刑名钱谷及考核纠参之职，一地同族职低地方官回避。

回避制度虽然诞生于封建社会，但它为适应行政管理的实际需要而产生，在整顿吏治方面起到了积极作用。

（三）我国古代官吏监察的法律规制

我国古代官吏监督系统主要包括制度、机构、官吏、舆论民众监督四个方面。制度监督分布在古代政令法令中，贯穿于官吏行政的各个环节，如《周礼》之"六廉"，《秦律》之"五善"。《秦律》、《唐律》、《大明律》和《大清律》等都对官吏监察进行了法律规制。

奴隶社会的夏至春秋时期，我国官吏监察制度处在萌芽状态。监察职官人数极少，且大都兼职做监察，一般是史官兼监察官或行政、执法官兼监察官。传说黄帝时的史官、舜帝时的"纳言"官应该就是兼职监察官。我国古代最早是在舜帝时就有了监察官吏的律条。《尚书·舜典》载，舜帝时，就有"冒于货贿，侵欲崇侈"的罪名，这说明国家产生前，就已开始用立法监察官吏。夏朝时我国便有了专门的官吏监察的律条，《左传·昭公十四年》载，夏朝有"昏、墨、贼、杀，皋陶之刑也"，其中"墨"，就是指夏朝对贪得无厌败坏官纪之官吏处以死刑的法律规定。商朝《官刑》有"三风十愆"的立法令，其中"殉于货色"的淫风罪，就是指当职官吏因贪恋财物而被处死。针对各级官吏尤其是掌握诉讼案件和民间纠纷事务权的官吏多有行贿受贿等不法行为，西周《洪范》特别规定了要予以惩治，其中的"四曰听"中的"听"，即受赃之意。凡构成赃罪之官吏，要处以刑罚。西周中期的《吕刑》中"五过之疵"之罪名中的"惟货"是指敲诈、收受贿赂的行为；"惟来"则指贪赃枉法。"其罪惟均"，即其罪或治罪等同罪犯。

西周《周官》便有最早的职官监察记载，西周初年有监察官吏是否违法违纪的"纠禁令"，并设有监察御史。《周官》规定了御史的职责是"凡数从政者"，这里的"凡数"即"监察"。据《周礼》记载，东周已正式任命监察官，其职能是监管官吏、执掌纠禁、监察官刑等。周朝时还没有专门的监察机构和监察法，但这一时期的监察制度不但体现了"清吏贵监"的思想，而且对后世的官吏监察有极高的借鉴价值。

进入封建社会后，战国时期开始设专门的监察御史担任专门监察职责。后世监察制度的雏形应该源于战国御史监察制度。战国变法运动中，官吏选任制取代了贵族"世卿制"，各国官吏依功劳和能力任免，如《韩非子·外储说左上》载战国秦实行"见功而与赏，因能而受官"制度。这一时期也已有了专门的监察机构、监察官和监察制度。战国时魏国李悝编写的《法经》，是我国第一部封建成文法典，其中《杂法》篇"六禁"的规定"丞相受金，左右伏诛；犀首以下受金，则诛；金自镒以下，罚，不诛也。""金禁"就是关于对官吏受贿行为罪与罚的相关规定，这里对不同官职不同职责进行区别对待，即使收受相同的财物，不同官职不同职责法律惩治也不同。战国秦《云梦秦简》中的《为吏之道》、《语书》均规定官吏犯"五失"之一"贱士而贵货贝"，必被削官且受刑罚。《睡虎地秦墓竹简·法律答问》中关于"匿田"的规定，即是对收取田租而隐瞒不报的官吏要进行严惩。《法律答问》还规定"通一钱，黥为城旦"，

"通钱"罪即为贿赂方面的处罚。战国诸子百家提出了丰富的治国治官理论。法家申不害认为监控和纠察官吏极为重要,《申子·大体》载"今夫弑君而取国者,非逾城郭之险而犯门闾之闭也。"即官吏关乎国家社稷,必须严加监管。《管子·君臣上》曰"有道之君……下有五横以揆其官……""横"即衡,纠察之意。《商君书·禁使》载"吏虽众,事同体一也……,相监不可。且夫利异而害不同者,先王所以为保也"。即由于官吏之间会官官相护,为了各自的利益,官吏监督是必须的。战国时期,各诸侯国的监察与行政、司法系统还没有明确的划分,也没有独立出来,但监察职能明显加强。主要表现:一是设立御史主管监察之职。"御史"最早现于殷墟卜辞,那时兼掌监察,主要负责记言记事,谓之史官,后来御史监察职能明显加强,监察朝中大臣和地方官员成为其主要职责。二是制定专门的监察法令。由于"以法制吏"的观念已深入各国统治者的思想,各国纷纷立法监察官吏。如魏国的李悝编写的《法经》之《杂篇》中就有关于治理官吏的规定。三是监察方式不但具体而且具可操作性。《吕氏春秋·孟夏纪》载"命司徒循行县鄙。命农勉作……",《云梦秦简》有对评为下等官员进行处罚的规定等。巡行和巡县、监军、上计、私察等活动及其奖惩,说明战国时对官吏监察的法律规制体系已初具形态。

秦朝有关于官吏调任与监察的《效律》,关于官吏为官道德与法纪的《为吏之道》,对秦朝的监察制度进行了翔实的规定。秦设御史府为中央监察机关,设御史大夫为中央级监察官,地方设监郡御史负责对地方百官的监察。[①] 秦始皇颁发的察吏律令《语书》规定"今且令人案行之,举核不从令者,到以律。""案行"即监察官到各郡巡视,"举核"即监察官吏。秦律对良吏和恶吏的标准进行了细致的规定。秦朝的监察制度由言谏制度和监察机构组成。言谏制度由谏官和议事制度两部分构成,谏官设谏议大夫和给事中。《通典·职官三》曰谏议大夫"掌议论,……属郎中令。"给事中的职责是"日上朝谒,平尚书奏事,分为左右曹"。给事中设在近臣侍官中,由大夫、议郎兼领。秦的议事制度主管立君、分封、宗庙、戍边等军国要务,主要由丞相、太尉、御史大夫参会议政。中央设御史大夫寺,地方设监察御史,御史由中央派驻各郡。御史大夫"银印青

---

① 梁凤荣:《论中国古代防治官吏赃罪的对策》,《郑州大学学报》(哲学社会科学版)1999年第9期,第25—31页。

绶，掌副丞相"，具有很高的地位和权力。其职责是"典正法度"、"举劾非法"，荐举人才，治理大狱。《睡虎地秦墓竹简·法律答问》规定"府中公金钱私贷用之，与盗同法。"即官吏私借公款以盗窃问罪。秦朝的监察机构从中央到地方形成一个纵向的管理系统，它既能纠察百官、举劾违失，又能制约中央各机关以维护皇权。

两汉时期制定了新监察官吏的法律文件，如限制地方势力的"阿党附益之法"、《左官律》、《酎金律》，考核官吏的《上计律》、《九章律》等监察官吏的法律规制趋于完善。汉律更加详尽地规定了官吏赃罪，《九章律》规定"吏受赃枉法、主守盗"等一律从重处罚。汉代从中央到地方都设有监察机构，并形成了言察并行的监察体制。汉代的监察制度不仅在规模上扩大，而且在体制上进一步完善。在中央置御史府，仍设御史大夫，并设言官数十人，分太中大夫、中大夫两种，皆无定员。汉武帝设谏大夫，后改为谏议大夫，御史为察官，谏议大夫为言官。言官权力很大，可驳议御诏之失误，可面谏君王之失法。可以说，这是汉代监察制度法律化的一大进步。设给事供皇帝咨询，给事分大夫、博士、议郎、三公、将军、九卿。在地方，西汉初年，由丞相派遣"丞相史"负责地方郡县的监察。汉哀帝时实行"三司一台"中枢制度，"三司一台"中的一台即御史台，是监察专职机构。御史台与尚书台并重且独立。地方专设十三州刺史作为官吏的司监察机构。并设专监京师周围各郡的司隶校尉，上纠"三公"，下察百官。《汉书·百官公卿表》规定了汉代对官吏监察标准"六条问事"，六条中除第一条外，其余皆是规定监察郡守贪赃腐败的。《汉书·刑法志》载汉律赃值十金即为重罪，有"恐猲曷取财"罪，是专门针对官吏向下级索贿的行为而设。不仅赃吏再不能为官，其子孙三世也不得为官。汉代设御史大夫以察三公，设"司直"官牵制御史中丞，还制定了中央定期巡视制度。汉代的监察法律规制进一步完备。

魏晋南北朝时期的监察制度发生了较大变化。自东汉末年以来，刺史和司隶校尉虽已逐步转化为地方官吏，但保留中央监察者的身份，行使监察之职，原有的监察制度并未被废止。御史台成了直属皇帝领导的独立监察机构。主管御史台的御史中丞之职责是"自皇太子以下，无所不纠"。言谏监督也发展进一步发展，有了独立机构门下省，主要职责是"纳谏"。这一时期各政权设置了称谓不同的监察官，如三国时的"校事"，南北朝宋、齐设的"典鉴"。魏晋南北朝时期的魏律《请赃》和《偿赃》

篇，晋律《违制》篇，都有专篇律条规制官吏赃罪，对监察官吏打击赃罪起到了积极的作用。《魏书·张衮传》载，北朝时"显祖诏诸临之官所监治，受羊一口，酒一斛，罪至大辟，与者以从坐论"。《隋书·刑法志》载北齐"玛廷拟补令史十余人，皆有受纳，后其至发，缚玛廷送廷尉，据枉法处绞刑。"说明魏晋南北朝时期监察百官打击赃罪之法律制度的严厉。

隋唐监察制度较前代成熟。隋中央设置监察机构御史台，重置御史大夫为中央监察官，并设治书、侍御史二人为副监察官。地方设监察机构司隶台，专察州郡官吏。隋朝《开皇律》、《大业律》明令禁止官吏贿赂，《隋书·刘行本传》载"监临受财二百文则杖一百"，"以贿伏诛"。隋律有"官物入私"的罪名，是针对官吏侵吞公财产的刑罚。唐朝不仅有最完备、最重要的行政"监督"法律《唐六典》，而且有专门对违法失职官吏进行惩戒的《唐律疏议》、《职制篇》、《厩库律》、《擅兴律》，唐时还制定了"四善二十七最"之法、《六察法》等，加强对官吏的考课与监察。唐朝的监察制度分监察机构和谏议组织两个系统。在中央御史台下设台院、殿院、察院，主管监察，属于行政监察。御史台的主要长官是御史大夫，副长官是左右御史中丞。台院主管由皇帝直接指派，职责是纠举百官。殿院负责纠察朝仪，维护皇权。察院主管地方官吏之监察，以"六条问事"，不分等级。在地方，唐朝还专设与行政区平行的行政监察区，对官吏进行监督。唐代谏议组织的谏官主要负责对皇帝的立法监督，赋予谏官以言事谏诤权。其实秦汉以来历代都设有专职的谏官，专司"顾问应对"及"议论"。后又设立散骑常侍、谏议大夫、补阙、拾遗、起居郎、起居舍人等职官"纳谏"，分属中书、门下两省，官吏监督组织日趋完备。唐朝惩治官吏犯赃尤为严重，《唐律疏议》之《职制》篇规定"受财而枉法者，一尺杖一百，一匹加一等，十五匹绞，受财不枉法者，一尺杖九十，二匹加一等，三十匹加役流。"规定不仅详细、具体且可操作性强。《杂律》规定了"六赃"罪，"受财枉法、不枉法、受所监临、强盗、窃盗并坐赃"。"六赃"是唐律定赃罪的标准，"六赃"中有四个罪名主要用于惩治贪赃官吏，并详细规定了官吏犯赃的刑事责任，首订"六赃"罪，是唐对官吏监察立法的一大贡献。隋唐时期的官吏监察制度逐渐完善。

宋朝除《宋刑统》外，颁布专门的行政"监督"法律《吏部七司法》、《景定吏部条例》、《庆元条法事类》等。① 宋代地方监督比前代更严密，路一级设转运司、经略安抚司、提点刑狱司、提举常平司四"监司"，分掌财权、兵民权、司法和赈灾，四司互不通属且"互察"。州通判对州及其属官的监察主要是监督钱谷出纳和举劾官员贪赃。宋代沿袭了唐代御史行政监察制度，在中央设御史台纠弹和稽察百官。御史台"纠官邪，肃正纪"，职权明显扩展。御史上可弹宰相、劝皇帝，下可纠察百官。转运使和提点刑狱公事负责监察州、县官吏。皇帝鼓励谏官"风闻奏弹"，且失误也不追究，目的是加强对官员的监控。宋惩处贪官非常严厉，《二十二史札记》载，"宋……凡罪罚悉从轻减，独于治赃吏最严"。《宋刑统》规定有赃罪六种，赃罪近半数会被处以死刑。南宋法律对官吏利用官位接受馈赠的惩处规定得特别细密，如官吏"因生日辄受所属庆贺之礼及与之者，各徒一年，诗颂减一等，所受赃者坐赃论"。② 宋金朝律对赃吏的惩治，除降授、解职、免职和除名外，还要体罚，如"西北路招讨使完颜守能以赃罪，杖二百，除名"。③ 宋金时期的官吏监察法律规制较前代更为严厉，但宋代把监察和言谏两官合并，导致监察职权混乱。

　　元朝在中央设中央御史台，在地方设行御史台，专对全国的官吏进行监察，监察机构设置更加完备，元朝官吏监察机构与职能统一，使监察更加规范和有序。

　　明清时期均制定专门官吏监督法律，明代的《考满法》、《考察通例》、《宪纲条例》、《纠劾官邪规定》、《责任条例》、《巡抚六察》、《巡按七察》等，清代的《十察法》、《京察滥举处分条例》、《考察内外大员例》、《钦定台规》和《都察院则例》，对督察机关的权限、考监程序、执法官员的任职条件及职责义务等都做了详细的规定。明朱元璋改革监察机构，一方面，废御史台建都察院，行使宋朝御史台之台院与察院之职；另一方面，设监察官以代谏官，设监察官以代言官给事中，分别对六部行使专职监察。同时，在全国设立十三道监察区及其监察御史，设六科给事中分察吏、户、礼、兵、刑、工六部官吏。《大明律》"六赃"将唐"六赃"的受所监临财物在明朝改为监守盗，对以权谋私、贪污犯罪严厉打

---

① 孙季萍：《中国古代的权力监督制度》，《东岳论丛》2011 年第 4 期，第 105 页。
② 《庆元条法事类·职制门六》。
③ 《金史·世宗本记下》。

击。《明律·吏律》之"受赃"卷，对"六赃"罪的处罚进行了详细的规定：监守自盗者，赃一贯以下杖八十，附刺字；赃至四十贯处斩。凡受财枉法，有禄人赃满八十贯处绞，无禄人赃满一百二十贯处绞。受财不枉法，赃满一百二十贯杖一百，流三千里。并规定监察御史受赃，刑加二等。《明大诰》规定，官吏"贿赂出入……虽笞亦坐死"；官吏受赃而纵囚者，"处极刑，没家产……"① 明朝"剥皮实草"、"铁榜戒侯"等对官吏贪赃罪的惩处可谓严酷。

清朝监察机构与监察体系更为完善。清代仍设都察院为监察机构，由左都御史和副御史负责，由总督、巡抚等兼任。都察院的职权仍是监察百官。雍正时，又将六科并在都察院下。监察御史有密折言事权，军机处、各监察机构都可以行使监察权，其目的是加强皇权。清朝前期职官考课标准是"四格八法"，"八法"主要治"贪"，"四格"守、政、才、年中的"守"也倡廉抑贪。《大清律例》承明律全部惩贪条款，集我国古代惩贪之法之大成，使治赃法规更趋系统。

（四）启示与借鉴

虽然由于时代限制，我国古代官吏选任和监察中的各项制度不可能被充分适用，合理运作，其法律规制也只反映了统治阶级的意志，但也不乏诸多启示和可借鉴之处。

1. 启示

古代完善的官吏选任和监察法律规制体系主要表现在三个方面：

（1）官吏选任制度法律化。夏朝对官吏"昏、墨、贼、杀"的法律规定，标志着我国官吏法律规制的诞生。西周《吕刑》成为西周选任官吏的依据。秦朝的《秦律十八种》、《效律》、《秦律杂抄》、《封诊式》、《为吏之道》等，内容大多涉及各级官吏的选拔、任用、监督、考核、奖惩等，并有专门的官吏选拔法律《除吏律》、《置吏律》和《除弟子律》，秦朝的官吏规制已进入法治化轨道。《唐六典》全面规制了官吏的选用、考核、监察、奖惩等，并确立了本朝的行政管理基本原则和程序对官吏进行有效的法律规制。《唐律疏议》之《职制律》专门对官吏的设置、选任、失职、渎职等进行了详细的规定，《唐律疏议》共12篇，其中11篇涉及官吏法律责任追究。现存宋朝的《庆元条法事类》对官吏的选任、

---

① 《明史·循吏传》。

考核、升迁、官品、考察、奖惩作了具体规定。明朝朱元璋"乱国用重典"的立法思想不仅用在惩治官吏犯罪上，而且制定《大明律》对选官制度进行规范。清朝继承明朝治吏思想强化官吏法律规制，《大清律》对选官中防止八旗诸王结党、内外官勾结、官宦干政作了严格规定，官吏选任制度法律化。

（2）官吏监察制度法制化。我国古代早在舜帝时就有了监察官吏的律条。战国开始设专职监察官御史，后世监察制度的雏形应该源于战国御史监察制度。战国时魏国李悝编写了我国第一部封建成文法典的《法经》，不但用法律规制官吏选任，而且规制官吏监。秦朝有专门规制官吏调任与监察的《效律》，还有关于官吏为官道德与法纪的《为吏之道》，二者对秦朝的监察制度进行了翔实的规定。两汉时期制定了新监察官吏的法律文件"阿党附益之法"、《左官律》、《酎金律》、《上计律》、《九章律》等，监察官吏的法律规制趋于完善。魏晋南北朝时期的魏律《请赇》和《偿赇》篇，晋律《违制》篇，都有专篇律条规制官吏赇罪，对监察官吏打击赇罪起到了积极的作用。唐朝不仅有最完备、最重要的行政"监督"法律《唐六典》，而且有专门对违法失职官吏进行惩戒的《唐律疏议》、《职制篇》、《厩库律》、《擅兴律》，唐时还制定了"四善二十七最"之法、《六察法》等，加强对官吏的考课与监察。宋朝除《宋刑统》外，颁布专门的行政"监督"法律《吏部七司法》、《景定吏部条例》、《庆元条法事类》等。魏晋至隋唐时期的官吏监察制度逐渐完善。明清时期均制定专门官史监督法律。明时有《考满法》、《考察通例》，有《宪纲条例》、《纠劾官邪规定》、《责任条例》、《巡抚六察》、《巡按七察》等；清《十察法》、《京察滥举处分条例》、《考察内外大员例》和监察立法《钦定台规》和《都察院则例》，对督察机关的权限、考监程序、执法官员的任职条件及职责义务等都做了详细的规定，官吏监察制度法制化。

（3）官吏监察机构和监察官员专职化。战国时期开设专职的监察官御史，秦朝的言谏制度和监察机构，汉代的中央御史府和御史大夫、地方十三州刺史和"丞相史"，隋中央御史台御史大夫、地方设司隶台，专察州郡官吏，唐宋元中央御史台下设台院、殿院、察院，主管监察，专职长官是御史大夫，副长官是左右御史中丞。明朝中央设都察院和监察官、地方设立十三道监察区及其监察御史等。四是严格官吏职务责任法律追究。

贪赃枉法罪、玩忽职守罪、任用官吏不当罪、违抗命令罪、经济与管理方面的犯罪、上司对下属犯罪要承担连带责任等方面的法律规定几乎涵盖了公务人员相关职务责任的法律规定内容，并设置司法官吏，以加强监督力度并同时加强处理官吏犯罪力度，官吏监察机构和监察官员专职化，不能不说具有一定的进步意义。

2. 借鉴

（1）西方国家文官考核制度对我国古代官吏考核法律规制的借鉴

"西方文官制度始于对中国科举考试制度的模仿"已众所周知，其实准确来说，西方文官制度始于对中国官吏制度包括科举、考核和监察制度的模仿，间接证据可以从许明龙的《欧洲18世纪"中国热"》查证。① 该书记载"欧洲人对中国中央政府的礼、吏、工、兵、户、刑六部，以及地方政府官员设置与选拔和考核等有较多了解，也很欣赏，认为这些机构和官员制度保证了较高的行政效率。欧洲人最感兴趣的是吏部和礼部。吏部管理官员的派遣、升迁、考察，每三年进行一次考绩，以决定官员的调动与否。"通过欧洲传教士的传播，中国古代的官吏选任和监察制度早在18世纪传到欧洲，并在欧洲广为传播。据《大英百科全书》记载"在历史上，最早的考试制度出现于中国。它用考试来选拔行政官员（据公元前1115年的记载）。"② 西方文官制席最早在1853年出现在英国，在中国官吏选任法律规制的影响下，当时英国近代文官制度的四项基本原则之一就是，初任人员都应通过竞争考试，考试文官事务委员会主持。其他西方国家的文官考核制度都多少受到英国的影响，在英国的影响下，法、德等欧洲国家、加拿大和美国等分别建文官制度，其中包括选任和监察制度。英国近代文官制度中缺乏官员监察的法律规制。最早设立官员监察法律的国家是瑞典，1809年，瑞典宪法规定设立一名监察专员，督察百官，实行"监审合一"监察模式，监察机关拥有监察和审计两大权力，监察对象包括中央、地方政府及其公务人员。此后，英、法、美国等国家也实行了类似的监察制度，英国议会行政监察专员制度、法国调解专员制度、美

---

① 许明龙：《欧洲18世纪"中国热"》，山西教育出版社1999年版，第87页。
② 张佳杰，丁凌华：《论科举制对西方文官制度的影响》，《华东政法学院学报》2004年第6期，第70页。

国监察长办公室制度①、芬兰的检察长制度等只是它的变种。从西方官员选任和监察的相关内容中，我们不难找到我国古代官吏选任和监察的痕迹。

(2) 我国公务员法对古代官吏考核与监察法律规制的借鉴

2006年我国《新公务员法》、《新公务员法实施细则》对官员的录用专章进行规制，官员选任制度法律化。我国《行政监察法》规定，在中央设监察部和审计总署两大专门行政监察机构，设最高人民检察院为法律监督机关，地方分设地方各级审计机关、地方监察机关和地方检察院，实行垂直领导，明确了官员监察主体、监察对象、法定监察职能、举报制度与监察程序，官吏员监察制度法制化，官员监察机构和监察官员专职化。其实，这是我国《新公务员法》、《新公务员法实施细则》和《行政监察法》在吸收古代官吏选任制度法律化、官吏监察制度法制化、官吏监察机构和监察官员专职化之精华的基础上进一步完善。

我国古代官吏选任和监察制度进一步完善了我国古代行政责任法律制度，但它最终并没能解决官吏的权力腐败问题，原因是它以维持封建统治为目标，没能实现监察制度的政治价值。但它对世界文官制度产生了深远影响，并对我国当前行政责任法律规制有极高的借鉴价值。

第二节　西方国家古代行政责任法律规制溯源

一　古希腊古罗马时期的民权思想

古希腊古罗马时期出现了各种民权思想的萌芽，从古希腊早期梭伦改革和伯利克利改革中的"民权"思想的萌生，到城邦制衰落时期的柏拉图和亚里士多德的"法治"化民权思想，到希腊化时期与古代罗马时期斯多葛派前期的有限"民权"思想、斯多葛派中期的实用主义"民权"思想，民权思想对国家政府权力的起源和目的的思考，为当今政府公信力

---

① 李景平、赵亮：《中外行政监察制度比较及其启示》，《西安交通大学学报》（社会科学版）2008年7月第4期，第66—69页。

建设提供了借鉴和启发。公平正义是考量政府公信力的天平，权力制衡是建设政府公信力的基石，公众监督是重构政府公信力的基本途径，用良法制约权力，为提升政府公信力提供保障。

政府公信力的产生来源于政府公权力的行使，行政问责源于政府公权力的膨胀与滥用，政府专制和官员腐败客观上要求必须对政府公权力进行限制，并对政府责任进行法律规制。西方国家对政府公信力和行政问责，有着悠久的历史传统，追踪西方行政思想史，发现古希腊古罗马时期民权思想是政府公信力和行政问责的主要思想渊源之一。

从公元前800年到公元476年是古希腊古罗马时期，这一时期出现了各种权力思想的萌芽，包括各种民权思想，这1000多年是全世界政府行政权力思想发展史上的一个重要阶段。绵延2000多年的民权思想是基于城邦制度下的公民政治生活而产生的，以学者们的言行为代表，以智者的理论阐释为典型，从关注自然之神转向关注人，为权力思想嵌入了一种世俗化因素。

（一）古希腊早期民权思想的萌芽

1. 古希腊城邦雅典改革时期的"权力在民"和"轮番为治"的"民权"思想

古希腊城邦雅典伯利克利时代，城邦成员享受广泛民主制度。经过梭伦、克里斯提尼和伯利克利三次重大改革，奴隶主和奴隶之间建立了契约关系。公元前594年，身为首席执行官的梭伦掌握仲裁权和立法权以后，进行了世界史上有名的梭伦改革[1]，内容包括四个方面，一是"颁布'解负令'"，解除下层公民的土地债务，并确认遗产继承和土地转让；二是按财产将全体公民分4个等级，"五百斗级""骑士""双牛级""贫民等级"；三是推选官职公选制。只有"五百斗级"才有资格参选城邦最高者行政长官，具体方式是，先由部落推选候选人，最后在公民大会中抽签选出，城邦所有公民都有权参加公民大会。同时，公民大会设有"四百人议事会"（4个部落各选100人）和"元老院"（经普通公民审查审议确立）；四是首创公民陪审制度，[2] 即由普通公民轮流担任陪审员审理各种案件。梭伦改革不仅维持了雅典人的法律、制度和祖先的各种机构，而且

---

[1] 王乐理：《西方政治思想史》（第一卷），天津人民出版社2005年版，第41页。
[2] ［古希腊］亚里士多德：《雅典政制》，商务印书馆1957年版，第39页。

由于古代立法、司法与行政不分，这一民主制改革也保障了人民权利，体现了"民权"思想的萌芽。公元前510年，克里斯提尼改革又将民主制向前推进一步，内容包括三个方面：一是按公民居住区划分选民，并设500人议事会；二是选区平等开展议事会选举；三是设全体公民非常大会。这大大加强了雅典公民监督和撤换当权者的权利，[①] 至此，雅典城邦基本确立"权力在民"和"轮番为治"的民主政体，进一步体现了"民主"行政思想。公元前461至公元前429年，伯利克利担任执政官期间，雅典实行全体公民都可能参加公民大会和法庭陪审活动，并将一般公职向下层公民开放。他认为政权在公民手中，而不是在少数人手中，人们在政治机会和法律面前是平等的，这同样体现了"权力在民"和"轮番为治"的思想。当然，异邦人和奴隶不能参加公民大会，这并不是真正的民主，但在当时历史条件下，两位改革家提出"公民本位"的城邦正义，包括政治平等、立法民主、法律面前人人平等、公民直接参与行政事务的管理，并用法律手段确保它的实现，这是世界史上的一大创举，为近代和现代"权力在民"的思想实践奠定了基础。经过梭伦、克里斯提尼和伯利克利三次重大改革，雅典城邦制度最终确立为公民大会、500人议事会、执政官和将军、法庭组成的一套规范法律制度。

上述思想在希罗多德《历史》和修昔底德的《伯罗奔尼撒战争史》中都有详细记录，也明确反映希罗多德和修昔底德的"民权"思想主张，这成为研究古希腊"民权"思想不可多得的珍贵史料。

2. 古希腊城邦繁荣时期的民权思想中的合法性与合理性原则

古希腊城邦繁荣时期的民权思想代表人物有普罗泰戈拉、苏格拉底。普罗泰戈拉认为"人是万物的尺度"，认为"常识性的共同标准"是一切判断的依据，这里涉及行政权力和法律合法与合理性问题应该是有史以来最早的。他认为权力是由神明赋予的，政治生活不是由什么高于一切的自然法则统治，而由法律和道德维持着，并坚信人人享有平等的公民权。但他认为政治生活是靠人类对神的崇敬得以维持的，[②] 政府是其成员的某种行政机构，官员只是其代言人。苏格拉底认为城邦"法律至上"反对"强权即正义"，他认为执政者不能只追求和满足一己私欲，应守法、自

---

① 王乐理：《西方政治思想史》（第一卷），天津人民出版社2005年版，第46页。
② [古希腊]柏拉图：《柏拉图全集》（第一卷），王晓朝译，人民出版社2002年版，第440页。

我约束。正义是苏格拉底对掌权者的最基本最核心的要求，他认为"正义就是平等地分配而不过分"，"真正的正义就是平等地分享，这不仅是习俗，而且是自然"。① 他在《理想国》中强调立法和守法的重要性，并强调这种良法是通过城邦公民一致确认而制定的，法是普遍的正义。他提倡"守法"精神，认为有正义原则的人才有智慧，才能掌权执政，掌权者有教化民众向善的职责。他主张贤人执政，反对"三十僭主制"，② 认为它是违反人民意志且不依法律，而是根据统治者的意志治理城邦的政体，不能体现民权思想中的合法性与合理性原则。

（二）城邦制衰落时期的"良法"、"监察"和权力制衡民权思想

1. 柏拉图的"良法"和"监察"民权思想

玻勒马霍斯认为"正义是强者的利益"，亦即政府的利益。"凡对政府有利的，对百姓就是正义的"，政府有权惩治不遵守政府法律者。③ 但是柏拉图认为良法正义，恶法非正义，作为掌权者，其立法和管理都必经以被管理者即百姓利益为依归。他在《理想国》中指出：法律可兼顾国家、社会与个人利益，"守法"与"践约"谓之合法、正义。这是正义的本源，正义的本质就是最好与最坏的居间者。柏拉图构建的"理想国"（城邦的正义）有完善的城邦和政府，具有"智慧""勇敢""节制""正义"四美德，特别是"节制"美德体现在各个等级的相互关系中，表现在管理者与被管理者的关系上。当权者不能滥用权力，被管理者也不能抗拒执法。柏拉图认为与城邦的四种美德相通，个人的正义也是"智慧""勇敢""节制""正义"四方面。正义是一种美德，非正义是一种邪恶，在行政管理中体现为是否越权、滥用权，是否尊重保护公民权利。

在《理想国》中，柏拉图认为城邦来源于必需的社会分工，是人们相互需要的产物，这一思想具有一定的积极意义。他认为只有"真正关心国家利益的人"，有忧国忧民意识、愿为国为民献身的人才能掌权管理国家与社会。认为"谁最能守卫城邦的法律和习惯，就让谁做城邦的治理者"。其思想具体表达为：遵守习惯和法律是掌权者的首要职责；习惯

---

① ［古希腊］柏拉图：《柏拉图全集》（第一卷），王晓朝译，人民出版社2002年版，第341页。

② ［古希腊］亚里士多德：《政治学》，吴寿彭译，商务印书馆1983年版，第168页。

③ ［古希腊］柏拉图：《理想国》（第一卷），郭斌和、张竹明译，商务印书馆1986年版，第18—19页。

和传统法是管理者必须掌握的真知识；尊重法律。要用法律来规制掌权者"有限所得与无限贪欲间的尖锐矛盾"，用法律监管的方式惩治其贪欲。在《政治家》中，柏拉图认为治国（管理）之术是一门专门技艺，管理者对人的管理必须是自愿而非强迫，是能照顾人的心灵、关注人的灵魂健康的人。他认为民主管理体制是多数人统治且合法的。[①] 在没有哲学王的情况下，法律是必需的，因为"在人类离开神，自己管理自己的情况下，事物秩序化是必需的"。法律具有普世性。由于统治者习惯漠视法律，特别是限制权力的法律，"拥有绝对权力的人容易滥用其权力"。在《法律篇》中，他强调要防止权力腐败，一方面主张赋予城邦普通公民控告违法官员的权利，另一方面还设计了比较健全监督体制。体制规定监察官经选举产生，全体公民大会每年选出3名监察官；条件是年满50岁以上的优秀者，没有重大违法犯罪行为者可任职终身；监察官独立行使监督权，所有的监察官被分为12组，监督所有的行政和司法官员；赋予城邦公民弹劾不称职或腐败监察官，并给以严惩，甚至剥夺其死后的荣耀。这对近现代行政责任法律规则的建立与完善做出卓越贡献。

2. 亚里士多德的"权力制衡"民权思想

在《政治学》中，亚里士多德认为平民政体力求"平等""公正""轮流执政""权力平等"。他认为城邦本质上只是为优良生活而存在，法律的实际意义应是促成全邦人民都能进入正义和善德的制度。他反对"强权公正""强权公理"，认为统治者与被统治者价值相等。"人天生是一种政治动物"，他认为过政治生活或共同生活是人的本能。古希腊平民政体中，"凡有资格参与城邦议事和审判事务的人都可称为该城邦公民"，可参加定期的公民大会，能参与陪审法庭审理等。公民的内涵就是"能出色地统治又能体面地受制于人"。政体"就是对城邦各种官职——尤其是拥有最高权力的官职的某种制度式安排"。[②] 不同政体有不同的权力安排方式，民主政体应是以照顾公共利益为宗旨的权力安排。他认为"由多数人执政胜过由少数最优秀的人执政……"因为多数人聚在一起有可能优于少数人。权力并不掌握在陪审员、议事人员或公民大会的成员手

---

① ［古希腊］柏拉图：《柏拉图全集》（第三卷），王晓朝译，人民出版社2003年版，第141—143页。

② ［古希腊］亚里士多德：《政治学》，颜一、秦殿华译，《亚里士多德选集——政治学卷》，中国人民大学出版社1999年版，第122、132页。

中，而是掌握在公审法庭、议事会或平民大众手里，每一成员只不过是这一整体中的一部分而已。

他将法分为良法与恶法，认为前者才是公平、正义之法。他始终坚持无神自然法思想，认为"天生平等的人按其自然本性具有同等的权利和同等的价值"。"统治者并不比被统治者具有更多的权利"。大家应"轮番执政"，这种制度安排便是法律，"在法律未能规定的地方，人同样也不能做出明断"。因为权力容易被滥用。认为法治优于人治，如法律不完善，也要先修订后再依法行事，不能任由个人以法律不能穷尽为借口而妄为。他崇尚平民政体，因为它一是轮流执政，二是能使人随心所欲地生活。平民群众拥有城邦的最高权力，政事裁决取决于大多数人的意志，大多数人的意志就是公正。所有官员由选举产生，但不能两次担任同一官职，任期要短。所有公民都有审判权。公民大会拥有绝对决定权。他认为"在法律失去其权威的地方，政体也不复存在了"。[①] 他将平民体制极端化。

亚里士多德认为权力的分配涉及三个要素：一是立法要素，即议事机构——立法者要考虑什么样的权力组合才是较有利的。二是行政要素，即与行政官职有关，决定应该由什么人来掌权，以及通过什么方式选举各类官员。三是司法要素，负责事后的权力救助。议事机构主管官员的选举和审查，权力要么归于全体公民，要么归于某些公民，议事权力归属不同，政体性质也随之变化。一切事项交付全体公民审决的政体是平民政体，此政体的平民被赋予参与议事的权力。坚持平民体制有四原则：一是公民"轮番议事"原则。讨论各种法律和权力分配问题，并听取行政官员们的汇报；二是全体公民大会原则，只限于官员选举、立法、官员审查的问题。其他事项由全体公民选出的其他官员审议；三是公民集会原则，商议官员的产生和审查问题；四是全体公民议决一切事项原则，行政官员没有任何裁决权。相反，寡头主义政体形式坚持的四原则：一是议事人员按财产选出；二是某些特定的人有资格参与议事；三是议事人员自选自任，且能继承，权力越法；四是特定的人审议特定的事；五是某事项交由选官议决。

行政权力分配是构成政体的一个重要因素，不同的政体，官员数目、

---

① ［古希腊］亚里士多德：《政治学》，颜一、秦殿华译，《亚里士多德选集——政治学卷》，中国人民大学出版社1999年版，第122、132页。

权力范围、官职任期等方面各不相同。真正意义上的行政权力是审议权、裁决权、任命权和管理权等，在他看来，弄清官员的性质、数量和是否必需十分重要，城邦大小决定官职数量的多少，因为人员问题涉及资本问题，这应是政府"精简机构"最早的提议。

关于官员任用强调解决三方面问题：一是什么人任命；二是从哪些人中选拔；三是以什么方式任命。而任命有四种方式：全体公民方式、轮番方式、任命方式、部分公民方式。但对各类行政职权的内涵与如何进行法律规制没有进一步的探讨。他指出平民主义立法十分有益，"执政者以平民主义的态度来处理他们自己和未参与政权者之间的事务"。扩大政治参与，把体制外的反对要素纳入到体制内，消弭抵触心理——公正且有益。比如，轮番任期原则通过立法尽力防患权力腐变，维护国家、社会的和谐、统一。不能让某个人的势力异乎寻常地膨胀。"必须制定各种法律，尽力防止任何人拥有过大过多的权力。"对那些"损公自肥"的官员应进行严惩，对为政清廉者要立法嘉奖，体现了政府责任法律规制的民权思想。

（三）希腊化时期与古罗马时期的"法律"化民权思想

从公元前322年亚历山大逝世至公元前30年奥古斯都即位被称为希腊化时期，西方国家的学校教材多看轻这段漫长历史。这一时期的斯多葛派的自然法思想、世界国家概念、人的社会义务观成为学术主流。

古罗马帝国时期权力思想包括塞内卡的王政理论；帝国时期法学家对法的性质与分类，对自由、公民权、契约关系的阐释；人定法多视角解释；有关权利和义务的规定。西塞罗实用主义民权思想，罗马法国家关于法的性质与分类，罗马帝国对财产所有权与契约关系的司法确认等成为这一时期的主要理论课题。

1. 伊壁鸠鲁关于法律源于公共利益的民权思想

伊壁鸠鲁（Epicurus）认为法律起源于人们对公共利益的麻木。让有知识的人发明法律及完整的惩罚措施，用以对付不愿接受有关行为限制的人，法律固定行为规范，要求形成守法习惯，以保障社会安定。他在《准则》中讨论了法律与正义的关系，"能够互利的法律，才是符合正义的要素"。[①] 并认为法律与正义都有相对性，会因时因地而异。他希望法

---

① Principal Doctrines, from W. Ebenstent (ed), *Greant Political Thinkers: Plato to the Present* [M], Harcourt Collage Publishers, 2000: 172.

律、制度、官员能为人们带来安全，但他不喜欢自己参与政治。

2. 斯多葛派中期的"权力委托"和"权力制衡"民权思想

西塞罗是斯多葛派中期的代表人物，他在《论责任》中阐述了自己的"权力委托"和"权力制衡"民权思想。他主张政府公职人员不应贪恋权力和荣誉，这里他强调了柏拉图的两条原则：一为人民的利益，二为国家利益，人民与政府之间是一种权力委托关系，政府的行政部门应总为委托方着想，不能只为某部分公民利益服务，这种思想已具有了现代"权力在民"思想的意义。他反对只关心自己的道德修养，而不参与国家管理。掌权者应利用自己的权力让所有人去做法律要求他们该做的事。他在《论共和国》中写道："国家是人民的事务。人民不是偶然汇集一处的人群，而是为数众多的人依据公认的法律和共同的利益聚合起来的共同体。"[①] 他强调国家利益至上和公民对国家人民的责任，同时主张要用法律确认公民的权利。他在《论责任》中强调，建立国家和政府的主要目的就是保护个人权利，他拥护权力制衡原则：王是执政官，贵族组成元老院，人民组成人民会议，三方权力互相制约。这一思想已影响到近代的洛克、孟德斯鸠的共和思想。在《论法律》中也阐述了自己的实用主义民权思想，认为理性即法律和正义的最高法则。[②] "法"希腊文是 nomos，公平之意，源自"分配"nemo；"法"拉丁文 lex，源自动词"选择"（lego）。"法"是"公平""选择"之意，就是赋予个人所应得的。他继承斯多葛派的法律思想，主张人定法应以自然法为准则，"正义"（jus）始源于法律，是自然之力量，是合法与否的尺度，自然法为最高法。人定成文法只是对民众希望的东西进行限定的条款。

西塞罗最伟大的创举应属他的官吏法，他首先明确官员与法律制度的关系，守法是官员的职责。西塞罗的人们理性平等、共和国思想都继承了斯多葛派学说，极大影响了古罗马法学家和近代政治思想家的思想。

3. 古罗马法学家的"法律"化民权思想

（1）古罗马关于法律源于民权之思想。

古罗马的法律在形式上分平民会议决议、元老院决议、大法官告示、

---

① [古罗马] 西塞罗：《论共和国、论法律》，王焕生译，中国政法大学出版社1997年版，第39、190页。

② [美] 施特劳斯、克罗波西：《政治哲学史》（上），李天然等译，河北人民出版社1993年版，第178页。

皇帝宪令、法学家解答等几种类型，百人团、部落和平民会议决议等均称为法律，如公元前287年平民决议《豪尔顿西法》对贵族、元老和平民都具有法律效力。共和时期的元老院决议需经民众大会通过才能颁布，才有法律效力。帝国时期这种情形才发生变化，元老院的决议不再经民众大会通过也具有法律效力。帝国时期，皇帝宪令即为法律，几乎涉及所有公法领域，《法学阶梯》也承认根据王权法，人民把全部权力转移给皇帝。因此，皇帝的诏令、训令、裁决和批复皆有法律效力。法学家的解答指那些被授权判断法律的人一起做出的决定和表示意见。帝制时期的法学家由元老院成员和城市行政长官组成，一般是由地方长官兼理司法。426年颁布的罗马《引证法》规定，只有帕皮尼安、盖尤斯、乌尔皮安、保罗、莫特斯丁5人的著作或引用过的著作具有法律效力，并规定了"多数人观点"原则和"皇帝宪令"原则。平民会议决议、元老院决议、大法官告示、皇帝宪令、法学家解答等法律无不体现古罗马法学家的法律源于民权之思想，说明政府责任法律规制的合理性与合法性。

（2）古罗马关于自由和权利优先于权力思想。

古罗马《十二铜表法》的内容把诉权放在前面，把人法和物法放在后面，这种把权利放在首位的做法是社会历史的进步。西方法学界坚持，古罗马法是人法而不单单是公民法，古罗马法突出形式正义的同时，特别强调权利适用范围的扩大，是希腊城邦法制所不能比的。《查士丁尼法学总论》涉及自然法、万民法、市民法。自然法是自然界一切动物之法；市民法适用于某个民族之法；万民法是适用于全人类的共同法律。查士丁尼承认自然法中人生而自由的理念，认为古罗马万民法把人区分为有公民资格的自由人、奴隶和无公民资格的释放自由人是违背自然法的，《查士丁尼民法大全》规定："废止降服者这一级；对于一切被释自由人，不问被释放的年龄、权益或方式，一律给予古罗马自由公民资格。古罗马公民资格现在是唯一的一种自由。此外，奴隶获释的条件也大大放宽。"[①] 梅因也认为古罗马人的平等与古希腊公民间的平等不同，是反对等级制的，古罗马法律适用一切人，包括古罗马人、外国人，也包括古罗马自由人和奴隶，即包括公民也包括当权者。古罗马《十二铜表法》和《查士丁尼法

---

① ［古罗马］查士丁尼：《法学总论——法学阶梯》，张企泰译，商务印书馆1986年版，第13—15页。

典》关于自由和权利优先于权力思想，有关权利、权力、宪政、税收、军事、城市管理和教会等方面的权力规范，为我们提供了有价值的民权思想研究史料。

（3）罗马法学家的公法即为"限权法"思想。

罗马法学家明确区分了公法与私法，但并没有把它们从法律制度上进行分支。哈德里安治认为，公法常与公共利益联系在一起，是指设置一种特定的制度或规则来限制权力，即为公法。

帝国时期的法学家留存下来的公法方面的著作很少，有迹可查的有乌尔皮安的《论执政官的职责》10卷本，主要涉及宪政法和行政法的内容，如长官的权力与职责、权力的限度等。《查士丁尼法学总论》规定城市执政官的职责是镇压犯罪行为、监控价格、监督监护人和参与诉讼等，并有公职人员财产任职资格限制，如规定城市官员和城市议会议员要必有充分的财产。①

法学家们讨论了权力的制约问题，认为权力有层级之分，上级官员的权力大于下级官员的权力，低一级长官不能对高级长官实施司法权，大法官无权支配大法官，执政官无权支配执政官，如果双方权力相当，难以判断，由皇帝决断。认为权力的职能可以是单一的，也可以是混合的。同时，市政长官的司法权受地域和财政双重制约，长官只有在授权范围内、期限内才能实施权力，且只有本人才能行使，除非经法律或惯例确认可由他人代理。约翰斯顿认为，公共职责须依法实施，用权者在接受权力的同时也要受到法律的制约，权力有范围限定，越权无效。这里权力行使的合法性的思想，是罗马法学家关注的领域，已蕴涵了近代权力思想的原则，如限权与法治思想。不足之处就是皇权丝毫没有被触及。

（四）对政府公信力建设的启示

古希腊罗马时期的民权思想为我们展示了西方古代政府责任法律规制的思想画卷，为我们当今社会提升政府公信力提供了一定启示：

1. 公平正义：考量政府公信力的天平

古希腊古罗马时期民权思想十分强调政府要履行好社会公平正义职责。古希腊普罗泰戈拉断言"政府是其成员的某种行政机构，官员只是其代言人"，政府与官员必须以公平正义之职保障人民权益。苏格拉底认

---

① ［意］斯奇巴尼选编：《公法》，张礼洪译，中国政法大学出版社1999年版，第120页。

为城邦"法律至上",反对"强权即正义",柏拉图也认为良法正义,恶法非正义,苏格拉底和柏拉图都认为掌权者立法和管理都必经以被管理者即百姓利益为依归,以良法即正义之法作保障。

西塞罗的"权力委托"民权思想强调政府公职人员不应贪恋权力和荣誉,认为人民与政府之间是一种权力委托关系,政府的行政部门应总为委托方着想,不能只为某部分公民利益服务,应坚持公平正义原则,强调掌权者应利用自己的权力让所有人去做法律要求他们该做的事,并首创官吏法,强调坚持公平正义原则和守法是官员的职责,也是国家长治久安的保障,因此,公平正义是考量政府公信力的天平。

古罗马《十二铜表法》和《查士丁尼法典》关于自由和权利优先于权力思想,有关权利、权力、宪政、税收、军事和城市管理等方面的权力规范,不仅强调依法用权和行政问责的合理性与合法性,同时强调管理者遵守正义之法的必要性,不仅为我们提供了古罗马坚持"公平正义是考量政府公信力的天平"的研究史料,也为我们提供了有价值的"公平正义"且自觉为民理念的启示和思考。

古希腊古罗马时期民权思想的基本内容,主要是要解决如何处理政府与个人、政府与社会之间关系的问题,是以自由主义行政观为其外在表现形式,强调个人权利至上,政府只是维护个人权利的工具,它主张多数人民主与法治,用以制约政府权力,强调公平正义和自觉为民理念。李克强总理强调"公正是提高人民满意度的一杆秤,政府理应是社会公正的守护者"。考量政府公信力的重要标准之一,就是看政府是否真正履行好了社会公正守护者的职责。

2. 权力制衡保廉洁:建设政府公信力的基石

"公生明、廉生威",为政清廉才能取信于民,而建设廉洁政府,应为各项公权力划出清晰边界,以权力制衡保廉洁。古希腊古罗马时期亚里士多德的权力制衡民权思想,坚持平民体制四原则,即公民"轮番议事"原则、全体公民大会原则、公民集会原则、全体公民议决一切事项原则;并强调行政成本原则;倡导平民主义立法,制定法律尽力防止任何人拥有过大过多的权力;主张用法律惩贪奖廉,强调多种权力相互制约与制衡的重要性与必要性。

亚里士多德的"权力制衡"思想强调权力掌握在公审法庭、议事会或平民大众手里,每一成员只不过是这一整体中的一部分而已。认为权力的分配涉及立法即议事机构,行政要素即与行政官职有关,司法要素即负责事后的权力救助。斯多葛派前期的"权力制约"民权思想强调只有君主、人民与元老院权力相互制约,互不逾越,任何一方都没有绝对的控制力,权力机构既相互支持又相互制约,超越法律规定的要求会被抵制,人民大会对元老院和执政官的制约,元老院对人民大众和执政官的监控,执政者对元老院的支配与控制,才能防止任何一种权力的过分膨胀,保证国家的稳定。腐败对政府公信力的破坏不可低估,"千里长堤,溃于蚁穴",要赢得社会公众的信任和支持,有必要在权力源头做好制度设计,用权力制衡保廉洁。

3. 公众监督:重构政府公信力的基本途径

有权必有责,没有监督制约的权力必将导致滥用。政府及官员的每一项决定与行为都将对社会公众产生影响,公开透明必不可少。

古希腊古罗马时期民权思想是以权力的公民行使来强调公众监督权力运作的。古希腊城邦雅典梭伦改革确立的"公民大会""四百人议事会""元老院"和"公民陪审制度",克里斯提尼改革确立的"居住区选民制""五百人议事会""选区平等会选举制""全体公民非常大会"大大加强了雅典公民监督和撤换当权者的权利,伯利克利改革的"下层公民陪审团制",都彰显了"公民本位"的城邦正义和公众问责监督权力运作。苏格拉底强调良法只有通过城邦公民一致确认而制定才具有法的普遍正义性,认为有正义原则的人才能掌权执政,掌权者有教化民众向善的职责。柏拉图强调要防止权力腐败,一方面主张赋予城邦普通公民控告违法官员的权利,另一方面还设计了比较健全监督体制,规定监察官经选举产生,全体公民大会每年选出三名监察官,监督所有的行政和司法官员;赋予城邦公民弹劾不称职或腐败监督官,并给以严惩。希腊化时期伊壁鸠鲁关于法律源于公共利益的民权思想,古罗马关于法律源于民权之思想,古罗马关于自由和权利优先于权力思想,古罗马法学家的公法即为"限权法"思想,强调了公众监督和行政问责的必要性、合理性与合法性,为我们当今社会提供了借鉴和启发。政府权力主动接受社会公众监督,进行透明运作,暗箱操作和随意执法才有可能被真正杜绝,才有可能实现政府公信力的重构。

4. 立良法:用法律制约权力,为提升政府公信力之保障

制约缺失、监督失效,往往使某些官员手中的权力成为牟取私利的工

具。在古希腊古罗马时期民权思想强调用良法制约权力的行使。在古希腊古罗马时期民权思想发展演变过程中，从应然到实然的过渡中，"至善"原则成为"良"法的评价标准，政府及其官员依"良"法管理民众彰显了当时行政权力思想的高贵价值，从柏拉图到亚里士多德，把行政权力法则、标准和目的建立在政府伦理道德之上，强调用良法对权力进行法律监督和制约，彰显了正义的力量。

古希腊城邦雅典改革时期的"权力在民"和"轮番为治"的"民权"思想，最终确立为公民大会、500人议事会、执政官和将军、法庭组成的一整套雅典城邦规范法律制度，用以对权力进行法律监督和制约。柏拉图认为良法才是正义之法，作为掌权者，其立法和管理都必经以被管理者即百姓利益为依归，认为最能守法者才能做管理者，要用法律来规制掌权者，用法律监管的方式惩治其贪欲。亚里士多德指出平民主义立法能扩大政治参与，把体制外的反对要素纳入到体制内，消弭抵触心理。轮番任期原则通过立法尽力防患权力腐变，对那些"损公自肥"的官员应进行严惩，对为政清廉者要立法嘉奖，体现了用良法对权力进行法律监督和制约的民权思想。

希腊化时期的伊壁鸠鲁认为法律源于公共利益，希望在权力的行使和责任的承担方面完善法律惩罚措施，固定行为规范，保障社会安定。斯多葛派前期的"权力制约"民权思想，认为法治传统有助于政治与社会稳定，良好的惯例与法治给个人生活带来适度，表达国家的公正。古罗马平民会议决议、元老院决议、大法官告示、皇帝宪令、法学家解答等多法律形态无不体现法学家"法律源于民权"之思想，说明良法对权力进行法律监督和制约的合法性。古罗马法学家的公法即为"限权法"思想，强调公共职责须依法实施，用权者在接受权力的同时也要受到法律的制约，权力有范围限定，越权无效，蕴涵了用良法对权力进行法律监督和制约的民权思想。"权力不受约束必然产生腐败"，唯有"把权力关进制度的笼子"，用制度监督、规范、制衡权力，才能保证权力不被滥用，保障权力发挥其应有的力量，也才能保障政府公信力的提升。

虽然由于时代限制，古希腊古罗马时期的民权思想中对王权的辩护和对封建制度的维护应受批判，但我们细细查寻，发现"公平正义""权力制衡""公众监督""立良法，用法律制约权力"几方面，对当今社会政府公信力建设应有一定的启示作用。

二 古希腊古罗马时期的自然法思想

古希腊古罗马时期出现了各种权力思想的萌芽，从古希腊早期神授自然法思想的萌芽，到古希腊城邦繁荣时期的无神自然法思想，再到希腊化时期与古罗马时期斯多葛派前期的限权式自然法思想、斯多葛派中期的实用主义自然法思想，自然法思想对政府权力的起源和目的思考，为我们当今社会良法之治提供了启示，认为良法应以客观自然正义为原则，以追求自由、平等、权利等社会价值为其主要内容，将善视为良法的实质标准，以权利制衡权力作为良法的本质定性，古典自然法的合理内核，有力推动了社会历史进步，引导人类实现自身的社会主体价值，追求自由、平等、权利和秩序。

西方国家对政府公权力规制有着悠久的历史传统，追踪行政责任规制的西方思想史，发现古代自然法思想是其主要思想渊源。从公元前800年到公元476年是古希腊古罗马时期，这一时期出现了各种权力思想的萌芽，包括各种自然法思想，这1000多年是全世界政府行政权力思想发展史上的一个重要阶段。本书以不同的自然法思想为序，以代表性思想家或学派为基础，展示其发展的阶段性与继承性。绵延2000多年的自然法思想将自然作为权力（正义和公正）的来源，将人的行为当作可以批判和攻击的对象，这一思维方式启迪了众多后世理论。在自然法思想发展演变过程中，从应然到实然的过渡中，"至善"原则成为"良"法的评价标准，政府及其官员依"良"法管理民众彰显了当时行政权力思想的高贵价值，希腊化时代与古罗马时期的斯多葛学派继承了古典自然法思想。古罗马时期的西塞罗以神为自然法的制定者、颁布者和解释者，并走向神事与人事二元化，最后以基督教的合法化和罗马法律的形成为终结。

（一）古希腊早期神授自然法思想的萌芽

1. 神授自然法思想的萌芽

公元前8世纪，荷马在《伊利亚特》中展示了神、人汇杂的战争场景，并将史诗中的主角封为神的后裔，他们对神的推崇，对议事会、民众大会的管理都赋予了神的力量。

公元前6世纪的赫拉克利特、德谟克里特等都认为人是自然的产物，人是在许多事情上都是动物的学生,① 他们在自然中寻找一种判断制度与法律的一种标准。赫拉克利特认为"正义就是斗争","战争是万物之父",② 既表现为神,也表现为人。同时认为法律高于一切,人类法律源于自然法律。所有人类法律都是由一个神圣法则维系,展示了神授自然法思想的萌芽。

2. 无神自然法思想的萌芽

公元前5世纪晚期,希波战争结束,古希腊城邦社会进入繁荣时期,古希腊思想也从自然主义向人文主义发生转变,代表人物有普罗泰戈拉、安提丰、德谟克里特,作为"智者"他们始终都能获得合法的参政地位。

普罗泰戈拉认为"人是万物的尺度",认为"常识性的共同标准"是一切判断的依据,这里涉及的关于权力的合法性与合理性问题和法律的合法性与合理性问题应该是有史以来最早的。他认为政治生活不是由什么高于一切的自然法则统治,而由法律和道德维持着,并坚信人人享有平等的公民权。但他又将神和宙斯作为国家和人类政治生活的起源,认为政治生活是靠人类对神的崇敬得以维持的,③ 政府是其成员的某种行政机构,官员只是其代言人。安提丰的《论真理》把"自然"视为"真理",作为对城邦制度质疑的尺度。他认为自然法则高于人定法。认为无知者无罪属自然法则,应以正义为尺度让人们遵从法律,剥夺无知者的生命是违背自然法则。他从"平等"的自然法则出发对等级制度进行了深刻批判,认为雅典当时的法律不代表公正,雅典并不民主。他反对当时的奴隶制法,这也是后人对他评价较高的原因所在,他的自然法则思想是一种无神自然法思想。④ 德谟克里特坚持"无神自然观",认为人们为了生存、交流形成一定的社会组织及国家,一切源于需要。他认为权力应归强者,但掌权者应通过选举产生,因为人有趋利避害的本性,很难不犯错误,民主制是最好的,并认为法律是维持民主长期稳定的有效途径。普罗泰戈拉、安提丰、德谟克里特的思想体现了无神自然法思想的萌芽。

---

① 汪子嵩等:《希腊哲学史》(第一卷),人民出版社1997年版,第504页。

② Kirk. G. S., *Heraclitus' Cosmic Fragments*, Cambridge University Press, 1954, D. 22, B. 52.

③ [古希腊]柏拉图:《柏拉图全集》(第一卷),王晓朝译,人民出版社2002年版,第440页。

④ 王乐理主编:《西方政治思想史》(第一卷),天津人民出版社2005年版,第88页。

(二) 城邦制衰落时期的自然法思想

伯罗奔尼撒战争颠覆了雅典民主制,"四百人统治"和"三十僭主专制"开始,民主派人士大肆被屠杀,公民权范围大大缩小,公民大会被取消,雅典民主制走向衰落。柏拉图提出"分工互助"论,亚里士多德提出"自然成长论",指出人们之所以要过城邦生活,就是依靠个人力量难以满足公民至善生活的愿望。他俩提出城邦整体正义和公民个人正义,正义的内涵就是秩序与和谐,强调管理者与被管理者都应"守法","不逾规"。

1. 柏拉图的神授自然法思想

柏拉图在《政治家》和《法律篇》中强调,城邦来源于宙斯神的恩赐,而不是依自由协商而建立的,是服从神强制力的结果,这种强制力具体化为神颁布的"正义"或公正,而且"治国之本"也是神均等分给每个人的,并通过立法确认人们对正义的遵守。在《理想国》中,柏拉图认为城邦来源于必需的社会分工,是人们相互需要的产物,这一思想具有一定的积极意义。他认为只有"真正关心国家利益的人",有忧国忧民意识、愿为国为民献身的人才能掌权管理国家与社会。但是他认为神在孕育人类时已区分了等级(如雅典的等级制度将人们分成奴隶、外邦人和不享有公民权的自由人、公民)。为了城邦和谐,各等级的人要各司其职、安分守己,他也主张优胜劣汰,认为"谁最能守卫城邦的法律和习惯,就让谁做城邦的治理者"。其思想具体表达为:遵守习惯和法律是掌权者的首要职责;习惯和传统法是管理者必须掌握的真知识;尊重法律。要用法律来规制掌权者"有限所得与无限贪欲间的尖锐矛盾",用法律监管的方式惩治其贪欲。柏拉图对正义、城邦起源、城邦政体兴衰等问题研究的最终目的是,要寻求一个政府有效治理之道——德治优于法治。他认为养成守法的精神更重要,"以德治国"比"以法治国"更能让城邦长治久安。在《政治家》中,柏拉图认为治国(管理)之术是一门专门技艺,管理者对人的管理必须是自愿而非强迫,并且管理者是能照顾人的心灵、关注人的灵魂健康的人。他认为民主管理体制是多数人统治且合法的。在没有哲学王的情况下,法律是必需的,因为"在人类离开神,自己管理自己的情况下,事物秩序化是必需的"。法律具有普世性,柏拉图的思想体现了神授自然法思想。

由于统治者习惯漠视法律,特别是限制权力的法律,"拥有绝对权力的人容易滥用其权力"。他在《法律篇》中强调四点，一是立法宗旨是对人的整体美德的培育和卓越心灵的塑造；二是要约束权力，掌权者要遵守法律，不得有法律赋予权力之外的特权；三是契约思想，掌权者与臣民订立契约，双方互相维护对方的合法权益；四是这种制度通过立法方式加以确认。他认为"城邦公共决定形式"就是法律，人必须与法合作。否则，让人性听其自然，就会成为最野蛮的动物。立法者要以清醒的判断作为立法的基础，只有那些最能守法的人，才能被任命为掌权者。他认为立法者要避免城邦出现两极分化，要制定最低贫困线标准，"收入低于贫困线者可以获得配给"，此政策要长期维持，在任何情况下不得取消。并要求"每个公民必须在法律任命的执政者那里事先公开登记他的合法财产"，[①]这可以被看成"官员财产公示制"最早起源，有利于公民对执政者财产变化的监督，对防止官员腐败有积极意义。为防止腐败，柏拉图一方面主张赋予城邦普通公民控告违法官员的权利，另一方面还设计了比较健全监督体制。体制规定监察官经选举产生，全体公民大会每年选出3名监察官；条件是年满五十岁以上的优秀者，没有重大违法犯罪行为者都可任职终身；监察官独立行使监察权，所有的监察官被分为十二组，监督所有的行政和司法官员；赋予城邦公民弹劾不称职或腐败监督官，并对其给以严惩，甚至剥夺其死后的荣耀。这对近现代行政责任法律规则的建立与完善做出卓越贡献。但"城邦起源的自然属性"理论，用神话传说为他的自然法思想的合理性进行论述，有一定的局限性。

2. 亚里士多德的无神自然法思想

亚里士多德将神学与政治分离，将神权与政权分离，并在历史与现实经验的基础上进行论证。在《政治学》中，他对君主制和民主制在不同时期不同城邦的立法、执法情况进行分析总结，提出各种权力的实现途径，构造出"中产阶级执政的混合政体方案"。[②]他认为城邦的目的是追求美德，而美德的培养有赖于立法与执法。一个人一生都需要法律的引导以除恶扬善。"法律是政治活动的成果。"平民政体力求"平等""公正""轮流执政""权力平等"，这种体制是他最推崇的。他认为城邦本质上只是为优良生活而存在，法律的实际意义应是促成全邦人民都能进入正义和

---

① [古希腊]柏拉图：《法律篇》，王晓朝译，《柏拉图全集》（第三卷），人民出版社2003年版，第141—143页、第511页。
② 王乐理主编：《西方政治思想史》（第一卷），天津人民出版社2005年版，第262页。

善德的制度，统治与被统治是事物内在的自然规律，有无生命的事物皆如此。但是他反对强权，反对用法规人为地制造奴隶，将战俘变为奴隶，反对"强权公正""强权公理"。他认为统治者与被统治者价值相等，一个人既能统治也能被统治才是一个健全的人。他强调城邦是自然演进的产物，体现出无神自然法思想。"人天生是一种政治动物"，过政治生活或共同生活是人的本能。古希腊公民权利受法律的保护。在平民政体中，"凡有资格参与城邦议事和审判事务的人都可称为该城邦公民"，可参加定期的公民大会，能参与陪审法庭审理等。公民的内涵就是"能出色地统治又能体面地受制于人"。政体"就是对城邦各种官职——尤其是拥有最高权力的官职的某种制度式安排"。不同政体有不同的权力安排方式，民主政体应是以照顾公共利益为宗旨的权力安排。他认为"由多数人执政胜过由少数最优秀的人执政……"，因为多数人聚在一起有可能优于少数人。权力并不掌握在陪审员、议事人员或公民大会的成员手中，而是掌握在公审法庭、议事会或平民大众手里，每一成员只不过是这一整体中的一部分而已。亚里士多德认为行政权力分配是构成政体的一个重要因素，不同的政体，官员数目、权力范围、官职任期等方面各不相同。真正意义上的行政权力是那些审议权、裁决权、任命权和管理权等，在他看来，弄清官员的性质、数量和是否必须十分重要，城邦大小决定官职数量的多少，因为人员问题涉及资本问题，这应是政府"精简机构"最早的提议。法律是为维持或保全现行政体而设的，如何消除损害现存政体的行为，仅有监督官的监察是不够的，必须进行完善的立法，进行事前预防与教育。亚里士多德认为："最有益的法律是得到某所辖全体公民的称道，如未能通过公民教育使之深入人心，这样的法律依然是无用的。"[①] 这应是最早强调普法重要性的内容。行政权力法律规制的组成要素包括：立法目的、立法对象、立法原则、立法程序、立法内容。亚里士多德的自然法思想已经摆脱了神的束缚，成为人之权力思想。

亚里士多德无神自然法极大地影响了西塞罗、洛克和孟德斯鸠。西塞罗的国家概念中对法律的强调，继承发扬了亚里士多德无神自然法的法治思想，洛克、孟德斯鸠的"三权分立"思想也深深打上了亚里士多德思

---

① ［古希腊］亚里士多德：《政治学》，颜一、秦殿华译，《亚里士多德选集——政治学卷》，中国人民大学出版社1999年版，第194页。

想的烙印。

（三）希腊化时期与古代罗马时期的自然法思想

从公元前322年亚历山大逝世至公元前30年奥古斯都即位被称为希腊化时期，西方国家的学校教材多看轻这段漫长历史。这一时期的斯多葛派的自然法思想、世界国家概念、人的社会义务观成为学术主流。

斯多葛派早期主要活动在雅典，中后期转移到罗马等城市。中期的代表人物西塞罗的影响最大，他的自然法与神法学说、人的理性平等主张都来自斯多葛派。但对国家非伦理目的解释、对柏拉图与亚里士多德有关正义、国家目的、政体分类、法治思想的传播已旁溢出斯多葛派。

古罗马帝国时期无神自然法思想基督教义人类理性等主张；帝国时期法学家对法的性质与分类，对自由、公民权、契约关系的阐释；自然法的发达；神法与自然法趋向混合，精神与世俗二元化；西塞罗的国家非伦理目的等，成为这一时期的主要理论课题。

1. 斯多葛派前期的限权式自然法思想

斯多葛派创始人芝诺坚持自然法思想。重视"宇宙万物运行的命运与必然性"，用神、宙斯等概念解释权力的来源，他认为宇宙的过去、现在和将来都依自然法而发生，它具有命令人正确行动，禁止人错误行为的力量。认为国家是自然的联合体，而非契约约定而成，认为最好的政治制度是民主、君主与贵族制的混合，认为国家法律应符合自然法，才是履行所有责任，按自然的正义，一切罪恶都是一样的，违反自然法应受严厉的惩罚。他重视自然法与社会正义的联系，认为生活中通行的正义是自然法在社会中的体现，对人定法起着规范和准则的作用。人天生平等，奴隶制不合理，违反了自然法性质和每个人的公民资格，他将自然法从国家角度移向个人，是人类法律史上的一大进步。

克吕西波在《论国家》和《论法律》中阐述了自己的自然法思想，相信一切是神的启示，一切命运皆有因果，具有自然必然性，认为按自然法概念，世上人人平等，坚持正义的唯一来源是宙斯与宇宙，即正义是自然而非规定，正义与非正义的客观、正确标准不是实在法、人定法，而是自然法，它规定了宇宙的自然秩序，神圣的理性是正确的。在生活中，它将指导行为的理性功能内化，在国家层面表现为对人定法的履行，赞成法律的严峻性。

波利比阿在《历史》（又译《通史四十卷》）中阐述了自己的无神自

然法思想。他认为人类依天性需求结成群体，由于人天生的进攻性导致纷争，依自然法则，社会群体领袖与掌权者必是杰出之人，只有他们才有能力拥有权力的资格。他注意人们交往的关系受制于非理性的权力竞争和理性的非竞争的和谐秩序的影响，前者由于人天生的进攻性导致纷争，对于后者，如果掌权者适应普世正义观运用理性决策，会得到臣民的维护。人性论贯穿于他的整个自然法思想。

斯多葛派前期的自然法思想是一种限权式自然法思想。

2. 斯多葛派中期的实用主义自然法思想

潘尼提乌的自然法思想适应了罗马国家的需要，走向了实用主义。他认为人天生的社会性有益于社会稳定，正义赋予每个人，这是人类社会最基本最普遍的义务。为适应现实，他认为理性的自然法是所有人的法律，所有人皆平等，任何成文法都要认可这些平等权利并保护之，认为保护私有财产是掌权者的职责。他虽承认神的存在，但反对用宗教支配政治，反对个人自由的不可预见性，认为这与自然法及个人平等原则思想相悖。认为正义在政治社会中更有价值，用法律与司法规范规定人们的行为界限，并用惩罚性措施强制其实施。他反对权力追逐，认为法制是权力追逐的不幸后果，是一种自然而形成的，不同意法律神圣性和法律由某神赐予的观点，他没有从正面肯定人定法。但认为宗教在制止犯罪、违法行为方面效果有限，认为宗教与法律都是利用恐惧心理制止错误式非法行为，二者彼此联系，相互作用，共同发展。他是伊壁鸠鲁主义的宣传者。

西塞罗在《论责任》中阐述了自己的实用主义自然法思想。[1] 他认为自然为人类制定了一些原则，用公平、平等把人们结合成一种互助的自然联合体，他主张政府公职人员不应贪恋权力和荣誉，这里他强调了柏拉图的两条原则：一为人民的利益，二为国家利益，人民与政府之间是一种权力委托关系，政府的行政部门应总为委托方着想，不能只为某部分公民利益服务，这种思想已具有了现代"权力在民"思想的意义。他在《论共和国》里表述"自然法"是一种符合自然的、适用于一切人的、永恒不变的真正的法，是正确的理性。自然法令鼓励人们履行责任，又通过禁令制止人们为非。"元老也好，人民也好，都不能解除，我们有服从这一律

---

[1] A. Gotilited, *The Dream of Reason: A History of Western Philosophy from the Greeks to The Renaissanse*, the Penguin Press, 2000, pp. 304—305.

法的责任。"他继承了古代希腊人理性论遗产。他强调自然法对人定法的永恒性。他将自然法等同于神法，认为人和神共有正确的理性。因此，人在法律方面与神共有。凡是有法律共同性的人们，应听从于同一权力，听从于全能之神。由于自然赋予人正确的理性，要求善待每一个同样的人，自然法也应受所有人同等尊重。他认为只有自然法才能保证人定法的公正性，"法律的性质是不在强迫下屈服，不在金钱诱惑下腐化"。即使基于人民的决议和法律，只要不正义，不合自然法则，也是不公正的法律。认为自然标准是良法与恶法、合法与非法的唯一标准。西塞罗承认宗教法的地位，认为人们在讨论人定法时，应树立一切事物均由神明们统治和管理的宗教法思想。这也是维护罗马传统习俗的需要。西塞罗的自然法思想都继承了斯多葛派学说，极大影响了罗马法学家和近代政治思想家的思想。

3. 斯多葛派晚期"王权"有限的自然法思想

关于王政的思想，塞内卡认为皇帝应遵循神的意志进行统治，他不强调制度、法律对掌权者的约束，而是强调听从神旨公平、正义地运用权力，掌权者应为公众利益约束自己。[①] 他认为神与人的世界是统一的，自然创造了所有的人，人的正义寄托于理性，它是寄寓于人体内神的灵魂。

爱比克泰德认为生命的种子来自神，而不仅仅来自父亲和祖先，宇宙的管理秩序是人和神联合实现的。他对暴君的批评最具特色，认为万民皆为宙斯的儿子，皆自由，掌权者应保障人的自由与尊严。掌权者对个人施加的权力之所以有效是因为人们的畏惧，忘却了内在的自由和理性，而后者是自然元素，是任何人无力支配的。

奥勒留支持自然法思想，信奉人人精神平等的原则。认为人是整体自然界的一部分，合作于同一宇宙，而宇宙有一个普遍的神、一种法和一个真理。人在自然界中处于从属地位，是社会化的人，人与人之间在于理智地共有，每个人的理智都是一个神，是神性的流溢。他主张精神平等，但也承认现实等级制度，倾向于人与自然的和谐，而不是人与政治体的和谐，体现了他精神平等和现实等级制的混合自然法思想。

斯多葛派的一大成就是对普通法（国家法）与地方法（风俗）的区分。前3世纪，罗马为适应时代，更加公平与合理地处理政务，设外事行政长官，颁布法令汇集成册，即万民法。万民法天然起源于自然法，皆出

---

① [美] 萨拜因：《政治学说史》（上），盛葵阳等译，商务印书馆1986年版，第204页。

于法律的公正性、普遍性和平等性，但自然法是"应然"法，而万民法是"实然"法，前者否定奴隶制，后者承认奴隶制，二者是有区别的，但受斯多葛派影响，二者趋于统一，因为斯多葛派更加侧重从相同即法律的本质来理解人为制度，斯多葛派认为相异之处是法律的偶然性的、地方性的、任意性的内容，以后的《查士丁尼民法典》将自然法与万民法合二为一，为所有人颁布，并平等适用于所有民族，也因此称万民法。

近代国际法的出现得益于斯多葛派的自然法思想，得益于"应然"法与"实然"法的结合，近现代自由、平等、博爱思想和美国的立宪体制都受其影响。

（四）对良法之治的启示

古希腊古罗马自然法思想为我们展示了西方古代政府责任法律规制的自然法思想画卷。古典自然法思想主张多数人民主与良法之治，主张用权利制衡权力。审视欧洲古希腊罗马自然法思想史，在理论和实践两个层面都孕育着关于权力和政府责任法律规制的内涵，为后世提供了丰富的研究史料和诸多启示。

1. 正义乃良法之终极价值

正义是良法的价值目标，是衡量社会全面进步的重要尺度。公正、公平、正义在西方文化表达的是同一含义，皆指人类合理性的一种价值追求。古希腊文最早解释"公正"一词，意为"表示置于直线上的东西"，表示真实、公平和正义之物。亚里士多德也认为"正义是某种事物的'平等'观念"。[①] 在法的环境下，正义应指对社会权利和义务的公平分配或安排，及其秩序性的道德品质。正义在合理的价值选择方面也是衡量法律合法性的重要依据和一个国家和社会文明发展的标准。同时，它在维护社会秩序、激发社会的活力、维护社会成员利益等方面有着无可替代的正功能。

希腊自然主义者提出人类秩序的法则自然法，并将神的正义和法律解释为人类法律的理性原则，即法律和正义为人定法的自然法渊源。古自然法追求的基本价值目标首先是正义，古罗马时期的西塞罗认为"法是正义与非正义事物之间的界限"。[②] 认为"正义"是法律的道德基础，失却

---

① ［古希腊］亚里士多德：《政治学》，吴寿彭译，商务印书馆1981年版，第148页。
② 汪太贤：《从神谕到自然的启示：古希腊自然法的源起与生成》，《现代法学》2004年12月，第17页。

道德约束的法律规范即使拥有强制力也很难建立正常的有效的法律秩序，便是专横的恶法。正义的道德内涵正是法律必备价值追求，法律具有权威性依靠的就是这种正义价值，而非完全依靠强制性。良好的道德有利于法律秩序的实现，法律制度也能做令人折服的自然法说明，可以鼓励人们自觉遵守。

自然法思想中法律的合法性和正当性的历史意义是不可抹杀的，它用自然正义去审视国家法律，并从自然中推导出人性、自由、平等、权利等法律内涵。自然法宣称实在法应与正义——自然力量，即自然规律相一致。西塞罗特别强调自然法是唯一绝对有效的法，任何实在法都不可能使自然法失效。而违反了自然法，即使具有法律形式，也是无效的。[①] 基督教圣徒奥古斯丁在《上帝之城》中写道："如果正义不复存在，政府将是一大帮强盗"，"没有真正正义的地方，法律是不可能存在的"，"没有正义，人们之间的联系就不可能通过法律的纽带继续"。[②] 一种完善的法律制度必然需要"正义"这一特定的价值理念的支持，因此，我们不仅要重视法的结构和体系的建设，也要研究法的价值。

2. 自由、平等与权利乃良法的核心内容

古典自然法学派所推崇和倡导法治（Rule of law），认为法治最基本的内涵是：政府必须依有效的法律管理国家；人民拥有立法权；法治代表自由平等；在自由、人权、正义、秩序等多元的法治价值目标中，自由或人权和确保人的尊严是其最高价值目标。认为自由、人权、正义、秩序等内在价值是自然法的要素，只有体现这些要素的实在法才是良法，否则不能成其为法律。自然法认为自由是人的自然本性，据此人定法应当给予人们自由。"因为法律的规定是任意的（人为的），而自然的指示则是必然的。此外，法律的规定是人们约定的结果，而自然的指示则与生俱来（源于自身）"，[③] 虽然自然法将"自然"（physis）与"人定法"对立起来，但只是体现在平等、自由等内涵上。自然法还认为平等也是自然的本性，它要求普遍的平等。自然法思想为人们所做的重大贡献之一就是，注

[①] 谭建华：《试论自然法思想在罗马法发展中的作用》，《社科纵横》2005年6月，第67—69页。

[②] [美] 约翰·麦·赞恩：《法律的故事》，刘昕、胡凝译，江苏人民出版社1998年版，第181页。

[③] [苏] 涅尔谢相茨：《古希腊政治学说》，蔡拓译，商务印书馆1991年版，第105页。

重对人的社会主体的保护，为人作为社会主体的平等性、自由性做了观念上的保障，强调社会系统内部和谐统一的发展。在承认与包容个体性差异的基础上要求人们内心对法律的服从和遵守。依古自然法中的社会契约思想，人们的天赋权利发生分离，一部分成为自己的公民权利，另一部分转化成了国家（社会）的权力。因此，权力从根本上讲来源于天赋权利，其目的在于保障公民权利的实现。因此，古典自然法中的社会契约思想不仅否定了强力创造权力的合法性，论证了权力的性质和政府存在的法律依据，而且强调了权利是国家和政府的根源，社会契约实现了天赋权利向公民权利和国家权力的转化。法律与正义、权利密不可分，甚至可以相互解释，正义、权利是法律和诉讼的核心，法律与正义、权利是实实在在的利益关系。

古自然法思想中的自由、平等与权利思想不仅对人们形成权利意识、自由观念、法治思想起到了启示作用，而且对西方国家的民主法治建设起着指导功能。正是人们对自然法思想蕴涵的人的自由、平等、权利、正义等的不懈追求，才有今天的西方文明，才建构起西方现代法治。如西方社会的"私有财产神圣不可侵犯"、"契约自由"、"罪刑法定"、"无罪推定"及"司法独立"等法律原则和制度，首先应归功于自然法思想。

3. 善：良法的实质标准

古自然法最普遍的观点是，善即所谓的正当与应该，恶便是所谓的不正当与"不应该"，符合某种道德原则、规范的，就是正当与应该，反之就是不正当与不应该。用通俗的语言来表述，所谓善就是人们在处理和调节一定的利益关系时所呈现的正的价值及与之相关的价值取向；所谓恶就是人们在处理和调节一定的利益关系时所呈现的负的价值及与之相关的价值取向。具体地说，法律意义上的善是一种价值，与人们行为的"正当"、"不正当"、"应该"、"不应该"相关。[1]

古希腊思想家亚里士多德首先提出"良法"概念，指出"法治应当优于一人之治"，认为"法治应包括两重意义：已成立的法律获得普遍的服从，而大家所服从的法律本身应该是制定得良好的法律"。他认为：法律同自由、平等、权利、正义和善德等社会价值是紧密联系的，推行法治

---

[1] 戴景平：《善恶的人性尺度和社会尺度》，博士学位论文，山东大学，2007年，第45—49页。

的实质就是实现这些社会价值。认为善包括"理性"、"自由"、"平等"、"权利"、"正义"等法的基本价值,也是衡定良法的主要实质标准。同时,他还把普遍性、平等性、相对稳定性和最高权威性定为良法的形式标准。在西方法律思想上,亚里士多德率先提出并论证了良法以及良法的实体标准和形式标准。

自然法强调良法之为人们的行为依据的规范基础是善恶之间的本质区别。"自然法是有关人的行动的理想程序,是合适和不合适行动、正当和不正当行动的分水岭。"在人定法产生之前,自然法就蕴涵了"自由"、"平等"、"权利"等法的基本内容,至今仍为人类的重要价值范畴,它张扬的"善"是以追求社会的正义为目标。法律作为一种行为准则,是能使人们辨是非与善恶的理想道德规则。① 据此,不符合社会基本价值的法律非良法,不具有正义性。由此,善成为衡量法律良恶的重要标准,以否定人的主观随意性,最终起到检视和发展法律的目的,使法律不断进步与完善。

4. 权利制衡权力:良法的本质

古典自然法强调公共权力、公民权利皆来源于人类的自然权利。在一定的社会中,如果公共权力膨胀势必导致公民权利的萎缩,当公共权力不仅不能服务于公民权利反而侵害公民权利时,社会契约就意味着解体。因此,在有限政府体制下,权利必须对权力进行强有力的制衡。古典自然法学派所推崇和倡导法治(Rule of law),认为法治是一种用权利制约权力的政府体制。"法治不仅是以法律统治老百姓,更是以法律约束统治者。法治就是对权力的限制","政府的权力也要受法律的限制,这才是法治的实质意义。"② 换句话说,法治要求将权力置于法律之下,把个人意志置于法律制约之下,以避免权力被滥用、腐败和异化。将权力的合法性植根于权利之法中,这也是有限政府的根本要求,这与法治的根本要求相一致。法治的核心就是对公民权利的承认和保护。正如古典自然法学家已经表达过的,如果否定了自由、平等和权利这些法律价值,国家就会褪变为法律专制。

其实,权力与权利是人们分配资源的两种互补形式,不同的是权力是

---

① 参见[英]梅因《古代法》,沈景一译,商务印书馆1997年版。
② 龚祥瑞:《比较宪法与行政法》,法律出版社2004年版,第77页。

以社会的名义强制地行使的能力,而权利则是私人性的、范围有限的一种权益获取资格。权力比权利具有不可比拟的力量优势,这种优势可以使权力在资源配置方面掌握绝对主动权,从而容易对公民权利进行侵夺。权力最终来源于权利,权利最初起源是对政府权力的一种对抗①。因此,思想家和政治家先后提出多种方略寻找最佳的权力制约途径,较有影响的一是以权力制衡权力,即分权,二是以权利制衡权力。以权力制衡权力的模式很难从根本上制约权力,以权利制衡权力才能找到制约权力的最终途径,原因是"以权利制约权力"的逻辑起点是权力来源于权利。权力是权利的高度聚合,但其合理性与合法性却源于权利。权利制衡权力具有终极性,民众即可以用自己手中的权利单独或联合制衡权力,也可以启动权力制约权力。当前,公共权力异化而导致的腐败现象及其严峻,从某种意义上讲,用权利制衡权力是对公共权力扩张和异化、公民权利被侵害的一种最有效的救制途径。

(五) 结语

古典自然法学家亚里士多德提出法治应包含两重意义:已成立的法律要获得普遍的服从;而大家服从的法律又应该是良法。也就是说,良法应以客观自然正义为原则,以追求自由、平等、权利、至善等社会价值为其主要内容和终极目的的法,将善作为良法的实质标准,以权利制衡权力作为良法的本质定性。创制良法并使良法得以良好运行是法治的精神,其最终目的是保障人权,实现人的自由、平等、权利,确保人的尊严,从而使法治成为一种可能。正如美国著名法学家博登海默所言:"古典自然法学家对法律调整的某些要素和原则进行了详细的阐释,而这些原则和要素是一个成熟的法律制度的基本的先决条件,这样,他们就为现代文明的法律秩序奠定了基础。"② 这正是自然法的生命力和合理性所在,以自然法理论确认法律存在的合理性与合法性,校正当政时期的政治秩序的不公正、不合理性,引导人类建立和制定符合客观规律和人的本性的社会秩序,确保政治社会的稳定和国家的民治久安。也正是由于古典自然法具有上述合理的内核,才有力推动了社会历史进步,引导人类实现自身的社会主体价

---

① [法] 莫尔斯·迪韦尔热:《政治社会学》,杨祖功、王人东译,华夏出版社1987年版,第116页。

② 转引自刘小凡《论自然法思想对我国法治建设的启示》,《东岳论丛》2012年第5期,第178页。

值,追求自由、平等和秩序。

三 中世纪西欧的权力思想

中世纪出现了各种权力思想的萌芽,从西欧中世纪早期的"公共利益"意识和民权意识的萌生,到中世纪早期的"下源"思想和"上源"思想的产生,从中世纪鼎盛时期教会法中的"公民权力意识"、英格兰的"王权有限"思想和阿奎那的"权力"思想到民族国家形成时期的契约思想和"公共权力"思想,对政府权力的起源和目的思考,为我们展示了中世纪的权力思想的历史画卷,不仅为我们研究行政权力问题提供了丰富的研究史料,同时也对当今社会建设责任政府有一定的启示作用。

目前世界各国普遍把责任政府作为追求的行政目标。责任政府是一种理想型政府,它强调责任本位而非权力本位,认为权力过分集中或权责失衡会导致权力配置错位、政府专制和官员腐败。"决策前拍脑袋、决策中拍胸脯、出了问题拍屁股"就是对这一问题的集中写照。政府责任来源于政府公权力的行使,政府专制和官员腐败客观上要求必须对政府公权力进行限制,并对政府责任进行法律规制。追踪行政责任的西方思想史,发现西方国家对政府公权力行使进行规制和责任政府建设有着悠久的历史传统。

学术界普遍将5—15世纪界定为中世纪,分早、中和晚期三个阶段。5—10世纪为中世纪早期,11—13世纪末为中世纪中期,14—15世纪中期为中世纪晚期。这一时期西欧突出的政治特点是权力分散且多元化,具体表现:一是国家的行政权力和司法权力分散在众多的贵族手中,盛行的"我的附庸的附庸不是我的附庸"原则使国王无权对自己的附庸的附庸要求效忠权,二是政教二元化权力体系分别并存着两套权力机构、法律和司法系统。这一时期的权力思想在继承古典民权思想的同时,形成了一种新的权力观念,如西欧中世纪早期的"公共权力"意识,中世纪早期的"下源"思想和"上源"思想,中世纪鼎盛时期英格兰的"王权有限"思想和阿奎那的"权力"思想,近代民族国家形成时期市民管理"权力"思想和"公共权力"思想,这种新的权力观架起了沟通古代与近代责任政府思想的桥梁。

(一)西欧中世纪早期的"公共权力"意识

5—10世纪是西欧中世纪的起点,这一时期有关"权力"思想成果有限，主要基于日耳曼人传统观念：法律至上、习俗皆法、法在国王之上、共同体事务需集体决策同意等。

1. 关于"公共利益"权力思想的起源

中世纪欧洲战事及其普遍的无政府状态使公共权力必然缺位，也给教会权力扩张留足了空间。王权与教权的斗争，客观上要求给王权披上"公共利益"的外衣，并要求王权切实履行维护公共利益的职责，借助市民社会的力量，西欧社会逐渐形成了王权即公共权力的观念。

这一时期罗马政府与基督教基本处于一种对立状态，主要体现在教权与王权之争，最明显的例证就是罗马政府对基督教的迫害。从政治上来说，基督教徒对主教的服从超过对帝国的服从，出现纠纷交给教会而不交给地方政府处理，教徒不任公职，也不参军——这都令帝国政府恐惧。基督教徒不敬拜皇帝，不忠于帝国，这在法律上属"大逆罪"，地方官员依法有权将其处死。另外，基督教纲领独立、组织严密的体制化管理也给帝国统一带来威胁。

从尼禄（Nero）皇帝时代起，就有对处基督教死刑的法律规定。从250—1259年，罗马皇帝发信令，要求各行省总督和行政官员确保本辖区普遍崇拜罗马诸神和皇帝。303年发生了最严厉的全国性迫害。313年，"米兰敕令"时基督教才取得合法地位，与帝国的关系也日益密切。392年被宣布为国教，由此，在皇权之下，教会与帝国，教徒与臣民合二为一，教会活动有了政府的功能，并以法律为活动手段，教会被纳入公法的管辖领域，成为依附于帝国政府的一个组织，皇帝将其视为一个部门，控制主教会议，确认正统教义，任免和调动主教。但教权与王权的斗争始终未停止，双方既支持又斗争，既统一又分化，催生了丰富的行政权力思想成果。

依《旧约》，犹太人本没有王，由宗教领袖土师统治，但当一宗教领袖土师的儿子继任后，贪财纳贿，行事不正，于是犹太长老要求立一王治理人民，犹太人便立了王。于是，世俗人便有了这样的思想：权力来源于上帝，基督教徒应服从掌权者，要纳税、服役等，否则就要受到上帝公正的惩罚，不过耶稣认为，当二者冲突时，要服从上帝而不服从人（王权），因为没有权力不来源于上帝，国家政府的权威位于上帝之下。也正因为此，耶稣被罗马政府以政治叛乱罪处死。成为国教的基督教主张掌权者都是神所命，抗拒掌权者就是抗拒神的命，必受公正的惩罚，因此可以断定，权力思想最早起源于神授自然法思想。虽然这种权力观有诸多不合理之处，但用权力和法规制掌权者贪财纳贿和行事不正之初衷，给我们现代人诸多关于政府责任法律规制之启示。

2. "原罪补救"思想：民权意识的萌生

上帝选民的平等与博爱思想代表"民权"思想的萌生。斯多葛派的平等思想强调世俗人理性能力的平等，而耶稣强调上帝面前的平等，即精神价值的平等，二者都蕴含了早期"民权"思想的萌芽。

斯多葛派代表人物保罗对基督教徒关于平等思想的阐述涉及人的世俗身份和命运，表达了下层弱势群体对现实的不满、渴求解放的愿望以及对权利的自然要求。如《新约》中的社会等级秩序相对化，对富人的诅咒，要善待仆人的劝诫等。耶稣和信徒上帝面前的平等思想不完整，但它成为平等诉求的出发点，起到"瓦解奴隶制基础"的作用。[①] 早期基督教父克莱门认为"人的内在精神本质决定人的价值"。由此，人是平等的。后期教父充分阐述了人的原始的平等本性思想，主张上帝面前所有人都是自由的，上帝创造的人在自然状态中都是平等的，这与斯多葛派思想一致，认为平等是人类的自然状态，即初始状态。正如奥古斯丁所言："上帝造人之初，没有人是他人的奴隶或罪的奴隶。"[②] 在人类原初状态，不需要强制性的纪律约束，人们自由、平等地生活，由于堕落（fall），人离开了自然状态，从而社会习俗制度就成为必要。这体现了早期民权意识的萌生。

关于国家起源，教父伊里奈乌认为人性中权力的贪欲和犯罪，管制、权力和服从使政府的产生成为必要。政府的产生不是出于自然，而是出于原罪；政府制度之所以必要是因为人的罪（sin），它是上帝为补救人的罪所做的安排。从此原罪概念成为解释政府产生的基本出发点。教父伪安布洛斯认为国王是"上帝的代理人"，"掌权者的权力源于上帝，掌权者都是上帝的代表"。大格里高利把王权神圣理论发展到一种极权理论。认为无论统治者好坏都应受尊重，认为掌权者具有绝对的和不负责任的权力。教父们认为政府权力是对罪的惩罚，是遏制人罪的本性膨胀、实现和平与秩序和维护社会正义的工具，这一观点具有一定的积极意义。教父奥古斯丁对政府权力进行了统一系统地阐述。他将原罪理论系统化，认为罪的根

---

① [英] 麦格拉斯：《基督教概论》，北京大学出版社2003年版，第254页。

② Demetrius B. Zema and Grald G. Walah, *Augustine*, *The City of God*, *Thans.* New York: Father of the church, 1950—1954, Trans. by G. E. Mc-Cracken, The Loeb Classical Library, XIX, 15.

源在于对自己的爱取代了对神的爱。奥古斯丁在政府权力性质和作用方面否定了西塞罗的定义即正义是国家的本质,认为国家是不正义的。他认为所谓"正义就是给每个人以其所应得"。但罗马人从未给予上帝应得的敬拜,罗马也没有给所有人自然状态的平等对待。认为只有"上帝之城"才能实现正义,这种消极的国家观受保罗影响,他认为政治权力是人罪的结果,暴力是国家的"原罪",政府不是都助人实现正义,只是减轻无序,制度、行政、法律等都只为保障安全。他对国家、政府、权力的观点标志着西方政治思想史上权力观念的一个根本转变。从此西方人不再把国家、政府、权力看作人性的自然产物或福利,而只是满足人类低级需要的产物。奥古斯丁阐述了三重法律观念:最高者是永恒法即体现上帝的理性,其次是自然法,认为自然法是人类原罪前的理性,这与西塞罗的观点不同。三是人定法,它是人类依永恒法和自然法制定出的实体法。自然法是人定法的理想状态,人定法与自然法都源于永恒法。"原罪补救"思想标志着"民权"意识的萌生。

3. 中世纪早期的"下源理论"和"上源理论"

中世纪西欧王权思想的发展者 W. 乌尔曼指出,王权思想的发展有"下源理论"和"上源理论",前者亦指"民授"思想,即政府权力来自民众,后者指"神授"思想即神授王权,认为政府权力来自上帝。政府权力只是代表上帝行使的权力,这种思想源于基督教。

随着西罗马帝国的解体和基督教对日耳曼民族的征服,从最初的法兰克王国的黑洛温王朝时期的坎宁到大格里高利、伊亚多尔再到加洛林王朝时期国王涂油加冕仪式,日耳曼王权借助基督教力量取得了合法性地位。最直接的体现就是格拉修斯的基督教法与世俗法并存的二元主义原则,它将政府权力的来源和合法性神化,但是主张王权要服务于神意,服务于正义。卡莱尔指出"统治者实质性的职责是维护正义"。[①] 正义原则是政府及其掌权者必须坚守的,那么,什么是正义原则?阿伯特(Abbot)指出掌权者不以暴力压迫任何人,审判不偏私,镇压犯罪,赈济穷人,让正义之人掌握权力等。[②] 乔纳斯(Jonas)也指出:"平等待人,正义治理。"

[①] R. W. Carlyle & A. J. Carlyle, *A History of Medieval Political Theory in the West*, Barnes & Noble, inc, Vol. i. p. 106.

[②] J. Canning, *A History of Medieval Political Thought*, 300—1450, Cambrige University Press, p. 20.

坎宁解释说政府作为监护人有给臣民福利的职责，即不能为自己谋利。

在日耳曼人政治发展史上，基督教王权神授自然法思想发挥过积极作用，也标志着西欧人国家、政府、权力思想的发展。但是其对人民权力的否定是消极的。近代人民将"神授王权"改造成"民授王权"是历史的必然。中世纪初期，"神授"理论将"民授"理论逐入地下，直到13世纪末才得以恢复。教士对世俗统治行为的监督权，"国民拥有对不正义行为的惩戒权"之教会思想有一定的积极意义。

（二）中世纪鼎盛时期的"公民权力"意识

11—13世纪是中世纪鼎盛时期，几乎所有西欧国家都成了基督教国家，13世纪教权达到极盛。这一时期也是西欧封建社会全盛时期，一批新兴国家如英格兰、法兰西、诺曼王国先后建立起至高无上的王权，等级议会成为国家制度稳定的组成部分，民族主义的萌芽使国家王权也稳定成长。在200多年中，教权与俗权之争从来未间断过。叙任权之争、罗马法研究兴起、教会法成熟、发达的法律和法学理论为人们对行政权力的思考注入灵魂。

现代权力思想的基本内容大部分在这一时期已初具形态，主要是通过教权与王权斗争丰富起来的。教权与王权之争的第一阶段是主教叙任权之争，即君王选任主教和修道院院长及其授权问题，这是一场教权摆脱世俗权力控制的斗争。最后双方妥协，皇帝交出主教叙任权，保留世俗授封权，史上称之为"格里高利"改革。对权力性质、职能起源、界限等问题的探讨，推动了政府权力理论问题的研究。教权派主张要保障教区教士和人民自由选举的权利，王权派要求维护皇帝统治世俗的权力，任命只涉及世俗方面，主教的世俗权力和财产应由君主授予，没有授权不能获得，比如税收豁免权的授予，且只是防止选举时发生民众骚乱。

从12世纪，西欧发起一场观念革命即罗马法复兴，为当时权力思想注入了新鲜血液。其实，从10世纪后半期，日耳曼习惯法已无力面对日渐复杂的经济法律关系，帝国罗马法成为可利用的理论资源，它也成为王权派新的思想资源和论战的权威依据。《学说汇纂》标志着罗马法真正的复兴，早期注释法学派的注释规则成为法院断案的依据，[①] 晚期评论法学

---

① ［爱尔兰］J. M. 凯利：《西方法律思想简史》，王笑红译，法律出版社2002年版，第114页。

派从法典中抽象出的一般原公平原则和正义理论成为解决现实问题的标准,① 罗马法复兴为统治权力的合法性找到权威依据。

1. "权力下源论"的践行

因为城市集团没有传统的统治者,自治是其主要方式,11 世纪,市政组织初具规模,12 世纪市民阶层掌握了一切重要的市政机构,② 13 世纪,由选举产生市政官员逐渐增多,"行政管理以被管理者同意为基础"在实践中成为普遍,亚里士多德提出的"权力下源论"——主张权力来自民众,组织成员应自己管理自己的事务在实践中得以践行。人的主体性意识开始觉醒,罗马法对公民意识的成长起到了积极推动作用。"权力下源论"把人们自然本性视为国家产生和发展的第一驱动力,国家是自然进化的产物,国家的兴起是服从自然进化的原则,是非评价标准也源于人们对自然之命令的洞察和理解,而不是上帝的意志。公民拥有参与管理和治理国家的自然权利,这反映了自然主义权力观。

2. 阿奎那的"民治"思想

阿奎那对亚里士多德思想的改造表现在秩序论、国家理论和法律思想三个方面。关于秩序论,他认为上帝造出的人本来就是不平等的,社会的混乱产生于其成员之间的利益冲突,要实现社会好的公共利益,并确保社会有序化,必须建立一个统治机构对社会进行管理。人的生存本能和自然本性决定社会秩序的必然性。他认为人的身上有三种秩序:一是理性秩序,二是神法准则指导下的秩序,三是外力对人行为规范的秩序。人本身需要秩序,人之为社会人,更需要秩序,因此,人类需要三种秩序,一是自然秩序,以自然法为基础;二是神的秩序;三是政治秩序,以人定法为基础。他承认人的自然性、社会性和政治性之间的必然联系,认识到社会性决定政治秩序,认为国家、政府和权力的存在无须教会批准,认为政治秩序与人的原罪没有直接的逻辑关系,他放弃奥古斯丁和格里高利七世的原罪观点,认为"人天然是个社会和政治的动物"。③ 即使在无罪状态下也宁愿生活在社会中,以获得被权力照管的公共幸福。但是他又认为,在上帝安排的秩序里,教会是上帝在人间的"办事处",国家在教会之下,其"秩序论"表现为"人—社会—国家—教会"序列,表现出的是一种

---

① 何勤华:《西方法学史》,中国政法大学出版社 1996 年版,第 77 页。
② [比]亨利·皮郎:《中世纪欧洲经济社会史》,上海人民出版社 1964 年版,第 48 页。
③ 阿奎那:《阿奎那政治著作选》,马清槐译,商务印书馆 1963 年版,第 104 页。

神学权力框架。政治秩序与上帝秩序不同，表现为"人—社会—国家"序列，他认为人间权力是上帝赋予的，是神圣的。他将理想的秩序与现实的秩序分开来，是基于现实问题无法用理想秩序解决，他把封建等级制度视为永恒，无视市民阶级的崛起，反映了其思想的局限性。政治权力的目的是维系和平与和谐，而不是原罪。行政权力的目的也一样，判断管理者行政行为和行政责任的标准也应为是否有利于社会和平与和谐。关于国家理论。中世纪相当长一段时间，由于基督教的垄断地位，国家的神学起源，教权与国家权力的范围成为人们争论的焦点，而关于国家的治理则涉及较少，阿奎那在神学框架内对之进行了探讨。他认为国家直接起源于人的自然本性及社会性，个性的自私引起社会冲突，社会需要"治理原则"来进行协调，人的社会性是国家产生的客观依据，国家的目的在于谋求国家幸福，共同幸福需要公共机构、权力和法律制度的保障，坚持"教俗权力二元论"。但他忽视生产力发展与生产关系的矛盾这一根本原因。关于"民治"思想，阿奎那把国家理解为一个有着道德目的并重视其公民及习惯的政治体，它强调公民的自然资格，在国家和社会中，人是公民，不仅仅是服从权力的臣民。每个公民对公共事务都负有某种责任和义务，公民与共同体之间存在着公共关系，这种关系的目的就是建设一个圆满、完善、和谐的共同体，每个人都有责任与义务反对暴政与王制。人们服从权力是因为权力代表正义，当权力的行使超出正义范围，不是为了公共利益，而是为了私利时，反暴力、反对非正义就是理所当然的。但是，由于个人的公民人格尚未发育成熟，个人只能借助法人团体的力量表达自己的主张，以免造成社会秩序混乱。认为行政权力为保障公民公共幸福而设，因生活需要指导。为维护公共幸福和社会控制的需要，行政机关及其官员应依法履行相关职责。他的"民治"思想对近现代"公民理论"和宪政主义发展有着积极的启蒙作用。

（三）民族国家形成时期的权力思想

进入 11 世纪，伴随着民族自觉性的高涨和罗马法对私有财产的规定，主权思想和平等观念深入人心，并得到学者的深入研究和广泛传播，权力思想也因此从中世纪形态向近代过渡。从"来自上级"到"来自民众"权力观念的变化，孕育了近代宪政思想的胚胎。

1. 民族国家形成时期的市民"权力"思想

12 世纪，城市市民围绕司法权、征税权、市场管理权等自由权和自治权与封建贵族展开了顽强的斗争,成为民族国家诞生的社会经济政治基础。民族国家意识萌生的四个主要表现:一是挑战教皇权力,市民法学家掌握司法大权;二是政治统一,削弱封建契约关系,公共权力至上(即王权至上),这为欧洲国家如法兰西王国独立提供了法律依据。另外,亚里士多德权力思想中的纯自然主义,将国家从神权框架之外获得理性解释;三是城市运动中的市民阶级成为王权的有力支持者;四是立法成为时代的迫切需要,罗马法复兴的目的是为王权辩护。罗马法对公私法进行了区分,国家属公法主体,对解除主权的封建束缚有重要意义;罗马法用世俗的语气表达了权力来源于人民的思想,为王权摆脱教皇控制提供权威性的法律依据。

民族国家形成时期的"权力"思想的理论根源包括亚里士多德的《政治学》、西塞罗的著述以及罗马法,其社会经济基础是城市运动。亚里士多德认为城邦就是人类生活可以获得完全的自给自足的高级而完备的共同体。[①] 西塞罗认为:"国家是基于法的一致性和利益的共同性而集合起来的具有自治性质人民的事业。"罗马法规定:"每个受法律和习俗调整的民众共同体都可以制造并使用自己的法律。"[②] 城市运动起源于城市民众要求摆脱封建领主的控制而建立自主自治社会的诉求。居民成为自由民,成立自治的城市行政官、立法机关、法院和低级文官。建立自主城市的民兵队、税务局、财政局、法院和行政院等机构,管理必要的公共秩序。中世纪的"公社"或"共同体"是指"城市",其自治形式采用"议会制"(Council),有贵族式旧议会和行会式新议会,分别享有不同权力。法学家将"城市同意"思想融入罗马法,对法人团体的行为和责任进行界定,并对议会内多数人投票的程序给以解释和说明,法人团体的法人代表分别拥有各种权力,代表民众履行职责。法学家坚持"城市政府原则",要求召开议会广泛征求市民意见,并获得最大程度的支持。西塞罗的"等级和谐思想"和市民倡导的"兄弟关系"一脉相承,都体现平等的合法性,认为城市管理是建立在正义、尊重和爱的基础上的。市民"权力"思想标志着权力从"来自上级"到"来自民众"观念的变化,孕育了近代宪政思想的胚胎。

---

① [古希腊]亚里士多德:《政治学》,吴寿彭译,商务印书馆1983年版,第7页。
② 丛日云主编:《西方政治思想史》(第二卷),天津人民出版社2005年版,第374页。

2. 民族国家形成时期的契约思想和"公共权力"思想

民权思想是一种认为权力来源于民众授予同意的观念。"民权"意识的原始"胚胎"起源于土地封授中的契约意识。中世纪亚欧有一种"具有无上权力的惯例",即领主的保护义务与附属的服从义务具有对等性,领主对国王的服从也是有条件的,这种条件体现了权利、义务的共生对等,并以习惯法的强制力为后盾。契约思想体现在三个方面:权利与义务不可分;权力的行使以被统治者权利的被保护为条件;以平等权利观为预设前提,以民众同意为基础,以民众赋予的权力为依托。

马西略从人民中引申出公共权力,目的是为了论证国家权力的唯一性与合法性以战胜教权。他认为人民是人类最根本的权威立法者,其权力包括命令、决定、监督与惩罚权。政府及掌权者只是人民的受托人,其应由人民选举产生,应依法行为,违法应受惩罚。人民意见的表达可以是直接或间接(经代表或议会)方式,不过马西略是把权力交给"全体公民或它的最强大或最优秀的一部分"人,[①]虽有精英政治的意味,但对健康的政治生活是必要的。

奥庸的威廉认为任何权力都来自上帝经人民总体的同意,是通过人民中的权贵来表达的。选举权、决立权、改革权、立法权等都是人民主权的基本内容。他认为只有真正的个人才拥有权利,十分强调公民个人参政过程。[②]

这一时期的"公共权力"思想的内容主要表现在权力的公共性上,一是表现在建立正义的秩序并维护正义,体现了真正的权力只能来源于共同体集体的正义观。二是表现在其行为不能违背正义,否则人民就有权解除他的公共人格。三是人们对公共利益的服从也是公共权力产生的基础,国家是作为一种公共权力而诞生并得以存在的。

(四)对责任政府建设的启示

中世纪的教权与王权之争加速了权力思想的创造性,民族国家意识下,王权之人民基础思想占了上风,各种思想整合成了一些具有近代性质的权力意识,主要包括三个方面:一是民权意识成为中世纪晚期的一种正统理论;二是公共权力意识,虽然披着"公共利益"外衣,但是城市化

---

① John B. Worrall, *Political Thought in Medieval Time*, p. 113.

② Arthur P. Monoban, *Coercion and Limit, the Medieval Oringins of Parliamentary Democracy Tought in Europe, 1250—1450*, p. 70.

运动中形成的"切实履行起维护公共利益"的职责观逐渐深入西欧社会，并成为一种公共权力观念。国王只是公共权力的受托者，人民才是权力和法律的终极源泉，这成为王权公共性的最高依据；三是公民意识，古希腊城邦的公民观念为中世纪公民意识的发育提供了可能。伴随着中世纪晚期的城市化运动，公共权力已成为思想家讨论的主要问题；宗教事务管理模式"代表大会制度"和城市自治和社会自治组织实行的公民制度，使公民意识进一步增强，为我们当今社会责任政府建设提供了一定启示，也为行政问责提供了合理性与合法性依据。

1. 关注民生：责任政府建设之根本

民生问题是国家发展中必须面对的根本性问题，也是政府必须承担的责任和应尽的义务。西欧中世纪是通过国家、政府、权力的功能，更多强调政治责任和道德责任来提高政府公信力的。西欧中世纪早期的"原罪补救"思想认为权力是人罪的结果，暴力是国家的"原罪"，政府只是减轻无序，制度、行政、法律等都只为保障安全，标志着民权意识的萌生。中世纪鼎盛时期的阿奎那的秩序论、国家理论和法律思想方面的"民治"思想内容中，判断管理者行政行为和行政责任的标准应为是否有利于社会和平与和谐，认为社会需要"治理原则"来进行协调，共同幸福需要公共机构、权力和法律制度的保障，每个公民对公共事务都负有某种责任和义务，都有责任与义务反对暴力、反对非正义，认为行政权力为保障公民公共幸福而设，行政机关及其官员应依法履行相关职责，已包含关注民生，关注民生是建设责任政府的基本内核，也是责任政府建设之根本。

2. 公众监督：责任政府建设的主渠道

西欧中世纪以权力来源于民众来强调公众监督权力运作的合理性与合法性。中世纪早期的"下源"思想即政府权力来自民众之思想，"上源"理论中教士对世俗统治行为的监督权等都是内含了这一理念。"国民拥有对不正义行为的惩戒权"之思想应是"让公众监督权力运作"思想的萌生状态。"下源"思想和"上源"理论的监督权思想，说明行政问责和行政责任法律规制的合理性。中世纪鼎盛时期的英国流行的"王在法下"观念和《大宪章》权力有限之规定，反映英格兰的"王权有限"思想，成为英国中世纪的权力思想特征，彰显了王权受监督的重要性。13世纪，"行政管理以被管理者同意为基础"在实践中成为普遍，亚里士多德提出的"权力下源论"——主张权力来自民众，组织成员应自己管理自己的事务并在实践中得以践行，公民拥有参与管理和治理国家的自然权利，暗含了"让公众监督权力运作"思想，为行政问责和行政责任法律规制提供了合法性基础。民族国家形成时期的契约思想和"公共权力"思想是这一时期权力思想的代表。契约思想的核心主要包括"权利与义务不可分"，"权力的行使以被统治者权利被保护为条件"，"以平等权利观为预设前提，以民众同意为基础，以民众赋予的权力为依托"。"公共权力"思想认为人民是人类最根本的权威立法者，其权力包括命令、决定、监督与惩罚权。政府及掌权者只是人民的受托人，其应由人民选举产生，应依法行为，违法应受惩罚，这一时期的"公共权力"思想的内容主要表现在权力的公共性上。契约思想和"公共权力"思想强调了公众监督和行政问责的必要性、合理性与合法性，为我们当今社会责任政府建设给予启发。习近平同志说权力与权利的对峙是"把我们党和人民群众隔开"的无形之墙。这是一个"权利时代"，群众对知情权、参与权、监督权、表达权的要求日益高涨，接受群众的监督、适应群众的表达，是破解"无形之墙"的最优方式。政府权力主动接受社会公众监督，进行透明运作，才有可能建立责任政府。

3. 权力制衡：责任政府建设之基石

在一个有13亿的人口大国，在城镇化和社会转型过程中，各种矛盾凸显，需要一个比较强势的政府去协调和解决，但政府的强势有时会出现异化，组织大过国家，潜规则横行，贪者前"腐"后继，"悲剧"频发。专治与腐化孪生，廉政建设，必须强化权力制衡。

中世纪西欧的权力制衡思想给我们诸多启示。中世纪西欧的市民权力思想强调"城市"自治形式应采用"议会制"（Council），不同议会分别代表不同的利益并享有不同权力。中世纪西欧的法学家将"城市同意"思想融入罗马法，对法人团体的行为和责任进行界定，法人团体的法人代表——民众履行职责。法学家坚持"城市政府原则"，要求召开议会广泛征求市民意见，并获得最大程度的支持。这一时期的"城市议会制"、"城市同意"思想、"城市政府原则"反映了"多种权力形式并存，实现权力相互制约"思想。民族国家形成时期的市民"权力"思想中"公共权力至上"，罗马法对公法和公法主体权力的界定，居民为成为自由民而成立自治的城市行政官、立法机关、法院和低级文官思想，西塞罗的"等级和谐思想"，市民倡导的"兄弟关系"等，无不与"权力来源于人民的思想"一脉相承,为责任政府建设、行政问责和行政责任法律规制提供了思考源渊。"公生明、廉生威",为政清廉才能取信于民,而建设廉洁政府,应为各项公权力划出清晰边界,以权力制衡保廉洁。

4. 制度制约:责任政府建设之保障

"权力不受约束必然产生腐败",习近平同志指出:"加强对权力运行的制约和监督,把权力关进制度的笼子里,形成不敢腐的惩戒机制、不能腐的防范机制、不易腐的保障机制。"

西欧中世纪权力思想强调用良法制约权力的行使,以责任保障政府的良好运行。西欧中世纪早期关于"公共利益"权力思想的起源中,用权力和制度规制掌权者贪财纳贿和行事不正之初衷,给我们现代人诸多关于行政问责和行政责任法律规制之启示。中世纪鼎盛时期的"公民权力意识"思想不仅强调对权力和行政责任法律规制的合理性与合法性,同时强调对权力和行政责任法律规制的实用性和规范性,对近现代权力依法行使和政府责任法律规制有着积极的启蒙作用。这一时期的叙任权之争、罗马法研究兴起、教会法成熟、发达的法律和法学理论为人们思考行政权力和行政责任法律规制、责任政府建设的注入灵魂,特别是罗马法典中的一般公平原则和正义理论成为解决现实问题的标准,罗马法复兴也为权力的合法性找到权威依据。中世纪鼎盛时期"教会法"对法的本质和三分法(自然法、习惯法、成文法)的释义,特别是由命令、禁止和公示三部分组成的自然法,引导人们行善驱恶,为权力监督和制度制约找到了法律依据。用制度监督、规范、制衡权力,实现权力运行的制度化、法制化,才能预防权力的异化和滥用,也才能保障责任政府职能的实现。

虽然由于时代限制,中世纪西欧的权力思想中对王权的辩护和对封建制度的维护应受批判,但我们细细查寻,发现"关注民生"、"公众监督"、"权力制衡"、"制度制约"几方面,对当今社会建设责任政府应有一定的启示作用。

第三章 行政责任法律制度的理论基础

第一节 行政责任法律规制的理论基点

一 政治哲学基点

立宪国家以后的宪政理论的目的不再是重新建构一个完美和谐的政治体系,而更多的是根据现实的需求对原有理论进行完善和发展。在此阶段,政治哲学一如既往地为宪政理论的发展提供了思想的源泉,这些思想直接或间接地反映出一个时代处理国家与公民(政府与公民)关系的主要观念。本问题目的在于揭示这些思想论述的国家与公民关系问题。

(一)功利主义

自由主义主张的是社会契约论(这在前面已有所论述),主张个人是独立自主的,国家或政府应服务于个人,也就是说个人的自由与权利是国家存在的目的。认为政府不是有无限权力,任何机构都无权侵犯个人以财产权为基础的天赋权利。

以边沁为代表的功利主义,确立了一个颇具实践合理性意味的原则:最大多数人的最大幸福,是处理私益和公益关系、检验公共政策和法律的基本标准。[1] 他认为,"最大幸福"是人类行动的正确适当的目的,而且是唯一正确适当并普遍期望的目的,是所有情况下人类行动特别是行使政府权力的官员施政执法的唯一正确适当的目的。功利主义者选择立法的途径来完成社会改革,并建立起一个能够促进公众幸福的社会框架,通过立

---

[1] [英]边沁:《道德与立法原理导论》,时殷弘译,商务印书馆2000年版,第57页。

法机关设计的秩序来改善人们之间相互关系的态度和程序，在功利主义看来，为了社会改革而运用政府权力是一件自然而然的事情。同时，由于将大部分社会改革的目标都寄希望于立法机关，他们主张议会应当拥有完全的法律主权。功利主义认为，自由政府与专制政府的区别并不取决于权力是否集中，而取决于权力行使的方式、权力的根源、统治者是否具有责任、公民是否具有出版的自由和公开结社的自由，等等。[①] 功利主义开始倾向于填平自由与权威之间的鸿沟。对边沁而言，他既重视自由，也不忽视权威。一方面，他认为最高权力不受自然权利的限制；另一方面，他又认为最高权力制定法律的权利也是它的义务，其义务就是帮助个人发现通向自己幸福的道路，最大多数人的最大幸福是约束和检验最高权力的唯一标准。功利主义的伦理基础是利己的。他们承认政府的积极作用，却仍然将政府仅仅视为促进个体利益的工具。[②]

边沁之后的约翰·斯图亚特·穆勒修正和完善了功利主义，发展出一套有关自由与代议制政府的理论。这套理论在确认社会个体享有消极的、不受政府侵犯的自由权的基础上，使社会个体成为真正宪法意义上的公民，构建起公民合理行使统治权的理想体制。穆勒重新界定了政府的性质和职能，并探讨了最好的政府形式，他认为政府的职能主要有两个：一是促进社会普遍的精神上的进步；二是将现有的道德的、智力的积极的价值组织起来，以便对公共事务发挥最大的效果。[③] 而理想的政府形式是代议制政府，即主权或作为最后手段的最高支配权力属于社会整个集体的那种政府；每个公民不仅对该最终立法权的行使享有发言权，而且，至少是有时，被要求实际上参加政府，亲自担任某个地方的或一般的公共职务。这种代表机关与行政机关分离的政府形式既保证了人民最终掌握权力，监督和制约政府，又使由专家组成的行政机关保持高效率。穆勒的自由观是以个人先于国家、社会比国家更重要作为指导思想的，代议民主制的设想目的就在于消除统治者与被统治者和国家与社会的对立；只有实现了代议制，统治者才能代表被统治者的利益，个人的自由也才成为可能。在穆勒看来，个人的行动只要不涉及自身以外什么人的利害，个人就不必向社会负责交代，满足了这一条件，任何个人的思想、言论和行动都不应受政

---

① ［英］边沁：《政府片论》，沈叔平等译，商务印书馆1996年版，第213—214页。
② 董炯：《国家、公民与行政法》，北京大学出版社2001年版，第55页。
③ ［英］J. S. 密尔：《代议制政府》，汪楦译，商务印书馆1997年版，第29页。

府、人民大众、集团和其他个人的干涉。国家的价值，从长远来讲，归根结底正在于组成它的全体个人的价值。但他又强调个人的自由必须不妨碍政府履行促进社会进步的义务。

政治制度和经济体制总是一种与文化相关联的因素，而一种文化传统从诞生起就取决于个体集合（民族或社会）所具有的固有特点。基于此，功利主义政治经济学开始探讨为了公共利益，而运用政府权力调节经济的可能性。马尔萨斯是一位较早探索功利主义政治经济学的思想家，他肯定了亚当·斯密有关经济自然发展的观念，但是他认为人口规律、土地报酬递减规律和均衡规律等都是制约或促进经济增长的内在规律，其中均衡规律涉及农业与工业的均衡，农业与非农业的均衡，生产与消费的均衡，供给与需求的均衡，人口与生产资料的均衡；等等。因此，他主张既不能对各种自然规律或比例关系横加干涉，又不能听任其自然发展，否则很难形成一种有助于经济增长的适当比例。所以，马尔萨斯可以称得上是一个国家适度干预论者，他在一般原则上主张经济自由主义，但在经济萎缩和产品过剩的"例外"情况下，又提出关于政府适度干预用以加强宏观需求管理的政策主张。①

从总体上说，自由与权威、个人与国家（或政府）之间的对立，在功利主义那里已变得相当缓和，国家尤其是政府对于个人所具有的积极意义，已在某种程度上得到承认和发展。功利主义已经认识到国家和社会之间相互促进的可能性；但是，公民的权利从本质上仍被看成是一种消极的自由，国家应尽力维护这一自由。功利主义依然认为，除了教育等仅有的几个功能以外，国家不应当有更高的功能来消除公民之间实质上的不平等与公正。

（二）国家干预主义

19世纪中期之前，在政治思想领域，黑格尔的国家主义和传统的自由主义相互对立；但是，英国政治学家格林却融合了这两种思想，被誉为新黑格尔主义和新康德主义的共同代表，他所宣扬的权利自由主义为西欧国家在社会和经济事务方面放弃放任主义转向国家干预主义开拓了一条全新的道路，也为20世纪的党政理论发展奠定了理论基础。格林认为，国

---

① 傅殷才、颜鹏飞：《自由经营与国家干预——西方两大经济思潮概论》，经济科学出版社1995年版，第162页。

家并不是主权者统治下的个人集合体,而是以法律形式确定并协调现存权利体系的社会组织形式。国家产生于维护权利体系的需要,但国家产生之后,又反过来促使权利体系发生变化。因此,国家的首要职能在于保护公民的权利不受侵犯,包括来自外部(其他民族)的侵扰和来自内部(社会成员)的侵扰。其次,国家具有协调的职能,如一个"大社会"协调个人与"小社会"(如家庭、各种政治团体、职业团体、行业行会等)之间的关系,并且对它们具有"最终的决定权"。他将国家看作一个道德共同体,认为个人应该积极参加国家生活和国家事务。基于国家的道德宗旨,格林论述了国家干预主义的正当性,国家干预是因为国家代表社会共同利益,对个人意志的一种修正和调节,因为国家的举措虽不能直接促使道德之善的实现,但它却可以创造一个外部环境,使道德行为可以在其中实现,比如国家可以通过实行强迫教育制度,推行禁酒令,限制土地私有等手段来消除阻碍人们道德进步的无知、酗酒和贫困等三大障碍。[1] 格林的政治理论对传统自由主义形成巨大冲击。继他之后,霍布豪斯、杜威等人发展了格林关于个人权利、"积极的自由"、通过国家干预促进共同之善实现等思想,最终使国家干预主义在政治经济理论中占了上风。

英国的政治经济学凯恩斯堪称国家干预主义的泰斗,他的《就业利息和货币理论》一书确立起国家干预经济的基本理论与政策,此后的美国制度经济学派和瑞典斯德哥尔摩学派也产生了相当影响力。凯恩斯主义从政策上否定了传统的自由经营论,并摒弃了通过市场自动调节可以实现充分就业均衡的传统经济思想。他认为,在没有政府干预经济生活而自由放任的状态下,资本主义社会总是有效需求不足,不能达到充分就业。因此,他主张扩大政府机能,由政府干预经济,对投资承担责任,并倡议推行膨胀性财政等来刺激消费,通过财政拨款,举办公共工程等途径扩大政府支出,推行赤字预算和举债花费,并将其作为"反危机"政策的核心。

如果说凯恩斯主义注重的是政府财政对市场的调节作用,那么,美国的制度经济学派则重视法制对社会利益的调节作用。该学派认为,解决市场经济体系存在的不平衡发展和无规律的技术革新、环境侵蚀、通货膨胀以及行业垄断等问题,必须依靠独立于市场之外的,处于中立地位的政府。政府干预经济的方式,主要通过设定规则(如立法)或确认随时间

---

[1] 邹永贤:《现代西方国家学说》,福建人民出版社1993年版,第86页。

演进而产生的习俗和行为规则（如普通法），来建立一个人们相互作用的稳定的结构，以减少自发的市场所具有的不确定性。

国家干预主义者力图在代表社会整体利益的国家与代表个体自由的社会之间寻求一种平衡状态，既追求作为整体的利益，也兼顾公民个体的权益。在这种理论的影响，宪政理论对国家与公民关系的认识发生了如下转变：不再将公民个体的权利仅仅理解为一种消极的自由，而更多地将其理解为一种积极的，可通过调整社会整体利益的方式而获取的权利；与此相应的是，行政机构积极的一面也凸显出来，宪政学家不再将国家（尤其是行业机构）视为一个"守夜人"的角色，仅仅只能消极地保护公民个体的自由，而更好地认为国家应当积极地干预社会生活，通过对社会利益进行再分配来调节社会各种利益之间所存在的冲突。[①]

自由主义与国家干预主义逐渐融合，使 20 世纪最初 20 年德国宪政制度发生变迁，德国著名的宪法学家鲁道夫·奥登曾评价说："自由主义在德国的公共生活中达到了有史以来的顶点。专制主义与君主制都已不复存在，国家的首脑由选举产生，政府的性质取决于遵循民主程序的投票结果。"这表明不管是国家首脑，还是政府官员，如不能很好履行自己的行政职责，或违背民意，就有可能招致落选的下场。在国家干预主义之下产生的宪政制度，已包含了行政责任的内涵。

（三）博弈理论

"博弈"理论是西方经济学中对制度的一种分析模式，后来，公共选择学派将之运用于行政过程的分析，对国家法、行政法等公法领域产生了重大的影响，也为我们更深刻地认识行政权及行政行为带来了新的视角和启迪。以布坎南为代表的公共选择学派学者认为：在自由的市场之中，每个人都是机会主义者，有自己的利益需求，也有个人的偏好取向，即"经济人"的假设。而总体上看个体的知识是有限的，个体之间信息也存在不对称，个人负担不起正确决策所需的信息费用，即存在"信息悖论"[②]。20 世纪 30 年代，资本主义国家普遍性的经济危机迫使人们对以前的自由放任的经济政策进行反思，人们普遍认识到个人的偏好导致的"市场失灵"问题。如当所有的草场中仅剩下一个场属于公有公用时，大

[①] Mark Francis, John Morrow, *A History of English Political Thought in the Nineteenth Century*, Duckworth, 1994, p. 234。

[②] 柯武刚、史漫飞：《制度经济学——社会秩序与公共政策》，商务印书馆 2001 年版。

第三章 行政责任法律制度的理论基础

家都可能把羊赶到公用的草场上放牧，造成公用草场的完全恶化。经济学家将这种情形描述为"公地灾难"。凯恩斯主义为代表的国家干预政策兴起，政府大量地规定了以强制为特征的制度。但随着行政国的出现，国家行政权广泛地渗透到经济领域后，人们又开始发现"政府失灵"的问题。公共选择学派正是将"经济人"假设和"信息悖论"贯彻到政府行为之中进行分析，认为政治家和行政官员与其他人一样都是机会主义者，追求自己的目标；而行政相对人与行政主体之间，行政相对人与行政相对人之间都存在着信息的不对称，这样就不可能导致"囚徒困境"。即每次政府决策都由于双方的偏好不同及不信任的情感基础而达不到最优状态。公共选择学派将政府行为作为交换的过程来研究，把政府与个人之间描绘为一个相互"博弈"的过程，只有通过多次的博弈才能达到稳定的均衡状态。由此他们得出结论是：要走出"囚徒困境"，政府决策过程中必须满足以下要件：一是博弈的双方必须合作，建立信任的基础；二是要反对国家管制，建立参与式的决策机制，三是改革官僚机构，强调官僚之间的交易关系，提倡官僚行为具有自己的正当性利益，它的这种利益也源于其政治行为本质上也是与行政相对人的一种交换，四是提倡在官僚制度中引入竞争因素，使官僚在各机构之间具有流动性，有对官僚的惩罚和激励制度，五是实行真正的分权，加强权力之间的监督，加强责任的落实，六是注重程序的约束，以程序规避政治决策过程中的"政治寻租"行为。[1]

在传统社会里，由于官僚对失职责任的回避，会刻意遮掩对其不利的社会公共信息，蒙蔽上级，经过逐级精心"过滤"与"包装"的信息到了最终对政治统治负责任的决策者那里时，已经面目全非。韦伯曾评论说："官僚组织，或利用官僚组织的支配者，又可能以处理政治事务所累积的经验和知识，来增强其权力。"他们透过其职位的运作可了解许多事情的真相。并且得以接近许多对他们开放的资料。取得机密的概念虽非官僚组织所特有却是它动作的典型作风。[2] 因而官僚和作为其上级的决策者之间常常存在着严重的关于社会治理的信息不对称；作为治理对象同时也是社会信息发源地的民众与治理者之间也存在严重的信息不对称。为改变自己在信息争夺中的不利地位，作为官僚上级的决策者所使用的策略，是

---

[1] ［美］丹尼斯·缪勒：《公共选择》，张军译，上海三联出版社1993年版。
[2] ［德］马克斯·韦伯：《经济·社会·宗教——马克斯·韦伯文选》，郑乐平译，上海社会科学院出版社1997年版，第182页。

发展另外的信息来源渠道，由此而演绎出各种非正式的制度安排、如清朝的密折制度、"微服私访"等。而民众为摆脱自己在信息压制中的不利地位，也努力使用一些非常方式作为自己的策略，包括越级上访、进京告御状，从社会学的角度看，甚至"谣言"等都是信息弱势一方的一种博弈策略。

二 法学基点

(一) 法理基点

就法理而言，行政责任法律规制的基点主要有以下两部分：

首先是为了"自然公正"（nature justice）的价值取向。现代社会最重要的目标就是最大限度地使人获得解放和自由，而政府的职能也由单一的管理转向"就人民对于利益和福祉的追求予以直接的资助或协力，或促使其实现"，[①] 如给付行政。如果没有一套行之有效的行政责任制度加以保障，这种缺乏程序约束的"给付"就成了政府单向的行为，往往沦为政府对人民的恩惠而丧失其原本"自然公平"的价值取向。自然公正原则的中心问题不在于公民是否享有某种权利，而且在行政机关行使权力可能对人民造成不利结果时，需要遵守一个公正的程序。[②] 行政责任制度的确立，使公众能判断行政的对错与否，以便更好地保护自己的合法权益。并消除对行政的恐惧和怀疑。同时，行政的扩张性也决定了必须对行政行为设定责任进行限制，以达到权利与权力的相互平衡。因此，设定行政责任是公平公正的前提。

其次，行政责任制度的另一个法理依据是美国法学家关于现代社会法律变革理想模式的相关论述。1978年，在《转变中的法律与社会——迈向回应型法》一书中，诺内特和塞尔兹尼克将法律现象分为"压制型法"、"自治型法"、"回应型法"三种类型。"压制型法"以法律与政治紧密结合、官方自由裁量权蔓延为表征，因而必然会导致阶级性正义和对特权者的维护，阻碍独特法律制度的形成。为了弥补"压制型法"之缺陷，控制率性不羁的国家强制权，"自治型法"应运而生。"自治型法"主要有以下属性：(1) 法律与政治分离，立法与司法之间泾渭分明。(2) 法

[①] 成仲模：《行政法之一般法律原则》，（台北）三民书局1994年版，第21页。
[②] 王名扬：《英国行政法》，中国政法大学出版社1987年版，第151页。

律秩序采纳"规则模型"。(3) 程序是法律的中心。法律秩序的首要目的和主要效能是规则性公平，而非实质正义。(4) "忠于法律"被理解为严格服从"实在法"的规则。①"自治型法"能够约束统治者的权威和限制公民的义务，同时也鼓励了一种助长对法治侵蚀的批判态度。其长期效应就是"把一种变化的功力注入法律秩序，并形成对法律灵活回应各种新的问题和需要的期待"，从而形成一种比较容易接受的社会影响，在处理社会问题方面也更为有效的新型法律秩序，这种法律秩序就是"回应型"法律秩序。"回应型"法律秩序有以下特征：第一，法律为既定作法设立了标准，能控制行政自由裁量权。第二，减少了公民的服从义务，充满了一种"责任伦理"。这种"责任伦理"要求行政行为者考虑多种多样的利益和相互抗衡的价值。第三，法律权威的扩散与法律参与的扩大。义务被削弱的一个必然结果且法律权威被更广泛地分享，法律参与有了新的含义：它不仅变得不那么被动和依从，而且还扩大到法律政策的制定和解释，法律参与具有政治参与的一方面，因此，社会产生不平衡现象，因此责任设定显得大为重要。第四，其基本原则是纠正非法和非正义的责任不应落在单个的权利请求者身上；相反，法律制度应该能够自我矫正。它要求最大限度并切实可行地减少专横武断。回应型法的特殊贡献就是要促进公共目的的实现并将一种自我矫正的精神铸入政府管理过程。行政责任法律制度就具有这样一项功能。

（二）宪法基础

宪法对社会生活的规范作用主要是通过它对国家机关以及其他影响法律秩序的权力施加控制来实现的。"宪法是控权法"[2]，宪法对权力的控制是宪法的重要价值，如果宪法失去了对权力的控制或者宪法的控制手段不能有效地制约权力的滥用，那么法律制度的基础就会动摇并最终崩溃。基于此，"凡是民主的国家，宪法都为法律秩序设置了一系列的控制手段，而且各种手段相应补充，构成一个完整的控制体系"。宪法的控权功能是通过如下手段实现的：

第一，限制权力。限制权力是宪法控权体系的核心。不论是在近代还是在现代，宪法对权力的控制都是以限权为中心来展开的。限制权力包括

---

① ［美］诺内特、塞尔尼兹克：《转变中的法律与社会》，中国政法大学出版社1994年版，第60页。

② 朱福惠：《宪法至上：法治之本》，法律出版社2000年版，第98页。

对政府权力的限制和对其他权力的限制，其中对政府权力进行限制是宪法的主要目的。为了对政府权力进行限制，宪法设置了一个严密的限制体系，包括外部限制和内部限制两个方面。外部限制即由社会团体和公民对政府权力施加的限制。具体方法有：（1）授予权力，为政府权力的范围设置一个基本边界；（2）强调对公民权利的保护。内部限制手段即国家机关内部之间相互监督以达到相互制约的目的。这是立宪阶段限制政府权力的主要方法。具体方法有：一是分权。即将国家权力分为行政、立法和司法三个方面，并由三个不同的国家机关来执掌，使得任何一个国家机关都没有相对于其他机关的明显优势，也没有迫使其他机关服从自己的特权。二是制约。在分权的基础上，宪法将不同的权力授予不同的机关，并划定其权力关系的边界，使其保持相对的独立性。制约的主要目的在于：一切国家机关的权力只有在具有宪法依据时有法律效力，而一个机关超越权限行使职权可能构成了对其他机关权力的侵犯，或者侵犯公民的权利。其他国家机关对其违反宪法的行为进行追究是宪法赋予的职责，通过这种制约，在国家机关中形成以宪法为中心的权力体系，共同服从宪法。三是限制权力的行使。即通过国家机关的内部监督机制来对国家权力的行使进行限制。

第二，监督权力的行使。宪法上监督权力行使的机制有两种，即内部监督机制与外部监督机制。前者是国家机关内部的监督，这种监督是限制权力的一部分。外部监督是公民、社会团体以及其他组织对国家权力的监督。这里所说："监督权力的行使"指通过外部监督方式监督国家权力的行使。宪法规定的外部监督手段主要包括舆论监督、政治批评和对政府及其官员的行为提起控诉三个方面。

第三，权力的义务性。这是一种应行政权力的扩张而建构的新的需要控权方式。基本内容就是，宪法在授予国家机关权力的同时，规定依法行使权力也是它的义务。

(三) 经济法基点

"经济法是调整需要由国家干预的经济关系的法律规范的总称。"[①] 作为法的体系中的一个新兴法律部门，经济法必须担负起控制政府经济权力

---

① 李昌麟：《经济法——国家干预经济的基本法律形式》，四川人民出版社1995年版，第198页。

第三章　行政责任法律制度的理论基础 ·93·

的重任。经验表明，在政府对经济活动进行干预的过程中，也会同"经营者"一样追求自身利益的最大化。因此，"政府干预并不是完美无缺的，它会（几乎是肯定的）滋生浪费和无效率"。① 为了防止政府滥用权力，必须对政府的经济权力进行控制。西南政法大学李昌麟教授认为，经济法必须从干预程序、干预方法、干预领域和干预方面、干预责任四个方面对政府干预经济的行为进行具体规范。② 中南财经政法大学吕忠梅教授认为，经济法应根据政府经济行为及其法律关系的特点，对政府经济行为的来源、政府经济行为的限度、政府经济作为的方式、政府经济行为的手段、政府经济行为程序及政府经济行为的后果六个环节予以控制。③ 本书以李昌麟教授所论述的四个方面为基准，将经济法学上的干预政府的内容概括如下：

第一，对政府经济权力范围的规范。它是通过经济立法的方式对政府干预经济的限度进行界定。"这是国家干预法治化最实质的部分。"为此，首先，必须实现政府与企业、市场与社会的经济性分离，合理划分政府的经济管理职能，为政府经济行为的法律规范奠定明晰的体制基础。其次，必须分清公共产品领域与市场产品领域的关系。由市场解决市场物品的问题，由公共选择解决集体物品的问题。进行公共选择的政府行为应当做那些单靠个人或市场机制作用完全做不到或无法做好的事情。最后，通过经济法立法的方式对政府经济权力的来源、行使范围和实施主体等问题进行规范。政府经济管理权的行使要遵照政府职能法定和"凡未授权即禁止"的一般原则，政府经济权力行为必须以法律明示授权为依据，不得借调控之名滥加干预。

第二，对政府干预经济的手段和方式的规范。政府干预手段与干预方式应以不损害市场运行的基本规则和不损害市场自身组织功能的充分发挥为前提。政府干预经济的手段除传统的行政手段外，还应注意采用一些建立在平等协商基础上的柔性而非强制性的手段，如行政指导，行政契约、行政计划（指导性、非拘束性计划）等。政府干预经济的方式应以宏观

---

① ［美］斯蒂格利茨：《政府为什么干预经济》，中国物资出版社1998年版，第97页。
② 李昌麟：《论市场经济、政府干预和经济法之间的内在联系》，《经济法研究》第1卷，北京大学出版社2000年版，第81页。
③ 吕忠梅等：《规范政府之法——政府经济和赤的法律规范》，法律出版社2001年版，第209页。

性与间接性为主。①

第三，对政府经济行为程序的规范。包括所有对财政经济行为程序的规范，即政府行使经济管理权必须遵循既定的程序。"政府的干预行为，绝不是政府首长的随意行为，而且在法律规定的程序范围内的政府行为，既包括抽象的政府行为，又包括具体的政府行为。""干预程序的法定化，其根本目的在于实现干预的民主化和科学化，以便减少乃至杜绝干预权的滥用。"②

第四，对政府经济行为后果的规范。其包括三方面的内容：一是对行为后果的监督，即检查，监督政府经济行为的效果，以便正确判断经济形势；二是对行为后果的矫正，即当行为后果非理想化时，政府应采取哪些措施来纠正或挽回局势，修正行为，三是因行为后果引起的法律责任，即造成不利后果的政府责任人应承担何种法律责任。

第二节 公共利益限制个人利益的合理边界

本节将行政责任法律规制的行政法基础单独加以论述。

依据行政法，行政机关可以为了公共利益对个人利益进行限制，但行政权力的扩张本性，使公共利益与个人利益矛盾重重，公共利益在限制个人利益方面存在诸多困境，由此引发的社会矛盾和问题日益增多。和谐社会需要各种利益的平衡，协调好二者的关系是和谐行政的关键，为公共利益限制个人利益设定合理边界必不可少。影响"公共利益"限制个人利益边界的五个要素（渊源、主体、客体、内容和效力）的确定，使"公共利益"限制个人利益的合理边界在理论上具有了可行性；公正补偿原则为"公共利益"限制个人利益的合理边界增加了实践上的合理性和可操作性。

公共利益一直是行政法学的一个重要概念，公共利益与个人利益矛盾重重，行政法上公共利益在限制个人利益方面也有诸多困境。比如"公

---

① 郑鹏程：《行政垄断的法律控制研究》，北京大学出版社2002年版，第192页。
② 石纪心：《治理、信息与行政公开》，《中外法学》2003年第1期，第73页。

共利益异化、虚化和泛化"、"个人利益假借和冒用公共利益"等。公共利益限制个人利益问题应该说是一个老生常谈的话题，虽然古今中外社会学、管理学、法学等领域的许多学者也倾注颇多心血，相关研究成果也相当丰富，但是在城镇化过程中，在"村改居"试点中，由"征地"、"拆迁"等带来的"群体事件"使干群矛盾不断激化，公共利益限制个人利益的冲突和矛盾并没有找到有效的解决途径。究其根源，就是公共利益限制个人利益没有合理边界，"征地"、"拆迁"等事件中的暴力执法和行政机关假借公共利益之名侵害个人权利的事件严重损害了政府形象和公信力，行政法上如何有效破解公共利益限制个人利益困境仍然是摆在我们面前的重大难题。本书希望通过回答下面三个问题："为什么要为公共利益限制个人利益设定边界？""边界是什么？""如何设定边界？"，以期找到解决这一困境的思路。

一 原因分析：个人利益是公共利益的基础和依归

利益好比一个类似有经纬度的球，经度面代表公共利益，纬度上的一个个点代表正当的个人利益，公共利益的面是由一个个正当个人利益的点构成，正当个人利益与公共利益有和谐也有冲突，双方交叉点代表冲突，非交叉区代表和谐，公共利益总会冲突到某些正当的个人利益，为了多数人的正当的个人利益，公共利益限制个人利益具有一定的正当性，但是公共利益限制个人利益不能毫无边界。为公共利益限制个人利益设定合理边界，会增加政府及其官员的严格自律性，使其有效控制自身的行为，也会让公众有效监督与约束政府，所谓"公共利益被异化"现象就可能减少，而公共治理呈现出的严重病态、政府与公众之间的利益冲突也会慢慢削弱。

学者大多从横向的静态的"冲突融合关系"来描述公共利益与个人利益的关系，笔者试图从纵向的动态的演变来找寻二者的关系，以找寻到这一边界的根基。对于公共利益的起源可以从社会、政府和公共权力的来源找到答案。契约论的代表霍尔巴赫在《自然政治论》中对政府和公共权力的来源作了详细的阐述，认为"人们联合起来是为了满足本身的利益"。"这个目的决定了社会和政府同它的成员之间的相互关系。这些必要的相互关系产生了相互的义务，即约束着人们联合成为社会的义务。"每一个公民都与社会（包括政府）缔结了契约，社会（包括政府）和个人也因此相互产生了权利（权力）和义务（责任），因此社会和政府有责任保障公民的个人利益，而公民个人也有义务为了公共利益而服从政府权力。但是，"个人同意依赖社会和政府生活是有条件的，即他得到的利益大于他完全自由时所得到的利益"。也就是说，成员只有在自己做出的牺牲中才能在权力的强制中得到足够的补偿，这种牺牲才会自觉自愿。当政府及其工作人员在履行自己的职责中表现不公道或者不认真时，他们就会削弱甚至破坏这种契约关系，个人就会对社会不承担任何义务。因此，契约论者认为以维护公共利益为内容的公共权力源于个人对其权利的让渡，正当个人利益是公共利益的基础。新制度经济学理论也认为，公共权力源于界定个人利益时的剩余。①

功利主义公益观创始人边沁"力图让普遍、完善的法律之眼洞察社会生活的每个角落"，②他在《政府片论》中提出"最大多数人的最大幸福是正确与错误的衡量标准"。③并在《道德与立法原理导论》与《论一般法律》中详细阐述了与最大幸福原则相关联的法律制度和功利原理。其最基本的观点就是"按照看来势必增大或减少利益有关者之幸福的倾向，亦即促进或妨碍此种幸福的倾向，来赞成或非难任何一项行动。……不仅是私人的每项行动，而且是政府的每项措施。"④简而言之，边沁把是否能增加或减少个人快乐或幸福看作政府及其官员实施具体行政行为和抽象行政行为的合理性和合法性的评价标准，因此也成为政府及其官员正义、义务、责任以及美德的标准，也成为公共利益限制正当的个人利益的标准。功利主义者都把"个人利益"描述成人类社会运作的"普遍动力"，亚当·斯密认为个人利益会在"看不见的手"——市场机制的作用下自动促进公共利益的实现，资本主义早期的消极政府理论和放任主义政策正是在它的影响下产生的。"最大多数人的最大幸福"原则强调，在由单个个人组成的社会里，每个人在追求个人利益时，自然在增加整个社会的公共利益，个人利益是公共利益的基础，损害了个人利益也就损害了公

---

① ［美］巴泽尔：《产权的经济分析》，费方域、段毅才译，上海三联书店1997年版，第5页。
② H. L. A. Hart, *Essays on Bentham: Studies in Jurisprudence and Political Theory*, Oxford: Clarendon Press, 1982, p. 4.
③ ［英］边沁：《政府片论》，沈叔平等译，商务印书馆1995年版，第94页。
④ ［英］边沁：《道德与立法原理导论》，时殷弘译，商务印书馆2000年版，第58页。

共利益。

尽管契约论、新制度经济学理论和功利主义公益观对公共利益解释的逻辑起点不同，但是与"正当个人利益是公共利益的基础"殊途同归。公共利益决定了权力的来源和目的，即权力是为维护公共利益，为个人的正当利益提供保障，在这个意义上，权力的存在才是必要的和可接受的。因此，保障正当的个人利益应是行政法的逻辑起点，我们对公共利益的关心应该源于个人利益的关照，而不能以牺牲个人利益为代价，即使必须牺牲个人利益为代价，也必须给个人以合理公正的补偿，从这个意义上讲，为公共利益限制正当的个人利益设定合理边界也应成为行政法的基本要义。

其实，基于行政法的实务性，最关键的不仅要抽象思考公共利益与个人利益之间的关系，而且需要把公共利益在特定事件中予以具体化，当一个具体事件中的公共利益与某些个人利益发生冲突时，其实它在起着调节个人利益之间冲突的功能，因此，公共利益不是存在于个人利益之外的抽象物，它是具体的；个人利益之间的冲突也不是绝对对立、互不相融的，具体的公共利益成为它们一致性的基础，这也成为社会存在的基础；某些个人利益之间的冲突是不可避免的，两个阵营分别代表不同的具体的公共利益，具体公共利益对个人利益的合理限制成为冲突各方最终达成一致的最有效的方式。因此，要化解对抗性的利益冲突，公共利益应以正当的个人利益为依归。

二 影响因子：合理边界涉及的五个要素

"公共利益"有广义和狭义之分，即抽象和具体之分，具体的"公共利益"是指某个具体事件中的"公共利益"，广义的和抽象的"公共利益"则是指非具体事件中的"公共利益"。本书把狭义的"公共利益"假设为一个系统，其法律渊源、主体、适用客体、具体内容、效力是狭义的"公共利益"的五个构成要素。系统论意义上的"要素"和"系统"的关系在这里即体现为五个要素和具体的"公共利益"的关系。依系统论，具体的"公共利益"系统是五个要素相互联系、相互作用所构成的整体，而不是五个要素的简单相加；五个要素是组成一个整体即具体的"公共利益"而相互作用的部分，部分只有在有机整体中才成为要素。作为具体的"公共利益"系统的五要素，有如下特点：第一，具有局部性和个体性。五要素作为有机体——具体的"公共利益"系统的"细胞"存在的,并非孤立的个体。第二,五要素若其中一个或多个被违反,则招致具体的"公共利益"做出整体的反应,即具体的"公共利益"就会失去"公共利益"有效身份,不再对个人利益具有限制性的法律效力。这是系统对外来刺激的一个整体反应,而不管刺激到五个要素中的哪一个,因此,"公共利益"限制个人利益时必须首先通过一定程度确定这五个要素的合理性与合法性。下面对五个要素进行简单分析,出于叙述的方便,下文讨论五个要素时提到的"公共利益"即指具体事件中限制个人利益的具体的"公共利益"。如不特别说明,本书的公共利益皆指具体的公共利益,个人利益皆指正当的个人利益。

（一）"公共利益"限制个人利益的法律渊源

具体的"公共利益"的法律渊源必须从"法律渊源"的源流上去探讨。"法律渊源"（source of law）最早是在古罗马时期的司法实践中呈现的,并在法学发展到较为精细的程度才出现。其拉丁文源头是 fons juris,包括两层意思:一是法律渊源概括出了古罗马法中哪些规范可以作为法官的裁判规范;二是法律渊源既是对国家制定法作为法官纠纷解决依据的肯定,也是对国家制定法以外的规范能够作为法官纠纷解决依据的认可。[①]古罗马时代要求法官站在"适用"的立场确定法律渊源,法律、平民决议、元老院决议、皇帝的法令、长官的告示和法学家的解答等成为那一时期的主要法律渊源,法律渊源的多样化证明,古罗马时期立法主体呈多元化。其实"法律渊源"是个实践性很强的概念,西欧中世纪丰富的法律实践足以说明这一点。法律渊源是一个发展的过程,伯尔曼说:"……法律渊源不仅包括立法者的意志,而且也包括公众的理性和良心（reason and conscience）,以及他们的习俗和惯例。……法律有四种渊源,即立法、判例、衡平法和习惯。"[②] 把立法、判例、衡平法和习惯作为西欧中世纪的法律渊源在法学界也基本达成共识,由于当时立法和判例不多,衡平法和习惯成为司法运用最多的法律渊源。在《中世纪的法律与政治》一书中,爱德华·甄克斯强调法律只是"约束人们日常行为的一种控制

[①] 彭中礼:《法律渊源论》,博士学位论文,山东大学,2012年5月,第17—35页。
[②] [美]哈罗德·J.伯尔曼:《法律与革命》,贺卫方等译,中国大百科全书出版社1993年版,第14页。

力量"①，因此，条约法、蛮族法、封建法、教会法、商人法以及习惯法的汇编（包括习惯）等都是当时的法律渊源。如伯尔曼所言："在 11 世纪后和 12 世纪早期以前的这个阶段，西欧法律极少是成文的。……很大程度上是围绕法官的司法过程建立起来的具有司法约束力的规范体系。"②换句话说，只要是具有司法适用意义的规范都成为西欧中世纪的法律渊源，而且它不仅仅只是"法律"的表现形式或者司法适用的材料来源，也是一种法律体系。西欧中世纪法律渊源的最大特点就是司法适用性和法律体系性的有机结合。因此，西欧中世纪的法律渊源糅合了民众的需求、法官的智慧和立法的力量，立法主体呈多元化，法律渊源呈多样化。近代时期，由于理性主义、法典化趋势、三权分立政治制度，法律渊源概念发生了变异，立法主体单一化代替了立法主体多元化，立法权的过分集中，使制定法强行成为唯一的法律渊源。

依我国的行政法实践，本书采用古罗马时期和西欧中世纪的法律渊源的原意，将"公共利益"限制个人利益的法律渊源范围列为宪法、法律、行政法规、地方性法规、自治条例和单行条例、行政规章、法律解释、国际条约和国际协定、民间习惯法、判例、政策等。原因是法律渊源要呈现立法主体多元化，且具有司法适用意义。将立法主体多元化的思考注入具体的"公共利益"限制个人利益的法律渊源，有利于解决类似"征地"、"拆迁"等实践问题带来的社会矛盾，也有利于弥补"公共利益"限制个人利益的立法不足。

（二）"公共利益"限制个人利益的主体

"公共利益"限制个人利益的主体是指法律上的主体。法律上的主体是从现实中的人抽象而成的，"法律主体"这一法律关键词彰显了人的尊严，体现了人的共性，也为权利的存在奠定了基础，它成为连接法律与现实生活的桥梁。法律主体也因此能够参与法律活动，并依法享有权利、履行义务，承担相应的责任和法律后果。凯尔森称之为"法律规范的人格化"，认为"作为义务与权利主体的自然人并不是其行为是这些义务的内容或这些权利的客体的那个人，自然人只不过是这些义务或权利的人格化。更确切地表达的话是：自然人是这批法律规范的人格化，这些法律规

---

① ［英］爱德华·甄克斯：《中世纪的法律与政治》，屈文生等译，中国政法大学出版社 2010 年版，第 2 页。

② 同上。

范由于构成了包含这同一个人行为的义务与权利而调整着这个人的行为"。① 简单地说,法律用统一的标准为人格化的人即法律主体设定了行为方式、行为内容和行为后果,也用统一标准为法律主体设定了权利(权力)、义务(责任)和救济渠道,这些标准用来衡量法律主体行为的合法性与合理性。那么,什么是法律主体?什么又是"公共利益"限制个人利益的主体呢?法律主体就是"法律义务与法律权利的主体"。格雷认为"法律体系不同,所承认的法律主体也有所差异。大致说来,有六类被不同法律体系所承认的法律主体:正常生物人;非正常生物人;超自然人;动物;无生命物;法人"。② "公共利益"限制个人利益的主体是指行政法上具体的"公共利益"涉及的主体,包括"公共利益"的代表主体国家、行政机关和自然人,包括与"公共利益"相冲突的个人利益之行政相对人(包括自然人、法人和其他组织)。其实这里的行政机关只是国家的代言人,在具体的"公共利益"案件中只充当了"公共利益"主体——国家和"个人利益"主体(个人)之间的"中人"角色,代表未出场的国家出场,其功能与作用是确定具体的"公共利益"所涉及的行政相对人、调解、担保等,并对国家与个人签订的相关契约履行承担连带责任。换句话说,政府的在场补偿了国家的不在场,人格化只是中人的功能之一。这里一定要把私法中的"中人"与公法中的"中人"区别开来,私法中的"中人"只是交易的民事主体双方的连线人,他不独立代表任何一方,而这里的"中人"属公法中的"中人",单独代表国家出场,并承担国家应承担却无法承担的所有责任,比如拆迁中的补偿责任、诉讼中的应诉责任、恢复原状责任等。

(三)"公共利益"限制个人利益的适用客体

关于法律关系客体法理学界有三种观点:"社会关系客体说"、"利益客体说"和"权利客体说"。"社会关系客体说"主张"法律关系的客体是为法律所确认和保护的,通过法律关系主体行使权利与履行义务的行为加以调整的社会关系"。③ "社会关系客体说"强调社会关系是法律关系的客体,将法律关系的客体与法的调整对象混为一谈。"利益客体说"认为

---

① [奥]凯尔森:《法与国家的一般理论》,沈宗灵译,中国大百科全书出版社1996年版,第232、107页。
② 胡玉鸿:《法律主体概念及其特性》,《法学研究》2008年第3期,第3—18页。
③ 刘翠霄:《论法律关系的客体》,《法学研究》1988年第4期,第44页。

"法律关系的客体是相对法律关系主体而言的，特指法律主体以权利义务为中介影响、作用和指向的对象，即为法律所确认和保护的利益，就是权利义务的客体"。① 很明显，"利益客体说"强调"利益"是法律关系的客体。由于"利益"是一个抽象而难以把握的词，与我们要讨论的"公共利益"在具体事件中将其具体化的思路不相符，故不适合应用于本书，不管其有多少优势与不足，这里都暂且不论。

本书采用"权利客体说"。"权利客体说"主张"法律关系的客体是法律关系主体的权利和义务共同指向的对象。"② 张文显教授强调法律关系客体有三个基本特征：一是"有用之物"；二是为人所能控制之物；三是独立存在之物。他在《法哲学范畴研究》中指出，"法律关系的客体是无限多样的，把他们抽象化，可以概括为国家权力、人身、人格、行为、法人、物、精神产品和信息共七类"。③ 沈宗灵教授认为"……法律关系的客体基本上可以分为以下几大类：第一，国家、社会和个人的基本经济、政治和精神文化财富；第二，物；第三，非物质财富，它包括创作活动的产品和其他与人身相联系的非财产性财富；第四，行为结果"。④ 其实张文显教授和沈宗灵教授关于法律关系客体的阐述基本一致，只是表述的语言不同而已。鉴于沈宗灵教授对客体的概括更容易理解，也更加全面，本书"公共利益"限制个人利益的适用客体采用沈先生的说法，"公共利益"限制个人利益的适用客体包括四类：一是国家、社会和个人的基本经济、政治和精神文化财富；二是物；三是非物质财富；四是行为结果。

（四）公共利益限制个人利益的内容

"公共利益"限制"个人利益"的内容首先表现为法律关系的内容，法律关系（jural or legal relations）这一概念最早来自罗马私法，但在西欧和北美的法学作品中却不是一个太受重视的字眼，倒是苏联、日本、德国和我国的法学作品特别重视法律关系，几乎统一的观点是把法律关系的内容确认为权利和义务，这一观点也成为中国法学界的主流观点。另外两种不同的观点，一是童之伟教授的观点，认为法律关系内容分别体现在权

---

① 颜俊：《法律关系客体理论新探》，《当代法学》1993年第4期，第25页。
② 高健：《法律关系客体再探讨》，《法学论坛》2008年第5期，第123页。
③ 张文显：《法理学》，高等教育出版社2003年版，第138—140页。
④ 沈宗灵、张文显：《法理学》，高等教育出版社2004年版，第394—398页。

利—权力、权利—权利和权力—权力三重关系中，这三重关系又外化为权利义务和权力责任两种形式。① 另一个是法学新秀冉昊的观点，认为法律关系内容依各部门法的不同可分为三类：平权私法主体间的权利义务内容、非平权公法主体间的权利义务内容、平权公法主体间的权利义务内容。第一类是平权私法主体间的权利义务。第二类非平权公法主体间的权利义务是双方主体不对等的法律关系，属于行政法上的法律关系。第三类是平权公法主体间的权利义务，是两个公法主体间的分权关系。如法院与检察院之间的关系。② 三种观点其实并不矛盾，只是后两种观点是前一种观点的细化，特别是第三种观点是对第二种观点（权利—义务、权力—责任）的进一步具体化和部门化。第三种观点中第二类就是通说中的行政法上的法律关系的内容，也是"公共利益"限制个人利益的内容，这类法律关系的特殊性在于双方主体法律地位是不平等的，一方是代表国家的行政机关，有明显的优势地位，拥有的权力更多，责任相对较少。而弱势一方——行政相对人则更多的是义务，包括禁止性的，较少的是权利。在"公共利益"限制个人利益的法律执行中，强势主体常常依靠国家强制力来迫使弱势主体遵守，而不是靠弱势主体自我约束，在这样的法律关系中，打破了各主体间自发地利益约束的平衡机制。用美国法学家霍菲尔德的八个"最低公分母"理论来分析，这类法律关系内容表现为权利与义务、特权与无权、权力与责任、豁免与无能四种相关又相对的关系，即相辅相成、不可或缺又相互冲突、彼此矛盾。这一理论的真正价值在于，它将广义的权利义务进一步细化，引进新的概念，形成广义的和具体的权利义务内容。换句话说，广义的权利义务具有抽象性，而在某个具体法律关系中，必须将其细化为几个具体概念，体现在"公共利益"限制个人利益的法律关系中就是权力—责任、权利—义务，前者适用于公共利益主体，后者适用于个人利益主体。用"强拆"事件来说明，拆迁中一些地方官员的权力行使没有边界，没有制约和限制，用在具体的"公共利益"限制个人利益的内容方面，就是权力大责任小。一方面，"强拆"主体——地方政府及其官员依法行使"强拆"权力，这种权力具有强制性，被"强拆"主体相应负有履行的义务，不可以阻碍；另一方面，被"强

---

① 童之伟：《法律关系的内容重估和概念重整》，《中国法学》1999 年第 6 期，第 25 页。
② 冉昊：《法律关系的内容及其模型建立》，《南京大学法律评论》1999 年春季号，第 130—135 页。

拆"主体仍享有权利，申请依法给予合理的补偿等，这些也同时构成"强拆"主体的对应责任，但任何一项"权利"都不足以对抗具有强制执行力的"权力"，这里双方主体的地位不平等，被"强拆"主体处于明显的弱势地位，必须有外力的作用才能保持平衡。

（五）"公共利益"限制个人利益的效力

效力（potency）在不同的领域有不同的含义。最初的效力来自医学领域，为"药物在某一特定效应的剂量"。管理学的效力是指组织达到其预定目标的程度与等级。法律上的效力是指"法律规范的效力，是指法律规范的适用范围，它包括时间、空间或对人的效力"，或者是"法的生效范围，即法律规范对什么人、在什么地方和什么时间发生效力"。张文显教授认为，这种解释混淆了"法的效力"和"法的适用范围"这两个内涵不同的概念，逻辑上有错误。认为法的效力实际上就是指法律的具体生效范围，即法律在什么地方、什么时间，对什么人具有约束力。包括法律空间效力——法律的生效范围；时间效力——法律的有效期限，包括法律何时生效、何时终止以及对其实施前的行为有无溯及力等问题；对人的效力——法律对哪些人适用。在法律意义上，"公共利益"限制"个人利益"有一定法的效力，其效力包括三方面的含义：第一，指一个具体的"公共利益"的合法性（合宪性）。这里的法包括宪法、一般法律、行政法规和地方性法规等，涉及前面讲过的法律渊源。其中宪法的规范具有最高的法的效力，如果一个具体的"公共利益"不符合上位法但符合下位法，那它是无法律效力的。比如，一个具体的"公共利益"不符合宪法的规范但符合行政法规和地方性法规，那它不具有法律效力，对个人利益没有约束力。第二，指一个具体的"公共利益"限制个人利益在道义上的约束力，即一个具体的"公共利益"是不是良好的，是否值得公民尊重和遵守。这涉及对一个具体的"公共利益"的道德评价。道德评价在很大程度上影响一个具体的"公共利益"限制个人利益的实效。一个在道德上受到人们普遍指责和反对的具体的"公共利益"，很难说是有真正法律效力的。如果上位法缺乏相关规定，而此时的"公共利益"又符合习惯法，它也应该有法律效力。正是在这种意义上，异化的"公共利益"不合道德评价，因而在限制个人利益方面就没有法律意义上的效力。总之，"公共利益"限制个人利益的效力就是指有关"公共利益"限制个人利益的国家约束力或国家强制力。一个有效力的"公共利益"限制个人利益的法律规范，就是由国家制定或认可或习惯风俗长期有效，并由国家机关保证实施，对社会成员有实际约束力的规范。

在行政法中，如果要发生类似"征地"、"拆迁"之"公共利益"限制"个人利益"的事件，必须通过一定的程序来确定五个要素的"细胞"身份，这是具体事件中"公共利益"限制"个人利益"的必经程序，否则就会违反或刺激到五个要素，系统对这一违反或刺激就会做出一个整体反应，导致"公共利益"限制"个人利益"无效，因此，通过一定程序确定五个要素的"细胞"身份，其实就是在为"公共利益"限制"个人利益"的设定合理边界。

三 补偿边界：公共利益限制个人利益的"公正补偿"原则

我国现行有效法律包括《物权法》《土地管理法》《国务院关于加强土地调控有关问题的通知》《城市房屋拆迁管理条例》等，对征收补偿的规定坚持合法补偿原则，补偿的标准过低。再加上征收过程中政府机关及其工作人员滥用权力，严重损害被征收者的利益，"公正补偿"应成为公共利益限制个人利益的基本补偿原则。

讨论"公正补偿"原则，可借鉴美国的相关立法和司法经验。美国联邦1791年宪法和各州宪法几乎都规定："为了公共用途的征收必须提供公正补偿"，美国法承认征税、充公和剥夺三种意义上的"征收"，但只有"剥夺"行为才给予补偿。[1] 因为纳税是基于同意原则的一种"给予"，充公是对严重违法行为的一种惩罚，给予其补偿将使征收行为失去公共利益的目的。

关于"公正补偿"原则的设定目的，用霍姆斯法官在1922年的经典案例中的一段话来描述再贴切不过："公众要改善公共条件的强烈兴趣或愿望，并不允许为了实现这种愿望而走捷径，因为合宪的渠道是必须为这种改善付出代价。"[2] 行政征收是为了社会公共利益而对被征收者个人利益的一种限制和负担，因而补偿其损失是公正的。其目的在于保证所有人"公平分享"社会管理和改造的负担，防止政府强迫和霸道行为的出现。行政法上"公正补偿"的主要功能在于迫使政府将行使权力的成本内部

---

[1] Matthew P. Harrington, "Public Use and the Original Understanding of the Socalled 'Takings' Clause", *Hastings Law Journal* 53, p. 1245.

[2] Pennsylvania Coal Co. v. Mahon, 260 U.S. 393 (1922).

化，从而不仅保证政府行为在经济学意义上的理性，而且有助于约束政府滥用权力并限制政治冲突。要求政府必须为征收的财产提供补偿，政府官员会比较所征财产在政府手中的价值和在私人手中的价值的大小。只有在其产生比补偿更高价值的情况下，政府才会决定征收。这样，公共补偿将"政府从一个权力机构转变为一个理性人，就和普通理性的个人一样，政府在决定过程中也必须平衡成本和收益，从而有助于保证征收行为符合社会利益"。[1]

设定"公正补偿"原则的主要功能在于为公共利益限制个人利益设定一个合理边界，让人们清楚了解政府行为的限度，当政府行为超过这一限度时，人们就能清楚自己的哪些权益受到损害，以寻求法律保护，从而维持民主社会的稳定。那么补偿多少是公正的呢？公正补偿的标准是什么？其实，在市场经济国家，"公正补偿"是个相对稳定的概念。简单地讲，当政府征收了行政相对人的住房，而你的房子通过市场公平交易会产生一个价格，那么这个价格就是"公平市场价值"（fair market value）的反映，公正补偿一般就是指这个价格。美国立法规定，财产被征收者有权获得与征收财产"完全和严格等同"（full and exact equivalent）的补偿，使之"在金钱上处于和财产没有被征收时同样的地位"。[2] 美国联邦最高法院判例法案中，对"公平市场价值"也有界定，"公平市场价值为买主在公平和公开的市场交易中愿意付给卖主的价格"。[3] 在美国判案法中，市场价值标准成为"公正补偿"的衡量标准，而可比销售法、总体收入法和复制成本法则成为美国最高法院允许当事人采用的三种估价"公平市场价值"的主要方法。所谓可比销售法即为参考可比的（comparable）同类财产销售价格；总体收入法是根据财产的现有价值而计算的净收入来决定财产价值；复制成本法即计算在当前市场上更换或重新购置被征收财产但减去折旧的成本。美国最高法院一般更倾向于可比销售方法，认为这一方法简便可行且容易被被征收者接受。如果被征收财产属于通常的市场交易类型，美国法院就会将市场价格作为公正补偿的唯一衡量标准。只有两种情况可排除这一标准，一是很难在交易市场上找到同等的交易对象，

---

[1] 张千帆：《公正补偿与征收权的宪法限制》，《法学研究》2005年第2期，第25—37页。
[2] Seaboard Air Line Ry. v. United States. 261 U.S. 299 (1923), at 304.
[3] Olson v. United States. 292 U.S. 246 (1934).

但必须提供充分证据加以证明。[1] 因为"有关财产的市场不存在",那么法院就不应该适用市场标准。二是财产的市场价值明显不符合公正补偿条款为完全救济的目的,以避免明显不公。[2]

市场价值标准并不是一种完全补偿,美国学者评论这一"公正补偿意味着不完全补偿。"[3] 这样的评价是客观的,原因有二,一是公平市场价值标准排除了完全个人的主观价值因素,二是补偿计算仅限于"一般损失"或直接损失,不包括所有间接损失,包括预期获得的商业利润。限制补偿的理由主要是为公共物品提供补贴,间接损失难以确定和预见,如果政府必须给以补偿,势必增加公共财政负担,减损政府通过征收促进公共利益的动机。当然,市场价值标准并不是落实公正补偿原则的唯一方法,也未必是最好的衡量标准,但目前还没有比这一标准更合适的标准。

在不断走向市场经济的时代,我国政府行为理应受市场规律的约束,对于大多数可交易财产,可依市场上真实的交易价格来确定补偿数额。因而公正补偿原则采用"公平市场价值"标准值得借鉴。事实上,在房屋拆迁补偿中采用可比销售法基本是可靠与合理的,因为在财产获得最高价值使用的情况下,购买者愿意出一个合理价格应该作为补偿的标准。如果保证被征收者获得"完全和严格等同"的补偿,至少使之"在金钱上处于和财产没有被征收时同样的地位",那么我们也就解决了绝大部分过度征收问题以及城市改造和农村开发所引起的社会矛盾,不公正补偿的社会后果也会因此消解。

相对来讲,因集体所有制土地具有非交易性特征,农村土地征收就很难采用"市场价值标准",可采用总体收入法计算农村土地的市场交易价格,这也是我国《土地管理法》对农地补偿的规定。我国《关于完善征地补偿安置制度的指导意见》也有新规定,应坚持被征地农民原有生活水平不降低的原则进行补偿,否则,当地政府应统筹安排,从国有土地有偿使用收益中划出一定比例给予补贴,生活水平不降低原则应成为土地补偿费和安置补助费标准,新规定的有效实施,将为公共利益限制个人利益提供法律基础。

---

[1] United States v. New River Collieries Co., 262 U. S. 341 (1923), at 344—345.
[2] United States v. Toronto. Hamilton & Buffalo Navigation Co., 338 U. S. 396, at 402.
[3] Thomas W. Merrill, Incomplete Compensation for Takings, II N. Y. U, *Environmental Law Journal*, 110 (2002), at III.

总之，在公共利益限制个人利益过程中，政府必须保证公共利益大于成本，并保证补偿数额至少不低于个人利益，体现生活水平不降低原则，公正补偿是城市改造和发展中应付的代价，在保证公共利益总体上大于成本的情况下，没有理由要求个人单方面承担城市改造和发展的代价。

四　结语

具体的公共利益限制个人利益一般有三个环节：第一环节是确定是否属"公共利益"阶段，一个完整的程序一般包括五个要素的确定，主要是基于理论层面的分析；第二环节涉及的是"个人利益"范围的确定，个人利益在行政法中具体表现为所有权、地上权、地役权、抵押权、质权、留置权、典权等物权，以及债权、继承权、经营自主权、专利权、著作权、商标使用权等私有财产权、资格权、直接损失、间接损失。[①] 这一环节主要是现实操作；第三环节是公共利益对个人利益的合理限制的落实环节，主要通过"公正补偿"原则来完成。三个环节构成具体的公共利益限制个人利益的合理边界。

我国学者对公共利益限制个人利益的合理边界和要素方面的相关研究不多，但对公共利益限制个人利益的原则近年来已有一定的关注。已有的研究可以归纳为两个领域，一是法学领域的五原则说或六原则说：比例、价值衡量、合理范围、经济分析、正当法律程序原则；合法性、正当性、价值衡量、比例、权责统一、正当法律程序原则[②]；二是管理学领域的六原则说：合理合法性原则、公共受益性、公平补偿性、公开参与性、权力制约性、权责统一性。[③] 其实这些原则可以用比例原则、"公正补偿"原则和程序正当原则来涵盖，比如法学领域的五原则说或六原则说中的比例、价值衡量、合理范围、权责统一原则，管理学领域的六原则说中的公共受益性、权力制约性、权责统一性原则，可包含在比例原则的内容中，而经济分析、价值衡量、正当性原则可涵盖在"公正补偿"原则中；至于正当法律程序、公开参与性原则可用本节第二个大问题五个要素的确定

[①] 方世荣：《论私有财产权的行政法保护》，《湖北社会科学》2005年第1期，第118页。

[②] 高志宏：《论公共利益的认定原则》，《济南大学学报》（人文社会科学版）2012年第4期，第84页。

[③] 汪洁：《城市规划中公共利益的界定与保障》，《辽宁行政学院学报》2010年第5期，第7页。

来解决。

当公共利益与个人利益发生冲突,行政法平衡二者的首要任务就是为公共利益限制个人利益设定合理边界,而影响"公共利益"限制个人利益边界的渊源、主体、客体、内容和效力五个要素为"公共利益"限制个人利益设定合理边界在理论上成为可能,公正补偿原则为"公共利益"限制个人利益的合理边界增加了实践上的合理性和可操作性。

第三节 政府干预政策的合法化

本节将行政责任法律规制的行政管理学基础单独加以论述。

在转型经济时期,经济与社会发展不能单纯依靠市场或政府,政府干预实际上是要为市场运行提供一个适当的环境。依据行政法之现代平衡理论,政府对市场的干预应坚持平衡原则,重视市场机制与政府干预的平衡,注重社会整体利益的最大化和政府对市场干预政策的合法化。政府合理定位是政府对市场干预政策的合法化前提,市场缺陷与政府干预缺陷是其合法化的边界,"选择性"干预是其合法化尺度。政府干预过程中,行政权力具有扩张本性,需要用权利制衡权力,这是政府对市场干预政策的合法化保障。公民参与是用权利制约权力重要的方式,它即是政府干预政策的合法化基石,同时也有利于市场机制和政府机制作用的最大化。

合法地位是政策合法化所追求的目标。[1] 马克斯·韦伯(Max Weber)认为,政策合法化的政治学意义在于建立对领导权力的承认。它要求政策合法化主体在合法化过程中明确政治责任,做出正确的判断,在符合其代表的个人或组织的利益前提下,关注目标与行动,而不是以其个人的角度悖逆大多数人的意志。[2] Jones认为:"任何政治系统中,均存在着两种层次的政策合法化,第一层次为政治系统取得统治正常的过程(legitima-

---

[1] 王飞:《公共政策合法化:两种主体的博弈》,《理论导刊》2008年第8期,第35—37页。

[2] [美]麦克斯·怀特:《公共行政的合法性——一种话语分析》,中国人民大学出版社2002年版,第32页。

cy）；第二层次为政府政策取得法定地位的过程（legitimation）。"[①] 托马斯·戴伊把政策合法化分解为三个功能活动，即选择一项政策建议，为这项建议建立政治上的支持，将它作为一项法规加以颁布。[②] 刘善堂认为合法化包含法学意义上的合法化与政治学意义上的合法化。前者是指政策的制定方式、程序、内容，以及政策制定的主体应符合宪法和有关法律，并同时获得合法地位的过程；后者指如何获得人民的认可和支持。综合国内外学者对政策合法化的理解，政策合法化应包含三个层次上的含义：一是政策主体依大多数人的意志做出正确的判断，选择一项政策建议；二是为这项建议建立政治上的支持和对领导权力的承认；三是政府政策取得法定地位的过程，即将它作为一项法规加以颁布。目前，我国经济处在转型期，经济与社会发展不能单纯依靠市场或政府，应注重社会整体利益的最大化和政府对市场干预政策的合法化，如何保障政府对市场干预政策的合法化呢？

一　政府合理定位：经济转型中政府干预市场政策的合法化前提

当前我国经济转型阶段是从 2003 年开始的，这一阶段不再是单一或部分领域的转型，而是经济和社会各领域的全面转型，也是我国社会主义市场经济体制的完善阶段。在这一经济转型中，政府主导型经济开始向市场主导型经济转轨，但这一转轨过程仍在政府主导下进行。政府主导过程是培育市场力量的过程，在这一过程中，政府改直接调控的行政手段为间接调控的经济手段，动员全社会改革之合力，按照市场经济规律对市场进行再造，而不是对市场机制本身的主导，政府综合运用市场化和行政化力量，通过制订政策来推动、调控和引导市场化进程，政府是这一过程的设计者、组织者、调控者，在这一过程中，市场体系逐步成长与政府让渡权力和转变职能同步进行。

我国经济与社会的客观现实决定了经济转型过程中的政府主导性，一是非自发的市场经济需要政府的介入；二是中国的市场化进程的高度集中的计划经济体制起点，使得价格不能发挥固有的职能作用，又缺乏多元化

[①] Jones, C. O., *An Introduction to the Study of Public Policy* (2nd ed), Mass.: Duxbury Press, 1977.

[②] Thomas R. Dye, *Understanding Public Policy* (6th ed.), Englewood Cliffs, N. J.: Prentice-Hall Inc., 1987. p. 24.

的产权主体；三是国内二元经济结构和强大的国际竞争对手，内外经济环境不容乐观；四是尽量减少经济转型中的社会震动。中国经济转型过程是一个自觉的过程，"改革必然触及社会各个方面的利益关系和思想观念，但又不能震动过大；改革必然要破除原有的体制、规则、组织和秩序，但这个过程必须是有领导、有纪律地自上而下地进行"。[①] 因此，转型过程中的政府主导性必不可少。

学界对经济转型的理解大致分社会形态转型说、体制转型说、社会阶段转型说、增长方式转型说、生产方式转型说、市场形态转型说等几种，[②] 其实这几种观点都没有触及中国转型经济的实质——政府在经济转型中的合理定位问题。我国目前的经济转型中的政府定位有诸多欠合理之处，主要表现在七个方面，一是政府在投资驱动中的主导性依然存在；二是政府依然掌控着重要资源价格和要素价格的规制权；三是传统经济模式中的政府对微观经济的严格管控的严格性和获利性的经济性特征没有太多改观；四是国有部门利用法律、政策和资金方面的优势挤压民营经济，导致企业创新减退，并引发了一系列社会问题；五是对个人利益的保护严重弱化，如拆迁中动用公检法没收个人资产等；六是政府掌控更大的生产资源和政策资源，企业被迫用潜规则与政府打交道。七是政府在资源配置中控制着关键性和基础性资源，政府公共权力的重点没有放在公共产品上，而是作为经济发展的主体，组织经济发展与经济运行。

经济转型中政府定位不甚合理的原因，一是现有利益格局和体制机制路径依赖严重。原有体制依赖既有的利益格局，使市场在资源配置中的基础性作用不能更大程度地发挥，以法治为基础的现代市场经济制度尚未建立。二是政府不愿为经济转型付出应有的代价。转型经济需要政府付出成本，政府在市场化过程中的付出成本，主要是对利益关系的调整，最为突出的是进行结构调整。但是，地方政府为缓解财政压力，争投资、争政策，广泛开辟土地财政，地方保护主义与行政垄断盛行，长期以来形成了一个"政府间竞争性市场"[③]；三是政府在治理收入差距扩大、地区市场

---

① 王清宪：《论中国政府在经济市场化进程中的作用》，博士学位论文，中国社会科学院研究生院，2003年5月，第8页。

② 徐珽、权衡：《中国转型经济及其政治经济学意义》，《学术月刊》2003年第3期，第44—49页。

③ 冯涛：《中国的改革模式：回溯与展望》，《财经科学》1996年第2期，第34页。

分割、公共产品提供不足等方面措施不力，特别是农村各种公共产品不健全，使这一问题更加凸显。四是政府职能转变不完全，对市场主体的直接干预过多。五是在健全国有资本有进有退、合理流动机制方面没有很好地实行公益性和竞争性的公共产品分类管理。六是经济竞争规则不完善，无序竞争严重，在竞争规则不明晰的情况下，竞争矛盾和社会混乱加剧。

经济转型时期，政府应加快以公共产品服务为主要职能的转型，确立民富优先的改革导向，加大私人权益的保护力度，克服土地财政，打破行业垄断，确保政府在经济转型中的合理定位，政府合理定位是经济转型中政府干预市场政策的合法化前提。

二 市场缺陷与政府缺陷：政府干预市场政策的合法化边界

发展经济学家迈耶指出，"发展中国家的市场体系不健全，价格信号既不灵敏、不准确，又不统一、不完整，难以正确指导资源的配置，更不用说引导经济发展"。① 由于市场的无序、滞后性等缺陷，政府尽最大可能地干预市场以弥补这一缺陷与不足。

（一）市场机制存在缺陷

当代西方政府干预理论是建立在"市场失灵"的基础上的。美国学者戴维·施韦卡特指出，当市场运转不灵时，经济允许国家干预。施韦卡特认为，政府干预市场的合法化前提是市场运转不灵。英国学者戴维·米勒也主张，"国家要在经济方面发挥重要的作用，以使经济服从广泛的平等"。美国学者约翰·罗默也认为，"市场经济中应该有国家干预。尤其是为收入分配进一步平等化"。即使一贯突出市场作用的新古典经济学家们也强调政府的经济干预的重要性。如经济学家 Woff 指出，东亚的成功在很大程度上得益于"限制政府在经济决策方面的作用，尽管管理市场存在不完善及缺陷，仍让其在资源配置上发挥决定性作用"。② "修正学派"更是特别强调政府干预市场的作用，认为"政府可以通过监督管理市场'有意扭曲价格'和系统地干预生产激励机制，以达到赶上发达国家的目标。"

这里的"市场失灵"即指宏观市场缺陷。理论上，市场缺陷分宏观

---

① ［美］约瑟夫·E. 斯蒂格利茨：《政府经济学》，曾强、何志伟译，春秋出版社1998年版，第22页。
② 洪银兴：《政府干预市场的效率和规则》，《山西大学学报》（社会科学版）2003年第2期，第1—9页。

市场缺陷和微观市场缺陷两个层次,本书的市场缺陷是指宏观市场缺陷,包括市场失灵和微观市场缺陷。市场失灵(market failure)一词源于西方经济学,是指在垄断、外部性、公共产品、信息不对称等场合或领域,市场机制丧失了有效配置资源的功能。萨缪尔森在《经济学》中定义为,"在一个价格体系中阻碍资源有效配置的不完全性"。他还强调,"在完全竞争和不存在市场失灵的情况下,市场将会使用其可利用的资源尽可能地生产出有用的物品和劳务。但是,在存在垄断、污染或相似的市场失灵的地方,看不见的手的显著效率特征可能遭受破坏"。① 意思是说,市场失灵是市场本身所不能解决的固有矛盾,必须由政府加以干预。市场失灵主要包括不完全竞争或垄断、经济外部性、公共物品需要、收入分配不公、宏观经济的增长与稳定等。但是,萨缪尔森又指出,"即使在市场体系完美地起作用时,它仍然可能导致一个有缺陷的后果(flaw outcome),其突出表现是社会收入分配不公"。这种情况是在市场没有失灵的情况下发生的,即市场机制是在完成正常工作的情况下发生的,这种情况是微观的市场缺陷,而不是市场失灵。根据萨缪尔森观点,这种"市场缺陷主要包括宏观经济失衡、经济周期波动与社会收入分配不公等问题"。②

市场失灵发生的直接条件是完全竞争的条件不充分,而微观的市场缺陷产生是市场机制本身固有的,即使市场机制在充分竞争条件下高效地实现资源配置,其自身的运作也必然产生种种市场缺陷。这两者都需要政府的介入才能有效克服。因为,一是市场不是万能的,市场的"外部效应"常常导致资源配置的效率损失。二是市场会产生合理但却不公平的分配格局,市场机制本身常常会排除公平法则。三是在宏观经济中市场机制存在着效率缺陷,这些缺陷是市场机制固有,也是在各国市场机制中普遍存在的。而市场自身无法解决市场缺陷,而且缺陷主要表现为宏观层面上的问题,极易引发社会危机,政府干预具有权威性和强制性,在重大社会经济问题上,如社会保障体系、反垄断、环境污染的治理等,政府干预效果更显著,解决起来更有效率。这三个方面不是指"市场不能",而是指市场做不好,或是能干好而经济上不可行或成本太高。

这里需要强调,政府干预是为市场运行创造良好的外部环境,而不是

---

① 安福仁:《中国市场经济运行中的政府干预》,博士学位论文,东北财经大学,2005年5月,第46—70页。

② [美]萨缪尔森:《经济学》,北京经济学院出版社1996年版,第72页。

最终取代市场机制。换句话说，政府干预是指能够影响经济主体行为的政府行为，即在市场经济条件下，政府主要通过法律、规则和管制来规范经济主体的行为，以矫正、改善和补充市场缺陷的活动。市场失灵或市场缺陷决定了政府干预的必要性。适度的政府干预是为了实现市场经济有规则、有秩序地运转，保证经济发展、社会稳定与社会福利不断提高。基于市场缺陷，现代西方经济学都普遍赞同政府的适当干预。从凯恩斯开始到福利经济学、公共选择理论及以科斯为首的新制度经济学理论，都从不同角度对政府的适当干预的作用作了阐述。但是，应该清楚，政府干预都是为市场经济服务的，同时，政府干预也存在缺陷，即存在政府失灵。

(二) 政府失灵——政府干预的缺陷

萨缪尔森认为，"政府失灵就是指政府行动不能增进效率或政府把收入再分配给那些不应当获得这种收入的人"。[①] 公共选择学派主要代表人物美国著名经济学家詹姆斯·麦吉尔·布坎南和戈登·塔洛克首先提出了政府失灵理论，他们认为，政府失灵就是指政府难以按照社会福利最大化原则行事。也就是说，政府不能利用国家强制力主动纠正市场失灵或市场缺陷，也不能实现社会资源最优配置，不仅不能纠正市场失灵或市场缺陷，反而会扭曲资源配置。也就是说，政府干预缺陷同样会导致资源配置的效率损失。政府干预缺陷主要表现在三个方面：一是政府决策导致政府失灵。现代社会的三种政府决策模式（投票决策、利益团体妥协决策、精英决策）都无法兼顾公平与效率，也不能解决信息收集与信息处理问题，会带来一定程度的政府干预失灵。二是政策实施过程中的政府失灵。政策实施过程需要成本，如果政府干预成本远大于干预的收益，政府干预即出现失灵。政府干预成本有两种，一种是政策实施中的行政开支，另一种是政府活动中可能产生的"寻租"活动。"寻租"活动会造成人财物的大量浪费。这两项政府干预因成本过高而导致政府干预失灵。这些政府干预失灵是政府自身固有的、客观存在的。三是"政府主观失误"，即政府由于判断失误而做出了有悖实际的决策。由于社会发展水平的制约，政府干预出现失误在所难免，这种失误往往会导致严重的经济波动甚至经济失控。由于发展中国家的经济不成熟、不规则，再加上政府主导型市场经

---

① 方福前：《公共选择理论——政治的经济学》，中国人民大学出版社2000年版，第197页。

济，发展中国家的政府干预缺陷更加严重。

认真分析，政府干预缺陷的成因主要有以下几个方面：首先，政府官员的有限理性。在《现代决策理论的基石》中，美国著名经济学家赫伯特·西蒙论述道："在经济活动中经济主体所遵循的并非利益最大化原则，而是满意原则，由于受到有限理性的制约，经济主体的活动往往难以达到预期的目标。"[①] 政府官员的有限理性确定了政府干预的能力边界，但由于对市场失灵的恐慌，市场主体对政府干预经济产生了无限依赖和对政府能力的无限信任。其实政府也不是无所不能，它也会面临信息不足和如何进行最佳选择的难题。因此，政府干预应有所限定，限定在其力所能及的范围之内。行为经济学家卡尼曼和特韦尔斯基指出，"在不确定条件下，大多数经济主体并不是理性的和规避风险的，总是要面临在少量信息的基础上进行决策的挑战，结果往往会产生认识的偏差"。其次，政府官员存在机会主义行为倾向。政府官员也是"经济人"，诺贝尔经济学奖得主斯蒂格利茨教授指出，"'经济人'只追求个人利益，不可能实现社会利益的最大化"。因此，用交易制度对其进行行为制约很重要，以达到"制度设计是让恶者做善事"的目的。第三，利益集团容易俘获政府。施蒂格勒指出，"政府的规制机构常常被他们的规制对象所俘获，从而成为创造与再分配租金的载体"。正是因为政府的规制机构容易利用资源通过政治过程达到损人利己的行为目的，政府才容易被利益集团俘获。第四，政府决策中的政治博弈。在决策博弈过程中，政府考虑的不是实现社会的共同利益，而是如何平衡利益冲突，政策最终总是对弱势团体不利，而更多地有利于强势利益团体。最后，政府组织资源的低效。政府机构组织和成员之间具有命令与服从的关系，垄断、外部性、公共产品、信息不对称和政府组织资源的高度垄断会导致政府组织行为的低效率。

总之，现实中的政府干预市场并不总是那么有效，政府干预的效率目标要求，政府干预不能妨碍市场机制的效率功能，社会公平目标的实现要兼顾公平与效率。所以，政府干预要根据效率要求确定政府行为的边界和建立政府的行为规则。因此，政府干预要有选择性，无论干预的范围、方法和目标等。

由于市场机制和政府干预机制都存在缺陷，因此，正确处理政府与市

---

① 朱华政：《论政府干预的效率》，博士学位论文，西南政法大学，2005年5月，第14页。

场的关系就成为关键。公共选择学派指出,"政府干预永远只能是第二位的选择,只有在政府缺陷明显小于市场缺陷的时候,才可以选择适当的政府干预"。① 只有协调好市场和政府干预之间的平衡,社会利益最大化才能实现。只有当市场不能发挥作用时,政府干预才能予以补充。市场缺陷的领域也决定了政府干预的范围和内容。因此,转型经济条件下市场机制与政府机制应相互补充和相互协调。那么,如何寻求政府机制与市场机制的均衡点?现实中如何把握政府干预与市场机制的平衡呢?主要应从三个方面来把握,一是"选择性"干预是政府干预市场政策的合法化尺度,二是用权利制衡权力是政府干预市场政策的合法化保障,三是公民参与式是政府干预市场政策的合法化基石。

三 "选择性"干预:政府干预市场政策的合法化尺度

经济转型的实质就是要在市场缺陷与政府干预缺陷之间建立一种有效的协调机制,在政府与市场作用功效的大小之间寻求二者的"均衡点"。世界银行报告说,"没有一个计划机构能够计算和管理所有物品和服务的相对短缺性;也没有一个政府敢于没有把握地信赖自由市场"。世界银行行长普雷斯顿在《东亚的奇迹》前言中提出了"选择性干预"概念。② 他说东亚国家成功的政府干预经验在于基本经济原则和选择性干预两类公共政策。其中选择性干预就是强调,政府干预市场要有所选择性,必须市场优先,市场先于政府,有效和有秩序的市场扩展到哪里,政府的规模与范围就应该收缩到哪里。"政府干预市场行为主要表现为三个层次:一是尊重型干预,即尊重市场主体自治原则和诚实信用原则。实际上也就是强调,政府对市场不干预或少干预。二是保护型干预,即保护企业公平竞争与公正有秩序地进行交易,重点强调良好的公平竞争与公正交易秩序。"③ 三是选择性干预,即政府对社会经济进行有选择的干预,减少在那些市场机制行之有效的部门的干预,而在那些市场机制无法发挥作用的部门增加其职能,这被称为"有选择"的干预,既强调公平、公正,也强调干预

---

① 林成:《从市场失灵到政府失灵——外部性理论及其政策的演进》,博士学位论文,辽宁大学,2007年5月,第63页。

② 毛寿龙:《中国政府功能的经济分析》,中国广播电视出版社1996年版,第145页。

③ 刘安伟:《政府干预市场走向法治势在必行——访中国社会科学院法学研究所研究员刘俊海博士》,《工商行政管理》2002年第7期,第33页。

效率。其实，作为干预者的政府不但要有公平公正意识，还应该有效率意识，"运用成本—收益分析的工具，确定是否干预。如果干预净收益为负，则这种市场干预应该予以排斥。政府应合理确定干预市场的有效性边界，主动排斥部分干预需求，减少干预制度的无效供给"。① 因此，政府对市场的选择性干预政策必须遵循以下六个原则：

一是分享增长的原则。分享增长的原则是指公共政策涉及的所有人在未来的经济增长中都将享有一份。因为市场分配方面存在缺陷，在政府干预中，广泛分享政策中的经济福利增长与改善给政府领导带来合法化理由，使政府干预总是能较好地同市场机制配合使用。二是干预领域的限度原则。政府干预经济的范围应该取决于社会与市场的需要。社会的需要则来自于公平的需要，市场的需要来自市场失灵的矫正需要。对于经济转轨中的发展中国家来说，市场的需要还来自完善市场制度。但政府干预缺陷要求政府依据本身的能力确定干预的适当范围。政府干预经济的领域限度是指转型经济条件下，政府是否应该对市场进行干预，对哪些经济领域进行干预，干预的程度、范围与成本问题等。三是制度生产原则。市场化改革是一个制度生产的过程。中国政府主导的经济转型进程是一个制度生产的过程，制定各种市场规则，包括政策性市场规则和法律化的市场规则，前者是政府通过制定和实施各项有关市场经济发展的政策来组织和调节市场，后者是指政府用法律形式把各利益主体应该普遍遵循的各种市场行为准则固定下来，并将其作为组织和调控市场的依据。美国经济学家斯蒂格利茨认为，发展中国家要通过规范市场秩序和加强法律制度建设来促进市场发育和完善，市场的诸多无序现象很大程度上是由于我们没有建立起相应的制度性和运行性市场规则。因此，市场机制的经济秩序就是健全和完善市场规则，促使市场主体行为规范化。把政府干预市场的行为纳入法治轨道。四是反垄断原则。最早系统研究政府消除垄断职能的是西方经济学家皮古、张伯伦和琼·罗宾逊，他们提出"政府颁布和执行反垄断法，政府对垄断企业的价格、利润和服务质量进行规制监督，对自然性垄断行业实行政府直接经营或政府所有、特许经营"。因此，经济转型现实中，行政垄断根深蒂固，经济主体竞争行为不规范，法律地位仍不尽平等。为保证市场自由竞争的展开，政府应通过制定和执行反垄断法来抑制垄断组

---

① 应飞虎：《论均衡干预》，《政治与法律》2001年第3期，第55页。

织和垄断势力,承担起反垄断的职能,营造良好经济发展环境,以保证市场健康有序地发展。五是政府干预目标原则。理查德·A.马斯格雷夫在《财政理论与实践》中,把政府干预的经济目标分为三种:"一是稳定经济,建设一种实现充分就业条件的经济;二是收入分配,按平等和效率原则建立起人们基本能接受的个人收入分配结构;三是资源配置,减少从宏观制度来理解的资源浪费,提高全社会的资源使用效率。"① 也就是说,政府干预的总目标至少要坚持维护国民经济平衡和适度增长、充分就业、物价稳定和必要的社会公正等。六是效率最大化原则。转型经济时期,政府干预的出发点要坚持效率最大化的原则,也就是说要根据不同阶段调控的对象与环境,选择效率最高的手段,计划与市场组合中哪种更有效率就用哪种,以尽可能小的市场化推进政府干预成本,换取尽可能大的市场化收益。政府干预成本主要表现在干预过程中的资源耗费,包括内部成本和外部成本,内部成本是指政府干预行为过程中的自身资源耗费。外部成本又称社会成本,它是指公众消费或享用政府提供的公共产品、对政府干预行为进行监督和评价等的资源耗费,包括立法成本、执法成本以及市场主体的守法成本。干预成本的存在需要政府权衡干预成本与干预收益,"政府干预收益是其干预活动的最终总产出,并具体表现为其干预活动所带来的经济和社会福利的增加和改进。如果收益大于成本,则这种干预在经济上是可行的;如果成本大于收入,则这种干预的合理性就值得怀疑,因为干预的本来目的就是为了提高资源使用效率,在干预行为不能提升资源配置效率的情形下,选择不干预是理性的"。② 经济转型的阻力不仅来自旧的利益格局,也有人们对市场与政府作用边界的认识不清。政府干预应坚持以尽可能小的成本获取尽可能大的收益为原则,改革才会实际地发生。

之所以要有这诸多原则的限定,是因为"国家悖论"的存在。诺思认为,国家政府是促进经济增长的关键,然而国家政府又是人为经济衰退的根源,这就是诺思的"国家悖论",又称作"诺思悖论"。换句话说,政府干预中的行政权力即是保护个人权利的最强有力的工具,同时也是个人权利最危险的侵害者。因此,保持权力与权利的平衡就成为政府干预中

---

① [美]理查德·A.马斯格雷夫等:《财政理论与实践》,邓子基等译,中国财政经济出版社 2003 年版,第 75 页。
② 朱华政:《论政府干预的效率》,博士学位论文,西南政法大学,2005 年 5 月,第 102 页。

的关键问题。保持权力与权利的平衡有两种方式,一是用权力制衡权力,二是用权利制衡权力,下面主要论述用权利制衡权力。

四 权利与权力的平衡：政府干预政策的合法化保障

权力的扩张与失控是导致社会失序最核心的问题。权力强化从短期和表面来看似乎更有效,但很容易导致权力本身失控,最终导致整个体制的权力基础受到削弱,政府公信力严重下降,维护社会公正的能力严重降低。权力失控是指权力成为内外部无法约束的力量,其根本原因是正式权力规则的失效。因此,有人讲社会管理首先要把权力管起来。其实,权力与权利是人们分配资源的两种互补形式,不同的是权力是以社会的名义强制地行使的能力,而权利则是私人性的、范围有限的一种权益获取资格。权力比权利具有不可比拟的力量优势,这种优势可以使权力在资源配置方面掌握绝对主动权,从而容易对公民权利进行侵夺。随着私人利益与公共利益两大相对独立的社会利益体系的分化,整个社会从逻辑上分裂为市民社会和政治国家两个领域,权利大量存在于市民社会,而权力则大量存在于政治国家。专制社会的权力横行,没有权利的栖息之地,而民主社会的权利与权力既制衡又共存,使利益的法律形式呈权利与权力并存的二元法律结构。[1] 权利和权力是利益的法律形式,权利与权力的本质是利益,利益资源的稀缺性导致了权利与权力的对立。权利与权力的对抗性以权利和权力错位为表现形式,出现二者相互排斥、相互离异、相互限制的趋势,使二者的平衡基点受到破坏,有必要对此进行矫正,找回它们的合理平衡。由于"市民社会的个人权利是政治国家公权力的基础,并且私权利决定公权力。现代国家存在的合理性与合法性就在于市民社会的存在"。[2] 也就是说,权力最终来源于权利,权利最初起源是对政府权力的一种对抗。因此,思想家和政治家先后提出多种方略寻找最佳的权力制约途径,较有影响的一是以权力制衡权力,即分权,二是以权利制衡权力。以权力制衡权力的模式很难从根本上制约权力,以权利制衡权力才能找到制约权力的最终途径,原因是"以权利制约权力"的逻辑起点是权力来源于权利。多元利益社会强调权利本位,以权利制衡权力有更多的本源性制约功

---

[1] 梁慧星：《民商法论丛》第四卷,法律出版社1995年版,第26页。
[2] 季金华：《权利与权力平衡配置的社会基础——马克思市民社会理论的法治意义解构》,《南京理工大学学报》（社会科学版）2001年第1期,第43—48页。

能。一切拥有权力的人都容易滥用权力，权力具有扩张的本性，再加上权力主体的强者地位和主导地位，容易导致权力腐败行为。权力是权利的高度聚合，但其合理性与合法性却源于权利。权利具有广泛性，具体表现为权利主体、方式和客体的广泛性，权利主体包括所有公民、法人和其他社会组织，行使的方式是一切合法的方式或渠道，权利客体是所有的国家机关和国家工作人员手中的权力。权利制衡权力具有终极性，民众既可以用自己手中的权利单独或联合制衡权力，也可以启动权力制约权力。从某种意义上讲，法的价值目标是追求权利与权力的平衡。

在《市场与法治》一文中，钱颖一教授提出，"一个无限的政府，无论是权力无限还是规模无限，都是无效的政府。只有权力有限、规模有限的政府才可能是有效的政府"。"有限的（limited）和有效的（effective）政府"的概念说明，需要通过有效的制度安排对政府权力进行约束，才可能最大限度地克服政府干预缺陷。权利如何制约权力呢？

五 公民参与：政府干预政策的合法化基石

在政府干预政策合法化过程中引入公民参与十分必要，因为政府干预政策的合法化过程是一个各利益群体博弈妥协的过程，而公民参与是克服公共权力腐败的必要路径。在我国，政府对市场干预政策的合法化缺少公民的积极参与，因此，有必要为公民参与政府干预政策提供机会，为公民参与公共政策合法化过程提供可行性条件。随着市场化改革和行政民主化的推进，政府已无力单靠自己的力量制定出公正合理的政府干预政策，来满足各利益团体的需求，政府干预政策合法化过程中有序引入公民参与，有利于社会各利益群体进行公平性博弈，并可以克服公共权力运行过程中的腐败，保证政府干预政策的民主性与合法性。

公共利益与公众参与是政府制定"选择性"干预政策必须考虑的两个因素。因为公民参与制定的政策可能会减少现实执行中的阻力，公众也会对政府行政人员的艰难决策更为理解与支持，会成为对政府具有同情心的评价者。用杰弗逊的民主观来看，"公民参与的核心原则是，公民参与会产生或制定出更多的公众所偏爱的决策，以及社区对决策更多的认同"。[①] 通

---

① 黄大熹、汪小峰：《公共政策合法化过程中的公民参与必要性分析》，《求索》2007年第8期，第54—56页。

常，公共参与被认为是有成本效益的，可减少起诉成本，也减少了诉讼的可能性。

公民参与是政府干预合法化的基础。马克斯·韦伯认为，"合法化就是人们对享有权威的人的地位承认和对其命令的服从过程"；哈贝马斯认为"政府是否包含着被认可的价值，才是有无合法化的最好证明"。应该说，政府干预合法化的基础就是能否取得公民的共识和政治认同感之过程，而影响公民对政府政治认同感的关键因素，必然包括政府对市场的干预，而公民参与政府干预政策的制定则成为公民权能否得到保护与实现，以及政府绩效能否达到公民的期望值的最有力的基础。经济转型期政府职能的转变要求公民参与，政府、市场、社会团体都应成为资源配置或社会治理的权力主体，政府并不是唯一之主体，公民作为公共权力的主人和公共服务的最终接受者，必然要对公共权力的运行情况和公共服务的质量进行检查和督促，保证公共服务的正当性、有效性和公共权力不被滥用。公民参与政府干预政策的过程，实际上也是与政府沟通和达成共识的过程，这有利于加大对政策的认同度，提高政府的公信力。市民社会强调社会化服务和公共管理主体的多元化，注重公平与效率和公益与私益的统一。强调公民本位、社会本位、市场本位，摒弃官本位、政府本位、权力本位。在利益分化的市民社会，政府干预政策的价值目标既要保障大多数民众的公共利益，同时又必须尊重少数人的合法利益。政府干预政策过程是一个涉及多种因素的复杂过程，它包括利益表达、利益综合、利益分配、利益落实、信息反馈及政策的再制定等诸多环节。在利益多元的社会，要使决策平衡各方利益，必须让各利益主体有充分的利益表达。通过利益博弈过程，增强政策对公众利益的回应性，以此来提高公共政策的合法性和合法化过程。

公民参与能使各利益团体将公民个体分散的政策资源聚合，形成外在于政府的力量来制约政府权力，推动政策过程的公开化与民主化，提升政府对公民利益需求的回应性。[①] 公民参与形式是通过制度化、合法化的公民与政府互动来完成的，主要包括关键公众接触、公民调查、公民投诉、公民会议、公民听证或咨询委员会、公民论坛、社区发展公司等形式存

---

① 孙柏瑛：《公民参与形式的类型及其适用性分析》，《中国人民大学学报》2005 年第 5 期，第 124—129 页。

在。在政府干预政策过程中,通过建立权利分享、权力监督和博弈制衡等机制,公民参与可实现对权力扩张和公共利益异化的治理,确保政策的公共利益价值取向。

社会转型期是利益主体的多元化时期,新生的利益群体,希望通过各种渠道直接参与地方或基层国家机关的各项决策,争取、实现和维护自身利益,这是民主社会进步的表现,公民参与意识和参与能力的提高也为公民参与政府干预政策合法化过程提供了可能。[①]

六 结语

转型时期的经济改革涉及利益的重新调整和分配,它是一个涉及政府转型和行政体制变革的系统化工程。邓小平说过,中国的崛起至少需要两个30年。转型时期的我们,正好站在前后两个30年的交点,如何从后面一个30年起点十分关键。政府转型首先是转型经济中的政府定位,主要是看政府能否创造良好的市场环境和政策环境,支持各类经济成分健康发展;能否改善经济治理结构,让各类资本充分参与并分享改革发展的成果;能否实现经济社会可持续发展并保证民众福利水平不断提高,这是中国经济转型中政府干预政策合法化的标准。经济转型的根本目的不仅仅是为了促进生产力的提高,同时也要使国民的福利水平不断提高,提高他们生活的满意度。转型经济条件下政府对市场干预政策的合法化,首先要求政府要合理定位,这是经济转型中政府干预市场的合法化前提。

当代西方政府干预理论都把市场失灵作为政府干预政策的合法化前提。政府干预要作为市场的补充而出现,在必要的时候来挽救"市场失灵"所造成的后果。其实,市场缺陷与政府干预缺陷是政府干预市场的合法化的边界,在市场没有失灵时用政府调控取代市场是没有社会效益的。[②] 政府干预实际上都是要为市场机制的运行提供一个适当的环境,[③] 遵循分享增长的原则、干预领域的限度原则、制度生产原则、反垄断原

[①] [美] 约瑟夫·E. 斯蒂格利茨:《政府为什么干预经济》,中国物资出版社1998年版,第19页。

[②] 李稻葵:《论改革和中国经济崛起对经济学的贡献》,《经济学动态》2011年第2期,第92页。

[③] [英] 索尔·埃斯特林、尤里安·勒·格兰德:《市场社会主义》,邓正来等译,经济日报出版社1993年版,第87页。

则、政府干预目标原则、效率最大化的原则,使"选择性"干预成为政府干预市场的合法化尺度;权力的扩张与失控是导致社会失序最核心的问题。保持权力与权利的平衡就成为政府干预中的关键问题。权利制衡权力是政府干预市场的合法化保障,而经济转型期的公民参与能使各利益团体将公民个体分散的政策资源聚合,因此也构成政府干预政策的合法化基础。

第四章　我国行政责任法律制度的现状分析

自行政行为产生之日起，我国就一直在关注着行政责任问题，这在前文已有所论述。改革开放以来，我国国家权力机关与行政机关更是颁布了大量有关行政行为与行政责任的法律文件。特别是近几年安全事故和突发事故的频频发生，更催生出大量相关的条例、规定与解释。然而行政机关及其工作人员对行政责任的承担结果并不能令人满意，其关键是现行行政责任制度的立法存在缺陷，致使国家、行政机关及其工作人员承担行政责任的期望成为泡影。探讨中国行政责任制度的立法现状、缺陷，能使我们在完善行政责任法律制度时，做到有的放矢，能对症下药。

第一节　行政责任制度的立法现状

据笔者的不完全统计，从1982年以来，我国现有有效的与行政责任有关的法律文件至少在30件以上。既有全国人民代表大会及其常委会通过的法律，又有国务院颁布的行政法规，还有国务院各部委颁布的行政规章，另外还有最高人民法院颁布的司法解释。这些法律文件都不是专门规定行政责任的法律法规，只是对其有所涉及。根据它们的内容与表现形式，大体可以分为以下几类：涉及行政职权职责的法律、行政处罚的综合性法律文件、党规党法、部门规章、地方性法规。考察这些法律文件的相关内容，有助于我们了解我国现行行政责任制度的立法现状，同时，也是本章对我国行政责任制度的立法缺陷进行分析的基础。

一 相关的法律文件

（一）有关行政职权职责的法律文件

我国现有有关行政职权职责的法律文件主要有《宪法》《国务院组织法》《地方各级人民代表大会和地方各级人民政府组织法》（以下简称《地方组织法》）《立法法》《中华人民共和国人民检察院组织法》《中华人民共和国法官组织法》等。这些文件一般不涉及行政处罚，而大多规定行政职权职责。

我国1982年《宪法》规定了行政机关的职权职责，承担责任的方式是首长负责制，比如国务院实行总理负责制，各部、各委员会实现部长、主任负责制。2004年修订的《地方组织法》规定地方各级人民政府实行省长、市长、县长、区长、乡长、镇长负责制。但是《地方组织法》并没有对此做出更多、更具体的规定，比如说罢免、辞职等。

比如1983年《中华人民共和国人民检察院组织法》第三章规定了人民检察院的人员的任免，2003年修订的《中华人民共和国法官法》有与之类似的规定。但是以上法律体现行政责任的内容并不明显和具体。

（二）涉及行政责任的法律文件

这一类法律文件最多。这些法律文件既规定行政职责，又规定因此而承担的行政责任。

1989年施行的《特别重大事故调查程序暂行规定》第24条：（一）对已发生的特大事故隐瞒不报、谎报或者故意拖延报告期限的；（二）故意破坏事故现场的；（三）阻碍、干涉调查工作正常进行的；（四）无正当理由，拒绝接受特大事故调查组查询或者拒绝提供与事故有关的情况和资料。第25条"特大事故调查组成员有下列行为之一者，由有关部门给予行政处罚；构成犯罪的，由司法机关依法追究刑事责任：（一）对调查工作不负责任，致使调查工作有重大疏漏的；（二）索贿受贿、包庇事故责任者或者借机打击报复的"。

类似的部门法规很多，如1984年施行的《海上交通安全法》、1993年施行的《矿山安全法》，1995年施行的《矿山安全法实施条例》、2002年施行的《内河交通安全管理条例》、1991年施行的《企业职工伤亡事故报告和处理规定》、2004年修订的《水库大坝安全管理条例》、2005年修订的《铁路运输安全保护条例》、2011年修订的《危险化学品安全条例》

和 2008 年修订的《中华人民共和国消防法》等。

1997 年的《中华人民共和国香港特别行政区基本法》，第 52 条：香港特别行政区行政长官如有下列情况之一者必须辞职：（一）因严重疾病或其他原因无力履行职务；（二）因两次拒绝签署立法会通过的法案而解散立法会，重选的立法会仍以全体议员三分之二多数通过所争议的原案，而行政长官仍拒绝签署；（三）因立法会拒绝通过财政预算案或其他重要法案而解散立法会，重选的立法会继续拒绝通过所争议的原案。《中华人民共和国澳门特别行政区基本法》第 54 条也做出类似的规定。从规定内容来看香港、澳门采取的是行政责任无过错原则，而且有很强的可操作性。

比如 2001 年的《中华人民共和国法官法》的第二章职责、第五章任免、第十一章惩戒、第十三章辞职辞退的规定，都是有关行政责任的法律条文。2009 年修订的《选举法》第 52 条"为保障选民和代表自由行使选举权和被选举权，对有下列违法行为的，应当依法给予行政处分或者刑事处分：（一）用暴力、威胁、欺骗、贿赂等非法手段破坏选举或者妨害选民和代表自由行使选举权和被选举权的；（二）伪造选举文件、虚报选举票数或者有其他违法行为的；（三）对于控告、检举选举中违法行为的人，或者对于提出要求罢免代表的人进行压制、报复的。"

2001 年修订的《中华人民共和国民族区域自治法》第六章从第 54 条至第 72 条共 19 条内容都是对"上级国家机关""职责"的规定，但是对在没有履行或没能很好地履行"职责"的情况下，"上级国家机关"应承担的行政责任，没有做进一步的规定。

2003 年的《中华人民共和国行政许可法》第七章关于行政法律责任的相关法条有第 71 条、第 72 条、第 74 条、第 75 条、第 76 条、第 77 条。2005 年的《国务院实施〈中华人民共和国民族区域自治法〉若干规定》第 31 条是有关行政责任的规定。2005 年公布实施的《公司法》第 209 条规定："公司登记机关对不符合本法规定条件的登记申请予以登记，或者对符合本法规定条件的登记申请不予登记的，对直接负责的主管人员和其他直接责任人员，依法给予行政处分。"第 211 条规定："公司登记机关的上级部门强令公司登记机关对不符合本法规定条件的登记申请予以登记，或者对符合本法规定条件的登记申请不予登记的，或者对违法登记进行包庇的，对直接负责的主管人员和其他直接责任人员依法给予行政处分。"

2007 年的《中华人民共和国行政复议法》第六章关于行政法律责任的相关法条包括第 34 条、第 35 条、第 36 条、第 37 条、第 38 条。《行政复议法》不但规定了行政责任的内容，还规定了从行政复议机关履行的职责到行政复议范围。到目前为止，《行政复议法》在保障和监督行政机关依法行使职权方面算是一部比较完备的法律文件。但是它把国务院部、委员会和地方人民政府规章等抽象行政行为排除在行政复议的审查范围之外。

2009 年修订的《中华人民共和国行政处罚法》第 1 条规定："为了规范行政处罚的设定和实施，保障和监督行政机关有效实施行政管理，维护公共利益和社会秩序，保护公民、法人或者其他组织的合法权益，根据宪法，制定本法。"本法共 64 条，其中绝大多数的处罚规定是针对行政相对人的，只有"法律责任"一章中八条是针对行政机关及其工作人员的，而规定又过于笼统，再加上行政责任与刑事责任的衔接又不完备，所以真正操作起来很难。《中华人民共和国传染病防治法》《中华人民共和国进出境动植物检疫法》《中华人民共和国食品卫生法》《中华人民共和国防震减灾法》《中华人民共和国商标法》《中华人民共和国专利法》的规定与之非常相似。

另外，2009 年修订的《企业法人登记管理条例》和《实施细则》、2006 年修订的《合伙企业法》、2014 年修订的《公司登记管理条例》、2014 年新修订的《个人独资企业登记管理办法》都做了类似的规定。

1993 年的《反不正当竞争法》第 7 条和第 30 条，2004 年修订的《拍卖法》第 59 条，2000 年的《产品质量法》第 66 条，2001 年修订的《税收征收管理法》第 77 条、第 79—84 条，2002 年施行的《安全生产法》第六章第 77 条和第 78 条，2003 年施行的《农村土地承包法》第 61 条，2004 年修订的《土地管理法》第 78 条和第 79 条，2004 年施行的《建设工程安全生产管理条例》第 53 条，2006 年修订的《审计法》、2006 年新《公务员法》第 101 条，2011 年最新修订的《劳动法》、2011 年施行的《道路交通安全法》第 103 条、第 115 条、第 116 条和第 117 条，2014 年最新《消费者权益保护法》第 61 条规定国家机关工作人员玩忽职守或者包庇经营者侵害消费者合法权益的行为的，由其所在单位或者上级机关给予行政处分；情节严重，构成犯罪的，依法追究刑事责任。

2010 年修订的《中华人民共和国国家赔偿法》第 1 条规定："为保障

公民、法人和其他组织享有依法取得国家赔偿的权利,促进国家机关依法行使职权,根据宪法,制定本法。"该法从赔偿范围、赔偿程序、赔偿方式、计算标准和赔偿时效等方面都做了比较翔实的规定,并具有一定的可操作性,但是有关国家赔偿的计算标准,以及把精神损害排除在国家赔偿范围之外的法律规定有欠合理之处。

2010 年的《中华人民共和国行政监察法》第 2 条:监察机关是人民政府行使监察职能的机关,依照本法对国家行政机关、国家公务员和国家行政机关任命的其他人员实施监察。依据第 15—18 条、第 20 条、第 24 条的规定,监察机关最终的权力是做出监察决定或者提出监察建议,至于"决定""建议"是否被采纳不在它的权限范围之内。

2014 年《环境保护法》修订草案也对滥用职权、玩忽职守、徇私舞弊的职务行为进行行政责任的相关规制。

(三) 有关行政责任规定的地方性法规

每当一部涉及行政责任的全国性法律法规出台,我国各省地方政府及其相关部门都会出台相关的地方性法规对之加强细化实施。如 2004 年我国各省各级各部门都在深入贯彻实施《安全生产法》,加大行政执法力度,出台省安全生产条例、省生产安全事故隐患举报奖励实施办法等地方性法规和文件,规范生产经营单位的安全生产行为。依法对安全生产违法行为进行经济处罚,加强联动执法,提高对安全生产违法行为行政处罚的执行效率。对失职、渎职或对事故发生负有领导责任的政府和企业领导人,严肃追究责任。加大对重点地区、重点行业的检查和专项督察。突出重点,进一步强化煤矿和非煤矿山、民用爆破器材和烟花爆竹、危险化学品、道路和水上交通运输、人员密集场所消防安全五项安全生产专项整治。进一步落实安全生产责任,推进安全生产监管体制创新,建立重大危险源监控和重大事故隐患整改责任制,构筑全社会齐抓共管的安全生产工作格局。

如 2004 年的《重庆市劳动安全条例》第五章"法律责任"规定:"第 35 条:违反本条例规定但未发生伤亡事故的,由劳动行政部门给予警告、责令限期整改,同时可视危及安全的程度情况对责任单位处以五百元以上一万元以下的罚款,对责任人员处以一百元以上一千元以下罚款。应负行政责任的,由有关部门给予行政处分。第 37 条:隐瞒、拖延或谎报事故,故意破坏或伪造事故现场的,除按上述规定处罚外,另行加处责任单位五千元以上二万元以下罚款,加处责任人员五百元以上二千元以下罚款，应负行政责任的，由有关部门给予行政处分；构成犯罪的，由司法机关追究刑事责任。"

又如根据《中华人民共和国消防法》、国务院《关于特大安全事故行政责任追究的规定》，已于2011年修订的《山东省消防条例》第79条规定："各级人民政府及有关部门违反本条例，未履行消防安全职责严重影响消防工作，或者未及时组织整改重大火灾隐患的，由上级人民政府予以通报批评，责令限期改正；致使发生重特大火灾的，对直接负责的主管人员和其他直接责任人员给予处分；构成犯罪的，依法追究刑事责任。"

为了使各级人民政府正确履行消防安全职责，预防火灾和减少火灾危害，保护公民人身、公共财产和公民财产安全，维护公共安全，根据《中华人民共和国消防法》、国务院《关于特大安全事故行政责任追究的规定》和《山东省消防条例》等法律法规颁布实施《山东省各级人民政府消防安全责任制实施办法》。

类似的地方性法规几乎各省市自治区都有，其内容都涉及行政职责和行政责任，不同之处就在于有的可操作性强而有的可操作性差，再加上各省各自为规，有关行政责任制度法律规定极为零散。

其实每年全国各个省市都颁布大量有关行政责任的地方性法规，仅2002年9月14、15日两天、江西省和湖南省就颁布了如下法规：江西省实施《中华人民共和国行政复议法》若干规定（2002年9月15日）、江西省实施《中华人民共和国村民委员会组织法》办法（2002年9月15日）、江西省司法鉴定条例（2002年9月15日）、江西省食品卫生监督行政处罚办法（2002年9月15日）、江西省取缔无照经营办法（2002年9月15日）、江西省少数民族权益保障条例（2002年9月15日）、《湖南省国家公务员录用办法》（2002年9月14日）、湖南省实施《中华人民共和国公路法》办法（2002年9月14日）、湖南省实施《城市房屋拆迁管理条例》办法（2002年9月14日）、湖南省行政事业性收费管理条例（2002年9月14日）、湖南省科技咨询机构资质评定暂行办法（2002年9月14日）、湖南省城镇蔬菜基地管理条例（2002年9月14日）、湖南省城镇划拨土地使用权管理条例（2002年9月14日）。

2012年5月31日一天济南市就颁布《济南市市政工程设施管理条例》《济南市户外广告设置管理条例》《济南市烟草专卖管理条例》《济南市森林资源保护管理办法》《济南市矿产资源管理规定》《山东省实施

《中华人民共和国残疾人保障法》办法》《山东省突发事件应对条例》和《山东省企业权益保护条例》，这些地方性法规都或多或少会涉及有关行政责任。

二 现状分析

本章所使用的资料版本是：北大法律信息网、中国审判法律应用支持系统、法规中心、2014年5月20日的《中国法律法规规章司法解释全库与地方法律法规》。

所涉法律、法规与规章的时间是：1949—2014年，共65年。

所涉"法律"仅指全国人民代表大会及其常务委员会所制定的法律；"法规"仅指国务院所制定的行政法规，不含地方性法规；"规章"仅指国务院部委与直属机构所制定的规章或其他非规章性文件；"司法解释"是指最高人民法院和最高人民检察院做出的司法解释；地方性法规是指地方各级人大及其常委会颁布的地方法规、地方各级人民政府颁布的地方规章。

法规件数的统计规则为：当法规被重复修订时，只算1个，而不作重复计算。譬如：我国在1957年公布了《中华人民共和国治安管理处罚条例》，1986年制定了《中华人民共和国治安管理处罚条例》，2005年制定了《中华人民共和国治安管理处罚法》，而新的治安管理处罚法废止了旧的治安管理处罚条例，这里只按1个法规统计。

（一）涉及行政责任的法律、法规、规章、司法解释的有关数据统计（1949—2014年）

文件类别	总数（件）	各类文件与总数之比	涉及行政责任的各类文件总数（件）	涉及行政责任的各类文件与总数之比	涉及行政处分的各类文件总数（件）	涉及行政处分的各类文件与总数之比
法律	1931	0.2%	21	0.16%	276	0.63%
行政法规	7158	0.73%	81	0.62%	486	1.11%
部门规章	178612	18.16%	905	6.92%	3230	7.37%
司法解释	5792	0.59%	16	0.4%	70	0.16%
中央其他机构法规	19842	2.02%	52	0.4%	195	0.4%
地方法规	769728	78.28%	11997	91.76%	39566	90.29%
合计	983356	100%	13072	100%	43823	100%

从1949—2014年65年中，我国共制定法律、行政法规、部门规章、司法解释、地方性法规共983356件，其中法律1931个，占总数的0.2%；行政法规7158个，占总数的0.73%；部门规章178612个，占总数的18.16%；司法解释5792件，占总数的0.59%；中央其他机构法规19842个，占总数的2.02%；地方法律法规769728件，占总数的78.28%。在1931个法律中，有21个涉及行政责任措施，占法律总数的0.16%，有关行政处分的法律文件是276个，占法律总数的0.63%；在7158个行政法规中，有81个涉及行政责任措施，占行政法规总数的0.62%，有关行政处分的法律文件是486个，占行政法规总数的1.11%；在178612个部门规章中，有905个规章涉及行政责任，占规章总数的6.92%，有关行政处分的法律文件是3230个，占部门规章总数的7.37%；在5792个司法解释中，有16个司法解释涉及行政责任，不足司法解释总数的0.4%，有关行政处分的法律文件是70个，占司法解释总数的0.16%；在19842个中央其他机构法规中，有52个涉及行政责任，占其总数的0.4%，有关行政处分的法律文件是195个，占中央其他机构法规总数的0.4%；在769728个地方性法规中，有11997个规章涉及行政责任，占地方性法规总数的91.76%，有关行政处分的法律文件是39566个，占地方性法规总数的90.29%。

对以上统计数字，我们可以得出以下几个结论：

（1）在中国从1949年到2014年长达65年的立法中，制定的最多的是地方性法规，占立法总数的78.28%；其次是部门规章，占总数的18.16%；制定的最少的是法律，占总数的0.2%。

（2）单纯从文件数量上看，规定行政责任的文件，最多的是地方性法规，共有11997个规定了行政责任；其次是部门规章，共有905个规定了行政责任；最少的是法律，只有21个规定了行政责任。但从规定行政处分的文件与该类文件总数之比来看：地方性法规规定行政处分的比例最高，达90.29%；其次是部门规章，比例达7.37%；比例最低的是司法解释，只有0.16%。这说明，在新中国的立法史上，立法机关已意识到行政责任立法的重要性，但是还没有把制定统一行政责任法提高到应有的重要地位。因此，中国现存的行政责任立法缺陷不可能在短期内得到解决，这有赖于理论界与立法界的高度关注和积极参与。

（3）从文件总数来看，行政处分比行政责任的文件总数还多。我们知道行政处分是行政责任承担的方式之一，按理讲行政责任的文件总数应该比行政处分的文件总数多，但是统计的结果正好相反。这说明，我国立法机关还没有真正形成"行政责任"的立法意识，注重的只是一种行政处分手段，这是我国行政责任立法滞后的一个重要原因。

（二）立法不足

从以上分析我们发现，我国有关行政责任的法律法规很多，涉及很多部门与行业，但存在诸多不足，主要有以下几个方面：

1. 缺乏统一的行政责任立法，立法资源浪费严重，行政责任承担机制失灵

从上面分析发现，我国缺乏统一的行政责任立法。目前，我国还没有专门的《行政责任法》，我国的行政责任法律制度是由分散在各种不同的法律法规及行政规章中的行政责任法律规范构成的。这使我国的行政责任法律制度缺乏应有的系统性和内在统一性，带来的不良后果是：一是行政责任设置没有统一标准，立法资源浪费严重。每一个专门的行政机关在制定部门法时，往往只注意本部门的职能所适用的法律，而可能忽视其他方面的法律，各行政部门各自为政，各行其是，表现为具体问题、具体部门、具体地方、具体规定，权限重复、交叉、冲突，以及程序烦琐，影响行政效率等现象，立法资源浪费严重。二是行政责任承担机制一定程度失灵。行政机关具有宪法上的"国有"立法权（制定行政法规、规章的权利）。过去，我国有关行政活动的立法绝大多数都是由行政机关自身制定的（现在多数立法也往往是由行政机关主持起草的），行政机关往往都从自身或部门利益出发，争相行使立法权，通过立法扩大其权力。由于行政机关立法的出发点，关注的是自身利益，所以往往对自身应承担行政责任规定的少，行政相对人义务规定的多。对某些违法行为，执法风险大，利益小，执罚部门就互相推诿、踢皮球；而对某些含金量高的违法行为，执罚部门又相互争权，竞相处罚，行政责任承担机制一定程度失灵。

2. 行政责任法律规定不合理、不透明

（1）行政责任法律规定不合理。具体表现为：一抽象行政行为被排除在行政诉讼和国家赔偿之外。这在实际工作中带来一系列弊端：首先，不利于人民法院充分行使司法监督权。如果抽象行政行为具有违法性，必然带来具体行政行为的错误，当行政相对人不服具体行政行为起诉后，法

院只能撤销具体行政行为，而对抽象行政行为无权处理，这就意味着该抽象行政行为还将继续存在并有效，行政机关还可以据此做出同样错误的具体行政行为。这将使得行政诉讼只能应付个案，不能消除错误行政行为的根源，导致司法监督只能治标而不能治本；其次，不利于保护相对人的合法权益。抽象行政行为公布后即具有约束力，任何公民、法人或其他组织无法与之对抗。该抽象行政行为即使违法并通过具体行政行为对相对人造成了损害，法院也无权对其效力加以否定，由此助长了行政机关滥用职权的现象，相对人的权益无法从根本上得到保护。而且，为逃避法院监督，行政机关有可能采取以抽象行政行为代替具体行政行为的方式，侵害相对人的利益，法院对此却无能为力。这为行政机关及其公务人员逃避行政责任提供了法律依据。不合理之处是把间接损害、精神损害排除在国家赔偿之外。所失利益赔偿是现代社会侵权损害救济的必然趋势。日本《国家赔偿法》规定，除国家赔偿特殊规定外，国家或公共团体的损害赔偿责任，依民法规定，包括对精神损害赔偿。在日本，不论是财产损害，还是非财产损害，都属于可赔偿的范围。瑞士《民法典》有关精神损害赔偿的规定同样适用于国家赔偿责任。法国的行政法院起初对名誉情感等不能用金钱计算的精神损害不负赔偿责任，后来逐渐解除了限制，判决行政机关负精神损害赔偿责任，目前还在逐步扩大，包括对信仰、美观、名誉的损害。德国1973年《国家赔偿法》专条对非财产上的损害赔偿予以规定。在行政诉讼中，由于直接损失往往伴随着间接损失，可得利益损失十分普遍，不仅表现在财产损害中，而且更多地表现在能力和资格损害中，例如，在吊销证照、责令停业、查封、冻结、扣押财物等行政侵权行为中，所受损害与所失利益往往是相生相伴的。我国行政诉讼法与民法通则，对精神损害赔偿并未排除。[1] 但是我国国家赔偿法把间接损害、精神损害排除在国家赔偿之外，仅赔偿所受损害而置所失利益于不顾，这不仅难以弥补受害人损失，而且难以体现法律之公正。

（2）行政责任规定透明度低。行政责任的透明度的高低，是行政责任民主化程度的重要体现。行政责任的透明度和行政责任的公开性以及行政机关接受监督的程度，都是成正比的。公开性强，透明度就高，行政机关接受监督的程度也就比较深；行政机关及其工作人员就不敢随意

---

[1] 马怀德：《行政赔偿的范围》，法律图书馆网站，法律论文资料库。

违反已经公开的程序,也不敢随意减少应有的责任。实践中,有些行政执法人员利用不公开的责任规则刁难当事人。现在时兴的"行政首长接待日"、"现场办公制度",为什么老百姓平时到政府机关跑了多少次都办不成的事,到了"行政首长接待日"或者"现场办公"时就能办成?这在一定程度上已经说明我们现在的行政责任缺乏应有的透明度![1]

3. 行政责任与刑事责任衔接不当

行政责任的承担应坚持错责相一致原则。错责相一致就是指国家机关及其工作人员所承担的责任与其过错相一致,错大责任大,错小责任小。我国现有的行政责任与刑事责任衔接不当,造成行政机关及其工作人员在承担行政责任时错责不一致。首先是主体的不衔接,行政人员的责任主体衔接应不成问题,法律明确规定行政人员某些行为,未构成犯罪的,可进行行政处分。但行政机关的责任主体衔接则产生了不一致。原因在于现行行政责任法律只规定其相应的行政责任,而未规定相应的刑事责任(作为行政主体时)。行政机关做出一种行为时,总是由行政机关及其公务员一起做出的,该行为违法时,相应的由行政机关及公务员一起承担行政责任,但当该行为违反《刑法》、构成犯罪时,刑事责任却由公务员独自承担,罪责一致原则被严重违反,同时也造成责任主体脱节。其次是社会危害程度与情节轻重的衔接不当。社会危害程度是行政违法与行政犯罪的最深层的区分点,在两者的衔接上应做到较轻的危害正常行政管理的行为为行政违法,而严重危害正常行政管理的行为则应为行政犯罪。在行政领域中,行政人员的行政责任与刑事责任的区分,往往是以"是否给国家造成重大损失"为标准,具体何谓"重大损失",由司法机关根据社会实际情况及审判经验予以确定,这很容易造成自由裁量权的滥用。第三是责任名称的衔接不当,即特定的行政责任名称应有相应的刑事责任名称相对,不能出现行政行为的危害性达到《刑法》之要求但无相应的刑事责任名称的现象,如《税收征管法》第54条第1款违法征税行为与《刑法》第404条徇私舞弊征税罪的衔接。

---

[1] 中华全国律师协会:《2003年中国律师论坛(实务卷)》,法律出版社2003年版,第166页。

第二节 我国行政监察机制的运行现状与原因

一 我国行政监察法律规制运行现状

1997年和2004年我国分别正式实施了《行政监察法》和《行政监察法实施条例》，建立起了我国行政监察法律的基本框架，确定了我国行政监察法律规制的基本原则、性质，明确了监察机关及其工作人员的职责、管辖、权限，并同时对行政监察的程序和相关法律责任进行相关规制。这也标志着我国行政监察正逐步步入法制化轨道。2010年修订的《行政监察法》在进一步明确监察对象的范围、理顺派驻监察机构管理体制和增加监察机关的职责三个方面对行政权力监督内容进行规制，从法律上明确规定监察部门的工作职责包括组织协调、检查指导、政务公开和纠正行业不正之风，并从法律层面规定派驻机构由监察机关统一管理，强调对举报信息的泄露要承担法律责任，并增加了监察工作运行的各个环节的透明度，还民众更广泛的知情权。除此之外，配套的相关法规、规章也很多，如为了保证监察机关工作人员依法公正履行职责，1992年颁布了《监察机关实行回避制度暂行办法》；为了保证监察机关正确、及时地处理不服行政处分的申诉，1991年颁布了《监察机关处理不服行政处分申诉的办法》；为了加强监察机关之间的相互配合，提高办案工作效率，1992年颁布了《监察机关在调查处理政纪案件中相互协作配合的规定》；为了配合我国新《公务员法》的有效实施，2007年颁布了《行政机关公务员处分条例》。我国各省还有大量配套的行政监察地方法规和规章，如1995年颁布的《福建省土地监察条例》、1996年颁布2001年修订的《浙江省土地监察条例》、1996年颁布2001年修订的《四川省土地监察条例》、1996年颁布2012年修订的《吉林省土地监察条例》、1997年颁布的《湖南省土地监察条例》和《安徽省土地监察条例》、1997年颁布2010年修订的《河南省土地监察条例》和1999年颁布的《云南省土地监察条例》等；而黑龙江省1998年颁布的《黑龙江省土地监察条例》、2003年的《黑龙江省城市规划管理监察规定》和2007年的《黑龙江省特种设备安全监察条例》等；1998年云南省颁布的《云南省劳动保障监察条例》、2000年上海市颁布的《上海市劳动保障监察条例》、2002年辽宁省颁布的《辽宁省劳动保障监察条例》、2003年陕西省颁布的《陕西省劳动保障监察条例》、2005年湖南省颁布的《湖南省劳动保障监察条例》和2013年广东省颁布的《广东省劳动保障监察条例》等。

下面对我国当代行政监察机制的运行现状从部门设置、任务和权限以及监察方式和程序等方面进行总结。

（一）机构设置及其分工

我国行政监察机关分四级设置。第一级中华人民共和国监察部，代表最高部即国务院行使监察职能，是主管全国监察工作的职能部门。其监察对象为国务院各部门及其国家公务员，国务院及其各部门任命的其他人员，省、自治区、直辖市人民政府及其领导人员。第二级是省、自治区、直辖市的监察厅（局）。作为省、自治区、直辖市人民政府行使监察职能的职能部门，省、自治区、直辖市一级的监察厅（局）负责本行政区域内的监察工作，对本级人民政府和国务院监察部负责并报告工作，监察业务以监察部领导为主。其监察对象为：省、自治区、直辖市人民政府各部门及其公务员；省、自治区、直辖市人民政府及其各部门任命的其他人员和自治州、设区的市、直辖市辖区（县）人民政府及其领导人员。行政公署作为省、自治区人民政府的派出机关，适用监察机关分级管理规定，行政公署及其领导人员也应是省、自治区监察厅的监察对象。第三级是自治州、设区的市的监察局。作为自治州和设区的市的人民政府行使监察职能的职能部门，自治州、设区的市的监察局负责本行政区域内的监察工作，对本级人民政府和上一级监察机关负责并报告工作，监察业务以上一级监察机关领导为主。其监察对象为自治州，设区的市的人民政府的各部门及其公务员，自治区、设区的市的人民政府及其所属各部门任命的其他人员和县、自治县、不设区的市、市辖区人民政府及其领导人。行政公署的监察部门相当于自治州和设区的市的监察局，其管辖范围的监察对象也和自治州、设区的市的监察局相类似。第四级是县、自治县不设区的市、市辖区的监察局，县、自治县、不设区的市、市辖区的监察局。主要负责本行政区域内的监察工作，对本级人民政府和上一级监察机关负责并报告工作，监察业务以上一级监察机关领导为主。其监察对象为：县、自治县、不设区的市、市辖区人民政府各部门及其公务员，以及县、自治县、不设区的市、市辖区人民政府及其各部门任命的其他人员,以及乡、民族乡、镇人民政府及其公务员,乡、民族乡、镇人民政府任命的其他人员。

(二) 监察机关的职责和权限

按照我国《行政监察法》第 18 条的规定,监察机关为行使监察职能,履行下列职责:检查国家行政机关在遵守和执行法律、法规和人民政府的决定、命令中的问题;受理对国家行政机关、国家公务员和国家行政机关任命的其他人员违反行政纪律行为的控告、检举;调查处理国家行政机关、国家公务员和国家行政机关任命的其他人员违反行政纪律的行为;受理国家公务员和国家行政机关任命的其他人员不服主管行政机关给予行政处分决定的申诉,以及法律、行政法规规定的其他由监察机关受理的申诉;法律、行政法规规定由监察机关履行的其他职责。

2010 年修订的新《行政监察法》增加了监察机关的两项职责:一是增加对纠正损害群众利益的不正之风工作进行组织协调、检查指导、汇总分析报告的职责。二是增加对预防腐败工作进行组织协调、综合规划、检查指导的职责。多年来,国务院纠风办和地方政府纠风工作部门认真履行职责,纠风工作取得了阶段性成果。目前,国务院纠风办和地方政府纠风工作部门的办事机构均设在各级监察机关,因此,对纠风工作进行组织协调、检查指导、汇总分析报告,事实上已成为监察机关的一项重要任务。但以往由于没有法律依据,在一定程度上影响了纠风工作的深入开展。新《行政监察法》第 18 条第 2 款规定:监察机关按照国务院的规定,组织协调、检查指导政务公开工作和纠正损害群众利益的不正之风工作。新《行政监察法》为依法开展纠风工作,不断加大纠风专项治理力度,维护人民群众的切身利益提供了有力的法律保障。

另外,增加对预防腐败工作进行组织协调、综合规划、检查指导的职责,有利于监察机关不断加大从源头上治理腐败的力度,采取有力措施,协调有关部门推进行政审批制度、财政管理制度等一系列改革,积极推进政务公开,强化了对行政权力的制约和规范,通过深化改革和制度建设,逐步铲除滋生腐败的土壤和条件。对预防腐败工作进行组织协调、综合规划、检查指导,事实上已成为监察机关的一项重要任务。新成立的国家预防腐败局已经正式开展工作,其办事机构就设在监察部。

按照我国《行政监察法》第 19—28 条对监察机关的权限进行了规制,包括执法监察权、廉政监察权、受理检举、控告和申诉权、查处违法违纪案件权、检查权、调查权、建议权和决定权。其中，执法监察权包括：要求被监察的部门和人员提供与监察事项有关的文件、资料、财务账目及其他有关的材料，进行查阅或者予以复制；要求被监察的部门和人员就监察事项涉及的问题做出解释和说明；责令被监察的部门和人员停止违反法律、法规和行政纪律的行为。查处违法违纪案件权包括：监察机关在调查违反行政纪律行为时，可以暂予扣留、封存可以证明违反行政纪律行为的文件、资料、财务账目及其他有关的材料；责令案件涉嫌单位和涉嫌人员在调查期间不得变卖、转移与案件有关的财物；责令有违反行政纪律嫌疑的人员在指定的时间、地点就调查事项涉及的问题做出解释和说明，但是不得对其实行拘禁或者变相拘禁；建议有关机关暂停有严重违反行政纪律嫌疑的人员执行职务。廉政监察权包括：监察机关在调查贪污、贿赂、挪用公款等违反行政纪律的行为时，经县级以上监察机关领导人员批准，可以查询案件涉嫌单位和涉嫌人员在银行或者其他金融机构的存款；必要时，可以提请人民法院采取保全措施，依法冻结涉嫌人员在银行或者其他金融机构的存款。请求协助权包括：监察机关在办理行政违纪案件中，可以提请公安、审计、税务、海关、工商行政管理等机关予以协助。监察建议权：监察机关根据检查、调查结果，遇有下列情形之一的，可以提出监察建议：拒不执行法律、法规或者违反法律、法规以及人民政府的决定、命令，应当予以纠正的；本级人民政府所属部门和下级人民政府做出的决定、命令、指示违反法律、法规或者国家政策，应当予以纠正或者撤销的；给国家利益、集体利益和公民合法权益造成损害，需要采取补救措施的；录用、任免、奖惩决定明显不适当，应当予以纠正的；依照有关法律、法规的规定，应当给予行政处罚的；其他需要提出监察建议的。监察建议权：监察机关根据检查、调查结果，遇有下列情形之一的，可以作出监察决定或者提出监察建议：违反行政纪律，依法应当给予警告、记过、记大过、降级、撤职、开除行政处分的；违反行政纪律取得的财物，依法应当没收、追缴或者责令退赔的。查询权是指监察机关对监察事项涉及的单位和个人有权进行查询。列席有关会议权是指监察机关的领导人员可以列席本级人民政府的有关会议，监察人员可以列席被监察部门的与监察事项有关的会议。奖励权是指监察机关对控告、检举重大违法违纪行为的有功人员，可以依照有关规定给予奖励。

（三）行政监察的方式和程序

行政监察机关履行监察职责，通常会采取一般检查、专项检查和立案调查三种方式。一般检查内容较广，覆盖面大，是对监察对象贯彻执行法律、法规和政策等情况进行的全面的、定期或不定期的检查，它是一种事前监督。通常采用个别抽查、全面检查、例行检查等方法。专项检查是针对某一系统或某一方面工作的需要，在一定时期内组织专门力量所进行的集中检查，是一般检查的继续和深入。它有助于监察机关及时发现问题并消除隐患。立案调查是对一般检查、专项检查中发现有违法违纪的单位或个人后，经审查确认其有违法违纪事实需给予行政处分，并按连程序报批后立案进行的调查。①

根据行政合法性原则的要求，行政监察机关的活动应遵循法定程序以保证监察建议、决定的正确性。这些程序涉及监察机关所进行的检查、调查、案件的撤销与移送、对行政处分不服的申诉与处理等工作的一般程序。对此，《行政监察法》与《行政监察法实施条例》中都有明确规定，监察机关在开展具体的监察工作时可以参照规定进行。

虽然1997年通过的《中华人民共和国行政监察法》和2004年颁布的《中华人民共和国行政监察法实施条例》，能够结合中国实际使我国的行政监察工作有了法律的指导和规范，但立法的相对滞后仍然使现有法律越来越难以适应日益发展的社会现实，再加上某些法律规定的本身存在问题，所以在对实际行政监察指导中，其作用大打折扣，这也造成我国当前行政监察法律机制运行中存在诸多困境与问题。

二 我国行政监察机制之困境

法律是法治社会一切行政活动的基石，也是行政监察法律规制良好运行的保障，完善的行政监察法律规则使监察工作有法可依。但是我国行政监察机制却存在诸多困境：

（一）关于行政监察的对象表述不明

根据1997年《行政监察法》的规定，监察对象的范围是国家行政机关、国家公务员和国家行政机关任命的其他人员。而2004年的《行政监

---

① 周鹏飞、任学敏：《行政监察法制建设的回顾与展望》，《中国监察》2007年第2期，第52页。

察法实施条例》将法律、法规授权的具有公共事务管理职能的组织和行政机关依法委托的组织及其工勤人员以外的工作人员纳入了监察对象范围。2010年我国新修订的《行政监察法》第二条又规定，我国法律规定的监察对象有三类：国家行政机关、国家公务员和国家行政机关任命的其他人员。另外在第50条规定，监察机关对法律、法规授权的具有公共事务管理职能的组织及其从事公务的人员和国家行政机关依法委托从事公共事务管理活动的组织及其从事公务的人员实施监察，适用本法。对于前两项国家行政机关和国家公务员国家法律有明确规定，能明确界定范围，但"国家行政机关任命的其他人员"法律条款显得模糊。且近年来国有企业改制等一系列社会变迁使行政监察的对象发生变化，许多原先不属于行政监察对象的单位或个人今天被纳入了行政监察，而原先属于行政监察范围的单位或个人转为非监察对象。至于"法律、法规授权的具有公共事务管理职能的组织及其从事公务的人员和国家行政机关依法委托从事公共事务管理活动的组织及其从事公务的人员"也由于"依法委托"过于抽象，现实中难以操作，致使实践中的行政委托比较混乱，导致现实实践中有功就争，有过就推的现象屡屡发生。

（二）关于监察机关权限的表述有待进一步明确

一是我国现行《行政监察法》第19条第1款"要求被监察的部门和人员提供与监察事项有关的文件、资料、财物账目及其他有关的材料，进行查阅或者予以复制。"规定中的"其他有关的材料"表述有待进一步明确。随着电子公务的发展普及，很多文件、资料、财物账目及其他有关的材料都越来越多地呈现电子化趋势，法律条款表述不清容易导致实践中出现监督漏洞，"其他有关的材料"是仅指书面材料，还是把电子档案或者现金等一切有关监察事项的东西都囊括在内，有待解释说明。二是第20条第2款规定："责令案件涉嫌单位和涉嫌人员在调查期间不得变卖、转移与案件有关的财物。"上述"有关的财物"包不包括现金、有价证券等其他可以变卖和转移的实物性财产？如果不包括那就不在法律规定的暂予扣留、封存之列，行政监督在实践中的法律效力就会大打折扣。三是第20条第3款规定："责令有违反行政纪律嫌疑的人员在指定的时间、地点就调查事项涉及的问题做出解释和说明，但是不得对其实行拘禁或者变相拘禁。"法规中"指定的时间、地点"同样也是概念不明确，什么样的"时间和地点"才不构成"拘禁或者变相拘禁"呢？这种不构成"拘禁或者变相拘禁"的"时间和地点"应该达到什么程度？法规没有说清楚。四是《行政监察法》第25条规定："监察机关依法作出的监察决定，有关部门和人员应当执行。监察机关依法提出的监察建议，有关部门无正当理由的，应当采纳。"这里只是规定了两个"应当"来表示监察建议需被采纳和执行。但对"如果监察机关所作出的监察决定不被有关部门采纳和执行，这些机关该承担哪些责任或受到何种惩罚"却没有进一步规定，致使这样的行政责任条款形同虚设。

（三）关于监察程序的表述需要进一步明确

《行政监察法》第34条规定："监察机关作出的重要监察决定和提出的重要监察建议，应当报经本级人民政府和上一级监察机关同意。国务院监察机关作出的重要监察决定和提出的重要监察建议，应当报国务院同意。"可以看出，重要监察决定和重要监察建议的作出都需要报经两个部门的同意才能生效。排除两个部门一致同意的情况，一方同意，一方反对的情况也是客观存在的。一旦出现了意见的分歧，应该以哪方为主呢？法律并没有对特殊情况进行必要的说明。同时，上述规定还与本章第40条相抵触。《行政监察法》第40条规定："上一级监察机关认为下一级监察机关的监察决定不适当的，可以责成下一级监察机关予以变更或者撤销，必要时也可以直接作出变更或者撤销的决定。"根据《行政监察法》前述的规定，监察机关依法作出两种监察决定：一般性的监察决定和重要监察决定，前者由监察机关直接作出，后者由监察机关报经本级人民政府和上一级监察机关同意后作出。此条规定对于一般性监察决定普遍适用，但涉及重要监察决定，它是由本级人民政府和上一级监察机关一致同意后作出的，上一级监察机关是否有权力单方面地对其撤销？如果上一级监察机关可以变更或撤销重要监察决定，那么"报经本级人民政府和上一级监察机关"这一程序是否还有存在的必要？法律应对此进行明确的解释说明。①

（四）行政监察人员的权力缺乏强制力

我国现行的行政监察机制运行出现诸多困境的另一原因在于行政监察人员的权力缺乏强制力，行政监察专员缺乏与其职能相适应的监察权力，

---

① 滕婕：《当代中国行政监察：现状、问题与对策》，硕士学位论文，华东师范大学，2010年5月，第11—38页。

这严重影响了行政监察机制的有效运行。

就当前行政监察人员掌握的权力主要有检查权和调查权，权力十分有限。如前文所述《行政监察法》第 19 条和第 20 条分别对行政监察人员履行检查权和调查权作了规定。首先，行政监察人员履行检查权的措施包括：要求被监察的部门和人员提供与监察事项有关的文件、资料、财物账目及其他的有关资料，进行查阅或者予以复制；要求被监察的部门和人员就监察事项涉及的问题做出解释和说明；责令被监察的部门和人员停止违反法律、法规和行政纪律的行为。这三项措施大多不具有强制力，直接影响了监察机关的权威和监察的效果。其次，行政监察人员行使调查权的具体措施有：暂予扣留、封存可以证明行政纪律行为的文件、资料、财物账目及其他有关资料；责令案件涉嫌单位和涉嫌人员在调查期间不得变卖、转移与案件有关的财物；责令有违反行政纪律嫌疑的人员在指定的时间、地点就调查事项涉及的问题作出解释和说明，但不得对其实行拘禁或者变相拘禁；建议有关机关暂停有严重违反行政纪律嫌疑的人员执行职务。可以看出，行政监察人员的调查权同样存在强制力不足的弊端。权力的相对狭窄直接制约了行政监察人员的职责行使，影响了监察机制的实际运行效果。第三，行政监察机关缺乏必要的独立裁决权。行政监察机关建议权包括表彰、处分或是改进工作的建议，但现实中这些监察建议并没有引起相关部门的重视，甚至被束之高阁。如果能够赋予监察机关独立的裁决权，对改善监察机关监察乏力的现状将大有帮助。

三 运行困境之原因分析

我国当代中国行政监察机关实际上受到了本级人民政府、上级监察机关和党的纪律检查机关的三重领导，使行政监察机关严重缺乏独立性，这是造成行政监察机制运行中各种困境的主要原因。

（一）行政监察机关与本级人民政府关系过于密切

由于制度设计的原因，我国监察机关的经费开支，人员编制，工资福利等项目都是由地方负责，这就决定了在行政监察机制运行的过程中难免要受到本级政府的制约，有时甚至直接被地方政府所领导。另外，密切的联系使监察机关工作人员面临一张巨大的关系网络，不仅监察机关希望获得必要的财政、物质支持，就是监察机关内的人员也不希望由于本身的监察工作与地方政府关系闹僵，因此，这种缺乏独立性的监察机制根本没有发挥作用。由于地方保护主义或是为了地区发展，有时地方政府所作出的举措难免会违背国家法律政策，不管是为了从中得利还是免其受害，鉴于与地方政府千丝万缕的联系，谁又能保证监察机关能够秉公执法，依法监察呢？

（二）监察机关与上一级监察机关关系淡漠

虽然《行政监察法》明确规定监察机关的业务还是以上级监察机关的领导为主，但由于监察工作开展的一切条件都是由本级人民政府提供的，所以要完成上级监察机关的指示，难免会受到本级人民政府的制约。另外，《行政监察法》第十一条规定："县级以上地方各级人民政府监察机关正职、副职领导人员的任命或者免职，在提请决定前，必须经上一级监察机关同意。"但事实上，由于缺乏必要的程序性规定，这一法律条文形同虚设，在我国大部分地区都没有得到执行。由此可见，上级监察机关的权威性并不明显。

（三）监察机关与党的纪律检查机关互相掣肘

合署办公的初衷本是为了能够让监察机关充分利用党的各种资源来更好地实施监察，但在具体的工作中由于没有明确的职能划分和具体的操作办法，常常使纪检与监察工作互相掣肘，以党代政或是党政不分。

《行政监察法》第三条明确规定："监察机关依法行使职权，不受其他行政部门、社会团体和个人的干涉。"但由于实际工作中的三重领导体制，直接影响了监察机关的权威和职权的行使，致使行政监察机制在运行过程中问题重重。

第三节 我国反腐制度现状及其相关因素

一 我国的反腐制度现状

我国反腐制度分四个时期，第一时期是1956—1977年间新中国成立后制度反腐的中断，第二个时期是1978—1997年改革开放前期的反腐制度，第三个时期是1998—2012年转型期的反腐制度创新，第四个时期是2012年十八大至今的制度反腐。

(一) 新中国成立后制度反腐的中断 (1956—1977 年)

新中国成立后,面对来势汹汹的贪污浪费等形式的腐败浪潮,中国共产党开展了坚决的反腐败斗争。

1956 年党的第八次全国代表大会上,邓小平作了《关于修改党的章程的报告》,指出应该从国家制度和党的制度上加强党的领导,对党的组织和党员实行严格监督。[①]

同年 11 月,中共八届二中全会上,刘少奇代表党中央作了《目前时局问题的报告》,强调"要从制度入手使我们这个国家发展将来不至于产生一个特殊阶层,站在人民头上,脱离人民。"[②] 建议制定一种群众监督制度以加强人民群众对领导机关的监督,主张对领导权进行研究制度限制,并敦促取消对领导人的一些特殊待遇。

以上内容说明党在新中国成立后已开始探索反腐败新路径,强调制度反腐败是反腐工作的重点,认为应完善国家反腐制度和党的反腐制度,用制度来规范人们的行为,但是由于制度反腐思想只处于萌芽状态,在党内没有引起足够重视,同时,当时的领袖毛泽东同志更注重思想教育和群众运动反腐败,忽视从制度层面解决问题,以至于反腐新工作很快被打断。

(二) 改革开放前期的反腐制度 (1978—1997 年)

"文化大革命"以后,以邓小平同志为核心的党中央在改革开放新形势下开展了积极的制度反腐的探索。

改革开放前期的经济腐败主要发生在以下三个领域:一是经济管理部门和国有企业负责人身上以及沿海开放地区的干部身上,二是党政机关经商、办企业,三是 1993 年始,发生在金融领域、土地审批等生产要素领域的腐败现象呈上升趋势。在政治领域,该时期的腐败现象主要表现在以下两个领域:一是招工、转干、毕业分配中"走后门"、"拉关系"等不正之风,二是党政机关用人和领导干部选拔任用中的腐败现象。

1978 年在十一届三中全会上,全党在反腐工作总体思路上逐步形成两点共识:一是加强民主与法制建设解决反腐问题;二是强调制度反腐更重要。

1982 年中共中央发出《紧急通知》,指出目前党内有一些干部,甚至

---

① 《邓小平文选》第一卷,第 215 页。
② 刘少奇:《要防止领导人员特殊化》,(1956 年 11 月 10 日) 载于《党的文献》,1988 年第 5 期。

是担负一定领导职务的干部,不同程度地存在着走私贩私、贪污受贿,把大量国家财产窃为己有等严重的违法犯罪行为,并提出了惩治措施。并同时出台了《中共中央 国务院关于打击经济领域中严重经济犯罪活动的决定》对这场打击经济领域犯罪活动的斗争作了周密部署。

邓小平同志一贯重视制度在规范人们行为方面的决定作用,他在《党和国家领导制度的改革》中指出:"……过去发生的各种错误……组织制度、工作制度方面的问题更重要。制度好可以使坏人无法任意横行,制度不好可能使好人走向反面。……制度问题更带有根本性、全局性、长期性和稳定性。"[①] 鉴于此,邓小平同志强调解决贪污腐化、滥用职权问题,一要抓思想教育,二要抓法制建设,依靠法律手段调查和惩治腐败分子。

自1993年始,发生在金融领域、土地审批等生产要素领域的腐败现象呈上升趋势,行政审批中的腐败表现为由20世纪90年代初的倒卖批文到90年代中后期的贿赂官员争取股票上市。1994年后,国有企业开始机制改革,在改革中由于所有者的缺位导致企业出现由内部人员控制的现象,为腐败发生提供了机会。在政治领域领导干部选拔任用中的买官卖官现象严重。

1993年8月中纪委二次全会提出反腐要"治标+治本"的重要思想,在紧抓干部廉洁自律、查处大案要案的同时,紧锣密鼓地建章立制。

这一时期党出台的反腐制度主要有《中共中央组织部关于中国共产党机关参照试行〈国家公务员暂行条例〉的实施意见》、《国有企业领导干部廉洁自律四条规定》、《中共中央纪律检查委员会关于党政机关县(处)级以上干部违反廉洁自律"五条规定"行为的党纪处理办法》、《中国共产党党员领导干部廉洁从政若干准则(试行)》、《中国共产党党员领导干部选拔任用工作暂行条例》等。

特别是1993年的《国家公务员制度暂行条例》和1995年的《党政领导干部选拔任用条例》分别以国家法规和党内法规的形式对领导干部的选拔作了规范,扩大了群众参与的机会。公开选拔、竞争上岗、任前公示、民意测验等开始在领导干部的选拔中实行推广。但是,这些制度仅仅

[①] 邓小平:《党和国家领导制度的改革》(1980年8月18日),《邓小平文选》第二卷,第333页。

适用于副司局级以下干部，同时，民主推荐和民意测验的结果尚未充分影响干部使用的最终决定，这在一定程度上限制了其作用的发挥。1995 年，中办、国办《关于党政机关县（处）级以上干部收入申报的规定》，要求党政机关县（处）级以上干部收入申报。

（三）转型期的反腐制度创新（1998—2012 年年底）

1998 年以后的近二十年是社会主义市场经济体制基本确立的阶段。在这一时期经济腐败主要发生在国有企业以及工程建设领域，这一领域成为腐败犯罪的"多发区"。在政治领域，该时期的腐败现象主要表现在干部选拔任用工作中的腐败现象。

党的十六大提出"标本兼治、综合治理"的"八字方针"，党的十六届四中全会提出"标本兼治、综合治理、惩防并举、注重预防"的"十六字方针"。总之，党的十六大以来，在惩防腐败中将重点放在以制度建设加强对权力的制约与监督方面。

在该时期，党制定推出的制度、规定主要有：《关于省、地两级党委、政府主要领导干部配偶、子女个人经商办企业的具体规定（试行）》、《关于各级领导干部接受和赠送现金、有价证券和支付凭证的处分规定》、《关于中央企业领导人员廉洁自律若干规定的实施办法（试行）》等。特别是 2000 年中纪委五次全会要求建立健全领导干部家庭财产报告制度，要求领导干部报告本人、配偶、子女的家庭财产，包括大额现金、存款、有价证券、房产、汽车、债权债务等主要家庭财产。

这一时期，制定了大量的以加强对权力的制约与监督为重点的相关制度，从《党政领导干部选拔任用工作监督检查办法（试行）》、《中共中央纪委监察部关于领导干部利用职权违反规定干预和插手建设工程招标投标、经营性土地使用权出让、房地产开发与经营等市场经济活动，为个人和亲友谋取私利的处理规定》、《关于党员领导干部述职述廉的暂行规定》、《中共中央纪委关于严格禁止利用职务上的便利谋取不正当利益的若干规定》到《中国共产党党内监督条例（试行）》（以下称《党内监督条例》）、《中国共产党纪律处分条例》、《关于实行党政领导干部问责的暂行规定》、《中国共产党巡视工作条例（试行）》、《中国共产党党员领导干部廉洁从政若干准则》、《党政领导干部选拔任用工作有关事项报告办法（试行）》，从《地方党委常委会向全委会报告干部选拔任用工作并接受民主评议办法（试行）》再到《市县党委书记履行干部选拔任用工作职责离任检查办法（试行）》等，都彰显了制度反腐的力度。

（四）十八大后的制度反腐（2012年年底至今）

十八大后的制度反腐大事记。2012年12月4日，中共中央政治局审议通过关于改进工作作风、密切联系群众的八项规定。2013年1月22日在十八届中纪委二次全会上，习近平同志强调要"老虎"、"苍蝇"一起打，加大了对权力运行的监督力度，把权力关进制度的笼子，形成了不敢腐败的惩戒机制，不能腐败的防范机制，不易腐败的预防机制。2013年7月14日，中办、国办发布关于党政机关停止新建楼堂馆所和清理办公用房的通知。2013年8月27日，中央政治局会议审议通过了《建立健全惩治和预防腐败体系2013—2017年工作规划》。2013年9月13日，财政部、国家机关事务管理局中共中央直属机关事务管理局发布《中央和国家机关会议费管理办法的通知》。2013年《党政机关厉行节约反对浪费条例》《党政机关国内公务接待管理规定》等20多项具体制度。2013年5月27日，经中央批准，中国共产党发布《中国共产党党内法规制定条例》和《中国共产党党内法规和规范性文件备案规定》，中共首次拥有正式党内"立法法"对于推进我国领导干部的建设制度化、规范化、程序化、提高科学执政、民主执政、依法执政水平，具有十分重要的意义。2013年11月15日党的十八届三中全会通过《中共中央关于全面深化改革若干重大问题的决定》指出要健全严格的财务预算、核准和审计制度，着力控制"三公"经费支出和楼堂馆所建设。完善选人用人专项检查和责任追究制度，着力纠正跑官要官等不正之风。改革政绩考核机制，着力解决"形象工程"、"政绩工程"以及不作为、乱作为等问题。规范并严格执行领导干部工作生活保障制度，不准多处占用住房和办公用房，不准超标准配备办公用房和生活用房，不准违规配备公车，不准违规配备秘书，不准超规格警卫，不准超标准进行公务接待，严肃查处违反规定超标准享受待遇等问题。探索实行官邸制。完善并严格执行领导干部亲属经商、担任公职和社会组织职务、出国定居等相关制度规定，防止领导干部利用公共权力或自身影响为亲属和其他特定关系人谋取私利，坚决反对特权思想和作风。这一系列化制度化规章制度为制度化反腐夯实基础。2014年1月中央颁布新修订的《党政领导干部选拔任用工作条例》，明确规定"裸官"不得列为考察对象，逐步健全裸官的进出体制，让"裸官"不仅不能在重要岗位上任职，而且要让裸官渐渐退出行政体制等。2013年12

月31日，习近平主持中央政治局会议，部署2013年党风廉政建设和反腐败工作。会议指出，"严肃查办违纪违法案件，保持惩治腐败高压态势。"2014年1月14日，十八届中纪委三次全会上，习近平强调，坚持党要管党、从严治党，强化党对党风廉政建设和反腐败工作统一领导，坚持不懈纠正"四风"，保持惩治腐败高压态势。2014年8月25日，王岐山在出席政协常委会第七次会议开幕会并作报告，他表示，"四风"是长期形成的痼疾顽症，纠正"四风"不可能一蹴而就，作风建设永远在路上。[①]

二 反腐制度运行成效及其相关因素分析

（一）反腐制度运行之成效

新中国成立后的制度反腐成效分两个阶段，第一阶段是1978—2012年反腐制度运行成效式微，第二阶段是2012年十八大以来制度反腐成效显著。

1. 1978—2012年反腐制度运行成效式微

1978—2012年反腐制度运行成效式微，主要表现在以下两个方面：

一是制度反腐防腐背景下，腐败案件仍居高不下。最高人民检察院提供的数据显示，从1983—1987年，各级检察机关共查处贪污、贿赂等案件15500件，1988—1992年增至214318件，1993—1997年间增至387352件，在这15年中贪污、贿赂等腐败案件以每年20%多的速度增长。2003年1月至2006年8月，中国检察机关共查处贪污贿赂犯罪677505人，中国法学会2008年2月发布的《中国治制建设年度报告（2008年）》指出，2007年全国各级检察机关共立案侦查贪污贿赂、渎职侵权犯罪案件33546件41179人。其中，立案侦查贪污贿赂大案17594件，重特大渎职侵权案件3211件。查办涉嫌犯罪的县处级以上国家工作人员2687人。会同有关部门加强境内外追逃工作，抓获在逃职务犯罪嫌疑人1200人。2013年10月22日，曹建明向十二届全国人大常委会第五次会议作《最高人民检察院关于检察机关反贪污贿赂工作情况的报告》，指出2008年至2013年8月，全国检察机关共立案侦查贪污贿赂犯罪案件151350件198781人，提起公诉167514人。人民法院判决有罪148931人，占已审结案件的

---

① 宋识径等：《十八大后反腐和作风建设大事记》，《新京报》2014年9月5日，http://www.bjnews.com.cn/roll-page-1.html。

99.9%。通过办案为国家和集体挽回经济损失377亿元。立案侦查县处级以上国家工作人员13368人，其中厅局级1029人、省部级以上32人。2010年，浙江省检察机关查办的职务犯罪案件中涉及科级干部449人，处级干部166人，厅级干部4人。全省检察机关2010年共立案查处贪污贿赂犯罪案件1005件，其中大案840件，占83.6%；立案查办渎职侵权犯罪案件224件，其中重特大案件105件，占46.9%。2010年，青海省检察机关共立案查处贪污贿赂犯罪案件1202件181人，同比上升2.8%。其中，大案79件，要案14人。在立查案件中，涉农职务犯罪案件46件71人，同比上升2.2%和2.9%；工程建设领域职务犯罪案件43件60人，同比上升10.3%和30.4%。尽管1998年以来，贪污、贿赂等腐败案件逐渐减少，但其数量仍高居不下。

通过媒体我们不难发现，全国每年都有大量官员涉嫌行贿受贿和挪用公款，而查出的也只是冰山一角。媒体曾梳理最高检历年两会的工作报告发现，抓捕外逃官员数量从2007年开始急剧上涨，涉案总金额也从最早的244.8亿元上升到2012年的1020.9亿元，5年间增长到4倍以上。最高法院前负责人在其2009年出版的《反贪报告》中曾引用有关部门的统计称，1988年至2002年的15年间，资金外逃额共1913.57亿美元，年均127.57亿美元。2001年，最高人民检察院（下称"最高检"）公布，有4000多名贪污贿赂犯罪嫌疑人携公款50多亿元在逃；公安部2004年的统计资料表明，外逃经济犯罪嫌疑人有500多人，涉案金额逾700亿元；审计署发布的消息称，截至2006年5月，外逃经济犯罪嫌疑人有800人左右，直接涉案金额700多亿元人民币。据经济观察报道，仅2012年中秋和"十一"期间出境的公职人员就有1100多人没有按时返回，其中714人确定为外逃。自2000年年底最高人民检察院会同公安部组织开展追逃专项行动以来，至2011年，检察机关共抓获在逃职务犯罪嫌疑人18487名，仅最高人民检察院公开的其中5年的缴获赃款赃物金额，就达到541.9亿元。中国人民银行网站刊发了《我国腐败分子向境外转移资产的途径及监测方法研究》的研究报告。报告中引述中国社会科学院的调研资料披露：从20世纪90年代中期以来，外逃党政干部，公安、司法干部和国家事业单位、国有企业高层管理人员，以及驻外中资机构外逃、失踪人员数目高达16000~18000人，携带款项达8000亿元人民币。

二是发生在干部选拔任用领域、重点环节和关键领域等的腐败现象依然没有得到有效遏制。在党的十六大之前，涉足腐败的党员干部在层级和数量上不断上升。从1987年党的十三大到1992年党的十四大期间共查处县（处）级以上党员干部16108名，其中司（局）级干部1430名；从1992年党的十四大至1997年党的十五大期间，分别增至20295名，1673名；从1997年党的十五大至2002年党的十六大期间，则分别增至28996名，24220名；从2002年党的十六大至2007年以来，查处的县（处）级以上领导干部的数量在降低，然而在2002年至2012年共立案侦查各类职务犯罪案件165787件218639人，其中县处级以上国家工作人员13173人，包括厅局级领导干部950人和省部级以上领导干部30人，坚决查处了薄熙来、陈良宇、刘志军、杜世成、郑筱萸等12名省部级干部因腐败问题受到党纪或司法机关惩处，事实说明腐败干部的层级在不断上升，惩防腐败依然任重道远。

2. 十八大以来制度反腐成效显著

2012年12月4日，中共中央政治局审议并通过了中央政治局关于改进工作作风、密切联系群众的八项规定。八项规定，是"轻车简从"、"不安排群众迎送"、"不铺设迎宾地毯"、"不出席各类剪彩、奠基活动"、"严格控制出访随行人员"、"首先要从中央政治局做起"、"要求别人做到的自己先要做到"。"八项规定"、"反腐倡廉"成为2013年热词。

2013年8月，中央纪委建立落实八项规定精神情况的月报制度，要求31个省区市和新疆生产建设兵团纪委每月报送有关数据，每月定期公布查处违反八项规定精神问题的汇总表，目的是督促各级纪委加强对落实八项规定精神的检查，严肃查处违反八项规定的行为。同时也是维护群众的知情权和监督权。

中央纪委副书记、监察部部长黄树贤介绍，据统计，截至2013年12月31日，全国共查处违反八项规定精神问题24521件，处理党员干部30420人，其中给予党纪政纪处分7692人。

2014年1月，全国检察机关查办贪污贿赂犯罪案件3423件4480人，同比分别上升11.6%和8.2%。其中，大案2810件，占立案总数的82.1%，同比上升13.7%；要案340人，占立案总数的7.6%，同比上升44.1%。十八大以来的21个月里，已经有近50名省部级以上官员落马，其中包括前政治局常委，以及军队高层。

中纪委副书记、监察部部长黄树贤介绍，至2014年8月12日，中纪委官网累计通报 1892 件违反八项规定典型问题，曝光 3013 人，其中有省部级干部，也有纪检监察干部。黄树贤透露，截至 2014 年 7 月底，全国查处违反八项规定精神问题 51600 起，处理党员干部 67679 人，给予党纪政纪处分 18365 人。这一数据均已超过去年全年的总数。

用鲨鱼鳍做的鱼翅汤曾是公款吃喝的"常规项目"，"八项规定"实施不到一年时，有外媒报道，中国对鱼翅汤的需求下降了 70%。

中央一直在谋求建立一套"不敢腐""不想贪""不能贪"的治本反腐机制。"八项规定"目前已经成为不能触碰的高压线。除此之外，公务员薪酬、报账制度等也都在抓紧修改。巡视组也已成为反腐的一个利器。在两年中，中央已经派出 4 批巡视组，覆盖全国 31 个省区市。被巡视过的很多省份，如山西、江西、广东等，都有大批高级官员落马。

"治裸"同样是一次强力"防腐"举措。配偶、子女在国外的"裸官"，被视为腐败的高发人群。中央组织部专门对治理"裸官"下发了"6 号文件"，对此开展专项治理。2014 年 8 月 7 日，广东省委纪委、组织部官员透露，在 3 个多月的治理中，280 多人接回了家人，有 860 多人没有接回家人，被调整岗位。据新京报，有关部门正在制定"负面清单"，明确哪些岗位不许"裸官"任职。

"简政放权"，取消或下放审批权，被专家们视为治理腐败的一项釜底抽薪、防患于未然之策。国务院各部门行政审批事项还有 1700 多项，本届政府要再削减三分之一以上。截至 2014 年 8 月，国务院已经分 7 批，取消和下放行政审批事项 632 项，一年半时间，完成了总任务的近 40%。

2014 年 7 月底，全国人大常委会通过了修改后的预算法，这在最大程度上加大财政资金收支的透明度，压缩可能的腐败空间。

2014 年 7—9 月，从中央到地方，三令五申、细致入微的"中秋反腐令"密集发布也成为制度反腐的重要举措之一，节日反腐制度化。2014 年 9 月 7 日上午，中纪委网站在头条要闻位置发出地方和部门"四风"问题举报方式一览表，收录了 19 个省（自治区、直辖市）、4 个国家机关部委和杭州等 5 个大中城市的举报邮箱、举报电话、举报网站。这已是中纪委两年来第 6 次发布"节日反腐令"，而部署的次数逐渐增多，时间也更为提前，节日反腐制度化。各级纪检监察机关在中秋国庆"两节"期间，要紧紧盯住用公款送月饼送节礼，用公款大吃大喝、安排私人宴请，突击花钱和滥发奖金、实物等容易发生的问题。这已是近期中纪委针对

"公款送月饼节礼"第三次作出部署。在此之前,中央纪委监察部网站8月7日推出"每月e题",邀请网友揭露公款送月饼节礼等"四风"。此后的8月10日,中央纪委监察部网站就此问题开设举报窗,同时每周通报各级纪检监察机关查处的违反中央八项规定精神的案件。

早在中秋节前的7月24日,中央国家机关工委就印发通知,要求国家机关中秋、国庆节假日严禁送礼、宴请、旅游、发放财物。此后,各地各部门纷纷发出"四风"禁令。

事实上,十八大以来,"逢节必令"已成中纪委的惯例。2012年年底,中纪委在距离2013年元旦还有4天时,针对元旦春节发出禁令;在2013年中秋前,中纪委的节前禁令提前了16天;在距离2014年新年还有两个月之际,中纪委就发出了"贺卡禁令",在距离农历新年还有40天之际,发出"年货禁令",而此次发布的禁令提前了47天。据《法制晚报》,根据通报,上述8月时间段内,各级纪检监察机关共查处624件违反中央八项规定精神案件。

除了群众举报和点名通报,在一些节日前夕,中纪委高层通过讲话、约谈、督导等形式,强调纪检队伍严格执纪监督,这亦成为节日反腐的重要一环。

与此同时,地方反腐也成效显著。2012年11月至2014年7月,桂林市纪检监察机关立案704件,结案712件,给予党纪政纪处分709人,挽回经济损失2665万元。①

除此以外,继中央高调"打虎"后,地方也开始了反腐"急行军"。

记者统计发现,从2014年2月以来,全国有22个省市自治区纪委监察部门发布了官员落马信息。短短两个月内,湖北、广东、四川通报落马官员数超过20个,江苏、福建两地则超过10个。3月27日,海南省纪委通报了9名县处级干部被"双开"信息,省海洋与渔业监察总队原副总队长邢志刚、省海洋与渔业厅组织人事处原处长林干、省高级体育运动技术学校原校长康闽利、三亚市人民医院原院长姚震、文昌市人大常委会原副主任吕诗强、东方市原副市长梁学安、临高县原副县长陈卓尔、陵水县原副县长李宗春、陵水县原副县长杨运朝,因在项目建设中收受贿赂或

---

① 庄盈:《十八大以来桂林市对709人给予党纪政纪处分》,广西新闻网,http://news.gxnews.com.cn/staticpages/20140906/newgx540b2324-11110405.shtml

利用职务侵吞公款而被查办。同一天，中央纪委网站还转载新华社消息，海南原副省长冀文林被海南省人大常委会免去相关职务。4月4日，河南省纪委一天发布了两名厅级官员落马信息：河南省新乡市委常委、副市长贾全明，三门峡市政协副主席李平宣涉嫌严重违纪违法，目前正接受组织调查。4月1日，湖北接连通报了多名厅级官员违纪的信息：宜昌市人大常委会副主任王宏强，武汉市经济和信息化委员会主任余信国，湖北日报传媒集团党委委员、总经理张勤耘同日被宣布"落马"，此前已被宣布接受组织调查的鄂州市政协主席刘沐珍也在这一天被免职。而3天后，湖北省委组织部证实，原湖北省科学技术厅副厅长、党组成员张震龙和原荆州市委常委幸敬华，均因涉嫌严重违纪被免职。

在中央反腐的高压态势下，地方作出回应。各地纪委监察部门在马年明显加大了对官员违纪违法案件的查处频度和力度。以广东和江苏为例，2013年广东省全省纪检监察机关共对38名地厅级官员立案，平均每个月立案3.17人，而今年2月以来已落马至少11名地厅级官员；2013年，江苏省各级纪检监察机关共立案查办13名地厅级官员，平均每个月查办1.1人，而今年2月以来已至少落马3名地厅级官员。

巡视制度发现问题。反腐政策上的强制性，以及巡视制度的有效性，中央的反腐制度是要对过去的案件线索大起底，不留死角，因此从中央、各省到各地级市，对过去案件线索进行全面清理。

从统计来看，去年巡视发现的问题量是过去的5倍，这些发现的问题线索"分别移交中央纪委、中央组织部和相关地区、部门处理，对重点线索逐一核实"，同时，"督促被巡视党组织认真整改，做到件件有着落"。

中央巡视组分别于2013年9月和2014年2月，向去年两轮巡视地区——重庆、山西、内蒙古、吉林、安徽、江西、湖北、湖南、广东、贵州、云南11个省市自治区反馈巡视情况，移交领导干部的问题线索。

在巡视组的反馈意见中，"少数领导干部以权谋私"、"腐败现象在一些地区和部门易发多发"、"干部选拔任用不够规范"、"带病提拔"、"买官卖官"等表述较为常见。被巡视地区"一把手"签字接收中央巡视组的反馈意见，随后，各地进入整改阶段。

根据巡视组反馈意见和问题线索开展的整改工作，必然会涉及一部分落马官员。仍然以广东省为例，2013年9月底，中央巡视组进驻广东。

巡视结束后，相继有时任广东省科技厅副厅长王可炜，广东省科技厅党组副书记、巡视员张明在内的6名地厅级官员落马。

2014年2月，福建省委巡视组首度探索完成对下辖4个县（市、区）的专项巡视，向纪检监察机关移交违纪违法问题线索11条，向有关地方和单位移交整改事项3项。

此外，新华社报道称，福建省专项巡视组加强对网络舆情的分析研判，带着网络举报的问题下去，直接了解核实，从中发现问题线索。如巡视组围绕网络反映某区政协领导公款旅游等问题，通过直接约谈当事人、查看财务报销凭证、调阅旅行社资料等方式，了解掌握了该区政协5名干部顶风违反中央八项规定精神、以考察为名赴外省公款旅游的问题线索，移送该区市纪委立案查处。

3月27日，湖北省开始2014年巡视工作，8个巡视组分别对荆州、鄂州、宜昌、武汉、黄石、襄阳、荆门、孝感8个市开展巡视。而4月1日宣布落马和免职的四名官员——王宏强、余信国、张勤耘、刘沐珍恰都在巡视范围之内。

"一案双查"体制创新。十八届中央纪委三次全会工作报告中提出，既要明确党风廉政建设主体责任，加大问责，也要改革完善党的纪律检查机关双重领导体制。具体来说，各级党委（党组）主要领导是党风廉政建设第一责任人，领导班子成员根据工作分工对职责范围内的党风廉政建设负领导责任。加大问责工作力度。对发生重大腐败案件和不正之风长期滋生蔓延的地方、部门和单位，实行"一案双查"，既要追究当事人责任，又要追究相关领导责任。如此，反腐便不只是纪检监察部门的工作，反腐责任直接同领导干部"乌纱帽"联系在一起，各级党委（党组）都要"齐心协力"，主动开展监督与自我监督。

同时，中央纪委在工作报告中还提出，强化上级纪委对下级纪委的领导，建立健全报告工作、定期述职、约谈汇报等制度。查办腐败案件以上级纪委领导为主，线索处置和案件查办在向同级党委报告的同时必须向上级纪委报告。各级纪委书记、副书记的提名和考察以上级纪委会同组织部门为主。加大纪检系统垂直化力度，对于纪检系统的独立性和权威性均有改善。

制度反腐中中央与地方相互配合，反腐"无死角"。从各地通报的官员落马信息看，涵盖了地厅级官员到县处级官员，甚至还包括科级干部，大小"苍蝇"都有，严丝合缝。

以湖北省为例，2014年2月以来，既有湖北日报传媒集团党委委员、总经理张勤耘，宜昌市人大常委会副主任王宏强，武汉市经济和信息化委员会主任余信国，鄂州市政协党组书记、主席刘沐珍等厅级官员落马，亦有广水市交通运输局局长杨祥勤，黄冈市商务局党组成员、副局长李平安，大冶市政府党组成员刘维进，咸宁市国资委原党委委员、副主任汪海泉等处级官员落马，还有郧县城关镇政府正科级干事张明镜、大冶市大箕铺镇党委副书记王方稳等科级官员。

中央纪委主抓大案要案，主要针对的是省部级干部、央企高管等"老虎"；而地方反腐则主要针对"苍蝇"。

尽管中央和地方没有明确的、绝对的查办案件的权力界限，但从目前的成效看，中央和地方配合反腐，反腐"无死角"的局面已经形成。①

（二）影响反腐制度运行成效的主要因素

党推出的反腐制度不能有效遏制腐败，究其原因，无外乎两种情况，一种是制度本身的原因；另一种情况是制度运行环境的原因，包括政治、经济、文化、社会层面的问题。制度实体性问题、制度程序性问题、制度保障性问题是反腐制度最基本的三个要素。反腐制度在实体性方面、程序性方面和保障性方面存在的问题是导致制度运行效用不足的内在因素。

第一，制度的实体性问题。目标指向决定着行为规则和惩罚机制的具体安排。缺少目标指向的制度，无论其行为准则规定得如何具体、其惩罚机制多么严厉，也会因价值、目标取向的缺失，要么丧失合法性；要么机械运行，丧失效用。实体性制度存在的问题主要表现制度内容不明确和不同制度间相互冲突两个方面。

实体性制度存在的问题，首先表现在制度内容不明确。制度内容不明确，会使制度安排的目标指向性不明，制度程序会因缺少指向而机械运行；目标指向性不明确则会导致无法评估制度运行效果是否与制度设计初衷相吻合，因此也无法在制度运行——制度效果反馈——制度效果的吻合性分析——制度改进的过程中推进制度不断完善。如，党政领导干部考核制度将思想政治素质：学习马列主义、毛泽东思想特别是邓小平理论，学

---

① 卢梦君：《地方反腐提速：22省份最近两月通报180人》，《东方早报》2014年4月8日第A02版。

习党和国家方针政策，掌握基本原理和精神实质，学以致用，不断提高理论和政策水平的情况，作为考核领导干部的重要内容。这种原则化规定并没有对何为理论和政策水平作出明确的界定，制度因此缺少实现这一规定的有效途径，这样的制度在实施程序缺失、考核标准难定的情况下被形式化。

另外，实体性制度还存在制度内容相互冲突的问题，这也会导致制度运行效用降低。如，《中国共产党党章》在党员享有的权利方面，规定"在党的会议上有根据地批评党的任何组织和任何党员，向党负责地揭发、检举党的任何组织和任何党员违法乱纪的事实，要求处分违法乱纪的党员，要求罢免或撤换不称职的干部"[1]。然而，2004年中央颁布实施的《党内监督条例》中却规定"地方各级党委委员有权向上级党组织提出要求罢免或撤换所在委员会和同级纪委中不称职的委员、常委；地方各级纪委委员，有权向上级党组织提出要求罢免或撤换所在委员会不称职的委员、常委"[2]。《党章》是党的"根本大法"，党推出的其他制度安排不能与《党章》规定相冲突，这是基本的逻辑。实际中，出现的"下位法"与"上位法"规定相冲突的问题，严重削弱了制度运行效用。再比如，为解决干部选拔任用工作中的突出问题，尊重干部选拔任用工作中选举代表的意见，中央于2006年推出了《党政领导干部职务任期暂行规定》，规定"党政领导职务任期为5年"[3]、"党政领导干部在任期内应当保持稳定"[4]，这一规定有利于地区经济社会发展，能够保障领导干部在任期内制定科学的地区发展规划，保持地区发展规划的相对稳定性。然而，随之而推出的另一制度《党政领导干部交流工作规定》，在某些具体规定上与前者相互冲突。《党政领导干部交流工作规定》明确规定了干部交流的对象、交流范围以及交流形式。诚然，此举不仅能够培养锻炼大批干部、改善干部队伍结构，而且干部在相互交流、学习中提高干部队伍活力。但是，这两种制度之间存在明显冲突，导致干部任期流于形式。在两种制度

---

[1] 《党章学习读本》编写组：《党章学习读本》，红旗出版社2005年版，第13页。
[2] 《中国共产党党内监督条例（试行）学习资料》编写组：《中国共产党党内监督条例（试行）学习资料》，中国方正出版社2004年版，第15页。
[3] 中共中央办公厅：《党政领导干部职务任期暂行规定、党政领导干部交流工作规定、党政领导干部任职回避暂行规定》，中国方正出版社2006年版，第2页。
[4] 同上。

某些规定的相互冲突中,不仅领导干部职务任期制度失去有效性,而且导致地区缺少相对稳定、持续的经济发展规划,地区交流干部也难以深入开展工作。此外,因干部任期制度流于形式、干部交流制泛化的制度漏洞,再加上某些不合理的干部考核,催生出大量的"短期工程"、"政绩工程"。这说明一个问题:腐败的发生与否,在很大程度上与现存制度是否存在"漏洞"有关。[1]

第二,制度的程序性问题。

制度的程序性问题包含着实现制度目的的各种规则,具体的、操作性强的规则构成了程序性制度的主要内容。它在一定程度上决定着实体性制度能否实现其目标或实现目标程度的高低。缺少具体行为规则的制度则会使制度因缺乏可操作性而陷入制度形式主义。

程序性制度方面的不足,首先表现在程序性部分缺失。制度的程序性部分是实现制度安排目标取向的种种措施规定,程序性部分缺失,无论制度具有多么刚性的保障性部分,制度设计的目标也很难得以实现。比如,1998年的《关于实行党风廉政建设责任制的规定》,第二章中规定了党委(党组)、政府以及党委和政府的职能部门的领导班子、领导干部在党风廉政建设中承担的责任,但是在随后的章节中并没有专门开列一章对如何落实这些领导责任作出明确的规定,其后果是规定的种种责任因缺少具有可操作性的执行程序而成为一种"摆设"。尽管在第三章和第四章中规定了责任考核以及责任追究的内容,规定的领导干部承担的责任也无法得到落实。因为从本质上来说这是制度的保障性部分。

程序性制度方面的不足,其次表现为程序不具体、可操作性不强。在制度指向性明确、保障性措施刚性的情况下,制度程序性部分是否科学具体、是否具有可操作性成为实现制度设计目标的关键因素。不具备可操作性的程序性规定是毫无意义的,不仅妨碍实现制度设计目标;而且这种程序性规定为不法分子"寻钻"制度漏洞提供了机会,制度因少数人的破坏却得不到惩治而失去权威性。为了更好说明制度的程序性部分不具体、可操作性不足的问题,让我们看一个具体的例子。中共中央于1997年的《中国共产党党员领导干部廉洁从政若干准则(试行)》,其中第二章"实

---

[1] 杨云成:《党的反腐制度有效性研究》,硕士学位论文,中共中央党校,2009年5月,第5—21页。

施与监督"的第七、第八、第九条是为实现第一章党员干部廉洁从政若干规定的程序性规定。尽管这三条规定在一定程度上能够保证实体性规定的贯彻实施,但是仍存在着规定不具体、缺乏可操作性的问题。比如,第七条规定"党的纪律检查机关协助同级党委(党组)抓好本准则的落实,并负责对实施情况进行监督检查"①。内容规定了纪律检查机关在准则贯彻实施中的地位和作用。然而,如果党委成员在贯彻实施中出现违规行为,纪检检查机关如何作为、在纠惩这种违规行为中发挥怎样的作用?该条规定并没有给予明确的答案。此外,第八条"贯彻实施本准则,要发挥民主党派、人民团体、人民群众和新闻舆论的监督作用"②。诚然规范领导干部行为,保证干部廉洁从政需要发挥党外力量的监督作用,但是该条并没有对这些党外力量在贯彻实施该准则中的地位作出合理规定,也没有对发挥党外力量监督作用的途径做出科学规范,更缺少发挥党外力量监督作用的前提:准则实施结果公开这一环节的有关规定。总之,具体的、可操作性的程序性制度的缺失是目前反腐制度有效性不足的突出问题。

第三,惩罚机制问题。

为了保障制度目标不会因少数人的破坏而偏离既定方向,同时为了确保制度具有权威性,制度的惩罚机制成为必然。制度的惩罚机制体现为各种奖惩制度。缺少惩罚机制,不仅制度目标的实现会困难重重,制度也会因少数人的恶意践踏而失去权威性。就具体的制度而言,目标指向、行为规则、惩罚机制构成了制度的完整性。缺少其中任何一个因素,制度有效性就会大打折扣,甚至无效。

保障性制度方面的不足,首先表现在制度的保障性规定缺失。导致制度权威性不足,制度"虚设",反腐制度建设陷入形式主义。如2000年中共中央纪律检查委员会、中共中央组织部联合印发的《关于改进县以上党和国家机关党员领导干部民主生活会的若干意见》(以下称《意见》)。《意见》中关于解决"一些民主生活会质量不高,收效不大;少数单位民主生活会制度坚持得不好"的目标指向构成了该制度的实体性部分;为解决民主生活会中存在的问题,提高民主生活会质量,《意见》提出了每年召开一次民主生活会、抓好会前几个重要环节、认真开展批评与

---

① 引自《建立健全惩治和预防腐败体系若干重大课题解读》编写组《建立健全惩治和预防腐败体系若干重大课题解读》,新华出版社2005年版,第142页。

② 同上。

自我批评、发挥党委（党组）书记"第一责任人"的作用等要求以及相关规定，这构成了该制度的程序性内容。然而整个《意见》缺少保障目标顺利实现、程序有效运行的规定，也缺少对违反相关程序以及民主生活会相关规定的惩处内容。因缺少保障性内容，其结果是在少数人违反相关规定而得不到应有惩罚的情况下出现制度"破窗效应"，制度的有效性不足成为必然。

保障性制度方面的不足，其次体现在针对某一问题而推出的制度缺少与之相配套、保障其实施的制度规定。推出制度，不仅仅需要正确分析滋生腐败的原因、制定过程民主、保证制度完整，更为重要的是确保制度在运行中有与之相配套的制度安排。反之，提高制度的有效性则无从谈起。为了具体说明缺失配套制度安排对制度有效性的影响，下面试举一例。1997年中共中央制定了《中国共产党党员领导干部廉洁从政若干准则（试行）》，其中第二章中提出保障党员领导干部廉洁从政需要"发挥民主党派、人民团体、人民群众和新闻舆论的监督作用"、"要对照本准则进行检查，认真开展批评与自我批评"、"应列入干部考核的重要内容，考核结果作为对其任免奖惩的重要依据"。然而，这仅仅是原则上的要求，并没有将其以制度形式固定下来。就发挥党外力量的监督作用而言，最有效的途径是推进党务公开。而在该制度制定之时没有对如何推进党务公开做出规定，也缺少党外力量发挥监督作用的有效渠道。就开展批评与自我批评来说，尽管有1990年中共中央印发的《关于县以上党和国家机关党员领导干部民主生活会的若干规定》、1997年中纪委中组部印发的《关于提高县以上党和国家机关党员领导干部民主生活会质量的意见》、2000年中纪委中组部印发的《关于改进县以上党和国家机关党员领导干部民主生活会的若干意见》，但是正如第三章开章部分所说，党的"一元化"领导以及领导班子内部副职分块负责的体制在一定程度上制约了民主生活会质量的提高。在考核方面，该制度面临的主要问题是科学的考核制度缺失。尽管在此之前有考核方面的相关规定，如1994年制定的《国家公务员考核暂行规定》，但是在考核内容中缺少干部廉洁自律的相关考核，仅考核干部在德、能、勤、绩方面的表现。直到2007年《公务员考核规定（试行）》的出台，才将干部清正廉洁的要求纳入考核内容。

保障性制度方面的不足，还表现在惩处规定缺少细化的标准，留给惩处机关以较大的自由裁量权，而且有的制度没有规定惩处机关是否有对其处罚内容作出解释的义务。如前所述，制度的保障性部分是制度不因少数人的破坏而流于形式的"屏障"。科学合理的保障性制度是这样的一种制度：其一，有明确、清晰、细化的惩处标准；其二，规定惩处机关有义务对它给予的惩罚做出解释。细化的惩处标准能够最大限度减少惩处机关的自由裁量权，进而减少腐败机会。规定惩处机关有义务就其最后的处罚决定向当事人做出解释，这也能起到相似的作用。这两方面内容的缺失是反腐制度在保障性部分上面临的主要问题。1998年中共中央、国务院印发了《关于实行党风廉政建设责任制的规定》，其中的第十二条第三款规定"违反《党政领导干部选拔任用工作暂行条例》的规定选拔任用干部，造成恶劣影响，给予负直接领导责任的主管人员警告、严重警告处分，情节严重的，给予撤销党内职务处分；提拔任用明显有违法违纪行为的人的，给予严重警告，撤销党内职务或者留党察看处分，情节严重的，给予开除党籍处分"。对于违规违纪人员做出惩处理所当然，然而处罚规定本身存在一些问题。其一，该条款没有对在什么情况下给予警告处分、什么情况下给予严重警告处分、什么情况下给予撤销党内职务处分等做出严格界定；其二，由于条款没有明确规定各种处罚所依据的标准，那么究竟对某一违规行为处以何种处罚则取决于惩处机关，留给惩处机关很大的自由裁量权。这带来严重后果：其一，就违规者来说，面对轻则警告、重则撤销党内职务的惩处，他们可能会通过各种方式买通惩处机关以减轻甚至规避惩罚；其二，就惩处机关来说，由于手握很大的裁量权力再加上缺少要求他们对其惩处结果做出解释的相关规定，这些机关在接受违规者买通时不会心存顾虑。总之，保障性制度缺少细化的惩处标准很难有效遏制少数人的违规行为，制度效用也因此不足。

2004年的《中国共产党党内监督条例（试行）》第38条规定"党的地方各级委员会委员，有权向上级党组织提出要求罢免或撤换所在委员会和同级纪委中不称职的委员、常委。党的地方各级纪律检查委员会委员，有权向上级党组织提出要求罢免或撤换所在委员会不称职的委员、常委。受理罢免或撤换要求的党组织应当认真研究处理。"第三十九条规定"罢免或撤换要求应当以书面形式署真实姓名提出，并有根据地陈述理由。提出罢免或撤换要求应当严肃慎重。对于没有列举具体事例，不负责任地提出罢免或撤换要求的，给予批评教育；对于捏造事实陷害他人的，依纪依法追究责任。"关于罢免或撤换要求及处理的规定，既没有规定什么样的情况应该受到罢免或撤换，也缺乏如何进行罢免或撤换的程序性规定。第四十条规定"各级党委、纪委应当按照本条例规定切实履行监督职责，发挥监督作用。党员和党员领导干部应当正确履行职责，自觉接受监督。对违反本条例规定，不履行或不正确履行党内监督职责、不遵守党内监督制度的，视情节追究责任，严肃处理。"对监督责任的规定存在同样的问题。

第四，常规性执行问题。

常规性执行问题中的执行就是按时、按质、按量去完成工作任务。执行有执行力之意，执行力包含完成任务的意愿、任务的能力、完成任务的程度。执行是一个组织成败的关键，行政组织从来不缺少战略和制度，而是缺少执行力，行政组织需具有执行力的领导者和管理者。不论是个人还是团队，都要有执行力。执行力是一切经营管理的核心和管理的驱动力。如果没有坚定的执行力，没有严格执行纪律，再多的制度也全然无用。

有这样一个小故事：耶稣带着他的门徒彼得远行。在途中，他们发现了一块破烂的马蹄铁。耶稣让彼得把这块马蹄铁捡起来，但彼得懒得弯腰，假装没有听见，耶稣自己弯腰捡起了马蹄铁，用它在铁匠那儿换来了三文钱，并用这些钱买了18颗樱桃。出了城，师徒二人继续前进。他们经过的是茫茫荒野。土地干涸。耶稣猜到彼得渴得厉害，就把藏在袖子里的樱桃悄悄地掉出一颗。彼得一见樱桃，赶紧捡起来把它吃掉。耶稣边走边"掉"樱桃，彼得也就只得费力地弯了18次腰。耶稣笑着对彼得说："如果一开始你能按我要求的做，你只要开始时弯一次腰就行了，就不会在后来没完没了地弯腰了。"彼得因为没有按照耶稣的要求去做，所以给自己带来了很大的麻烦，不得不弯18次腰。如果他一开始就能"落实"耶稣的指示。他只要弯下一次就行了。

执行不到位的负面影响相当大，不只是我们表面所看到的"一件事没有执行好"，还涉及其他很多方面。只有严格执行才能发现问题，从而进行修正，不断完善。如果执行不到位或者根本执行不下去，那么，管理层永远发现不了问题所在，隐藏的问题永远无法解决。

所以说一个人不仅要会做还要有工作意愿，充分发挥主观能动性和责任心，在接受工作后应尽一切努力、想一切办法把工作做好，按时按质按量来完成。关于加强执行力的方法，具体到行政管理执行力的重要性应当从以下几个方面进行论述：保证行政目标得以实现；保证制度得到落实；

保证各项工作按质按量完成；保证活动有序进行。

衡量执行力的标准，对个人而言是按时按质按量完成自己的工作任务；对行政组织而言就是在预定的时间内完成行政组织的战略目标。执行力要成为一种强势，必须要把握执行制胜的二十四字真经：认同文化、统一观念、明确目标、细化方案、强化执行和严格考核。

反腐常规性执行要包括以下要素：一是反腐高压环境以及良好的竞争机制。只有在高度压力下，在中纪委的刻意引导下，全国和各地才可能分成一个一个的反腐团队，这些反腐团队独立生存的可能性很小，必须依靠全国反腐一盘棋，在一个良好的竞争机制下，国家现有的反腐机制要使这些反腐团队相信，他们的努力，是可以完成并实现反腐败目标的。要将奖惩、升降、解聘、荣誉、耻辱全部和机制挂钩。二是反腐执行者。必须要集中培训一线反腐执行者，一个一线的反腐执行者，往往将决定一个反腐小团队的成败。培训他们，相信他们，使他们敢于反腐，有能力反腐。三是杜绝形式化主义。形式化主义的存在将在很大程度上去打击一线反腐执行者和领导者的激情，做法是为一线反腐执行者和领导者开放了一个可以匿名说话的窗口，将一切不利的东西，全部收集到相关部门，再通过反馈量比例，反馈程度以及轻重问题逐一的解决。

制度反腐工作的开展不是一曝十寒，要常抓不懈才能见成效，制度反腐执行常规化才能达到反腐制度应有的成效。

第五章　行政责任法律制度体系之构建

第一节　建立行政责任法律制度体系的必要性与可行性

一　WTO规则对中国行政责任制度提出的挑战

伴随着2001年11月10日中国入世，应对WTO带来的挑战已经成为我国政府必须面对的事实。在WTO的23个协议中有21项是规范政府行为的，因此中国政府必须加快行政体制改革，特别是政府职能转变。可以说，中国的入世，首先是政府的"入世"。因为"中国入世"的法律基础，是政府与世界贸易组织及其成员国之间签订的关于中国加入世界贸易组织的政府框架协议。中国必须遵循世界贸易组织的国民待遇、市场准入，公平竞争，透明度原则等，按照最终达成的多边贸易协议，分阶段、分行业地开放市场，提高政府的透明度，清理和调整不符合WTO规划的政策、条例、法律和法规。① 也就是说中国政府成了世贸组织的有关协议中的法律主体和责任主体，必须履行其协议中所规定的义务并承担因可能的违背协议规定所引起的责任。

（一）WTO的基本原则

WTO成员应承担的主要义务，就是奠定WTO法律体系框架的基本原则与相关规则，其中最主要的是要奠定WTO基本原则。WTO的基本原则有非歧视原则、市场准入原则、公平贸易和互惠互利原则，全国贸易政策

---

① 柳斌杰：《WTO协议解读》，四川人民出版社2001年版，第219页。

统一与透明度原则等。①

非歧视原则是世贸组织的最根本原则，核心内容包括最惠国待遇原则和国民待遇原则两个方面。所谓最惠国待遇原则，就是指一成员给予另一成员进出口产品（包括货物或服务，下同）和国民（包括企业和知识产权，下同）的利益、优待、特权或豁免，应立即无条件地给予其他所有成员进出口产品和国民的利益优待、特权或豁免，以保证没有任何成员受到"歧视性"待遇。而国民待遇原则，则是指一成员产品和国民进入另一成员市场时，在购买、销售、推销、运输、分配、使用产品、服务和知识产权上：保护范围和水平上所享受的待遇（包括征收国内税和实施国内法律、规章），应不低于本国国民或相同的国内产品所享受的待遇。

市场准入原则体现在关税减让与削减关税壁垒两个方面。关税减让即要求各成员方在货物贸易中只能采用关税这一种方式来保护国内市场和民族工业，且关税必须通过谈判不断削减，税率在约束的减让表水平上不能随意提高。削减非关税壁垒即在货物贸易和服务贸易中取消数量限制，逐步取消配额和进出口许可证或其他限制，为外国货物和服务进入本国开放市场。

公平贸易和互惠原则指各成员方的出口贸易经营者不得采取不公正的贸易手段，尤其是不得采取倾销和补贴的方式在其他成员市场销售产品或提供服务，各成员应在互惠互利的基础上降低关税和非关税壁垒，提供知识产权保护，在互利基础上促使所有成员获益和谋取权利与义务的平衡。

全国贸易统一和透明度原则，要求各成员应以统一、公平合理的方式实施有关货物与服务贸易、知识产权保护方面的法律法规、行政规章、司法判决和政策措施等，保证在各国领土内的中央和地方政府及其各部门都能遵守世界贸易组织和各项规定。既要求地方立法和中央保持一致，也要求不同地方之间的立法，以及非政府机构制定的规定或标准与中央政府保持一致。同时要求各成员将有效实施的有关管理货物和服务贸易、保护知识产权方面的各项法律、法规、行政规章、司法判决和政策措施等迅速加以公布，并通知世界贸易组织，以便各成员政府和贸易商等有关人员对其加以熟悉。

---

① 刘德标、薛淑兰：《世界贸易组织及多边贸易规划》，中国方正出版社1999年版，第36页。

(二) WTO 规则对我国行政责任的要求

WTO 规则虽然是比较抽象的规范，但它们对各成员国内的行政行为有较强的约束力。各成员方的行政行为无论是在内容上还是形式上，必须与 WTO 规则保持一致，而不得与之相抵触，否则就要承担赔偿责任，或遭到其他成员方的报复。另一方面，WTO 规则将影响各成员国行政权的范围，规则主旨意在尽量减少政府对贸易领域的限制，以实现国际贸易的自由化。因此，WTO 规则对我国行政责任制度的要求要体现在以下几个方面：

1. 要求政府从集权型管理体制向服务型管理体制转变

中国政府管理体制数千年来采用"金字塔式"的集权制，这种集权制的特征是"机关等级与各种等级赋予权力的原则，意味着一种牢固而有秩序的上下级制度，在这种制度中存在着一种上级对下级机关的监督关系，而且，在官僚制模式得到充分发展的场合，机关等级制是按个人独裁的方式组织起来的。"

中国加入 WTO 以后，"金字塔式"的集权官僚政府无法应付层出不穷的新问题，其行政行为越来越容易偏离公共目标。

政府基本职能有两个：一是行政职能，即推行政令，二是服务职能，即服务社会公众。WTO 关于非歧视原则，市场准入原则，公平贸易原则及全国贸易统一原则等，提示行政改革、只有合理界定政府职能，才能提升政府的管理能力，政府作为公共行政机构，对本国的国有企业，非国有企业和外来企业要同等对待，不能偏袒任何一方，否则就要承担相应的行政责任。WTO 的要求和国际市场竞争的压力使中国政府不得不加大行政体制改革力度，合理界定政府的职能，使政府由集权型管理体制向服务型职能转变，入世后政府的服务性职能主要体现在以下四个方面：一是为企业创造良好的经济运行环境，为人民群众创造优越的生活环境，提高广大人民的精神文明和物质文明水平；二是严格、严密立法，保证各项管理活动，包括宏观调控活动，都有法可依，杜绝政府不良行为的发生；三是要从以往的直接调控转变为间接调控的管理模式，运用汇率、税率、利率等经济杠杆，通过实现经济政策维护经济的稳定与增长，以达到服务社会的目的。

2. 要求行政公开

任何社会的治理与经营都需要行政公开，一方面政府需要了解公民、法人及其他社会组织的信息，以做出和执行决策，有效进行行政；另一方面,行政相对人也需要了解治理者的决策与措施,以安排自己的生产与生活。官僚行政体系具有内在地截流掩盖真实信息、"欺上瞒下"、文过饰非、逃避责任的特性,致使决策者与社会之间的信息交流受阻,"上下暌隔",社会运转的真实信息无法到达决策者,民众对政府的决策与措施也无从了解。这样就使正式信息交流制度很大程度上失效或效果不彰,这就是官僚体系的"信息黑洞效应",[①] WTO 的透明度原则就是为了克服这种"信息黑洞效应",要求行政公开。

由于世贸组织的国民待遇原则要求外国人和国内人享受一样的待遇,那么反过来,任何法律法规中根据世贸组织的规定授予外国人的权利;同样也能为国内人享受。也就是对外、对内都要透明。加入 WTO 以后,实行行政公开,不只是理论上的探讨,而且必须付诸实践。

在当代法治国家,行政公开已在全国的法制中得到体现,不少先行国家更是制定了专门的法律。据不完全统计,到目前为止,已制定一般性公开法律的国家和地区有瑞典、芬兰、美国、丹麦、挪威、法国、荷兰、澳大利亚、加拿大、新西兰、奥地利、韩国、日本、泰国和中国台湾地区等[②],而在中国行政公开的工作一直是比较欠缺的。为了遵循 WTO 透明度原则,我国政府必须实施与之相适应的"明法"工程,实现立法、司法、执法和法律监督的透明化、公开化,使"法"为我们的政治文明作出应有的贡献。众所周知,透明度原则涉及 WTO 所有领域,这一原则在全面深刻地影响经济领域的同时,必然"折射"到政治领域。为此,我们的政府必须做到:一要透明立法,即立法要广泛征求群众意见,充分发扬民主,充分尊重民意,走公众参与与专家决策相结合的道路,以取代暗箱操作和领导"拍脑袋"的做法。因为,当今社会,知识更新速度越来越快,立法越来越需要广博知识和专长知识。公众参与为决策者提供了广博知识和集体智慧,很大程度上克服了"领导拍脑袋式决策的私利性、盲目性、法西斯性。但专业性很强的决策,仅有公众参与是远远不够的,需要利用专家的专长知识,才能保证决策的科学性"。因此,公众投票和专家建议可以保证立法公开,二要执法公开,所谓行政公开,是指政府行为除依法应当保密的以外,均以公开进行。具体来说,就是行政执

[①] 郭杰:《我们政府保密工作现状》,《环球法律评论》2002 年秋季。
[②] 冯国基:《面向 WTO 的中国行政》,法律出版社 2002 年版,第 116 页。

法主体公开、执法活动公开、执法程序公开、责任制公开、监督方法公开，使公众对行政执法享有知情权和监督权。行政程序的透明公开是最为重要的，直接影响行政机关受监督的程度。两者成正比，透明越高意味着行政行为受众监督的程序越严格。只有行政公开，才能杜绝权钱交易的腐败现象，威慑于自己的行政责任，才不致违法。只有透明的立法，才是"良"法，才有被遵守的科学性，行政责任的承担才会令人心服口服。

3. 要求政府及其工作人员具有现代化的行政理念

看一个国家是否富裕、发达，主要不是看其自然资源是否丰富，而是看其组织能力强不强，日本、瑞士等国很发达、很富，但自然资源比较贫乏；非洲一些国家自然资源很丰富，但至今很贫穷。在一定的意义上讲，没有落后的国家，只有落后的政府行政管理，而行政管理的落后关键在于行政理念的落后。要想很好的遵守 WTO 规则，只制定相应的法律法规不行，还必须在执法中具有现代化的行政理念。

入世后，WTO 要求中国政府及其工作人员必须消除人治观念、等级观念、官本位、教条主义观念等，树立现代化的行政观念，以适应全球化趋势。现代化观念主要有以下四个方面：

（1）法治观念。法治是指法律的统治（Rule of law），它区别于"法制"（Rule by law），通常包括三项原则：一是法律至上原则，这意味着不允许存在超然于法律之上的、专横的权力，意味着任何人不得因违反法律外的行为，受到法律的惩罚，即非法律规定，不受惩罚；二是法律面前人人平等，即人人在法律面前均有平等的身份和机会；三是依法办事原则，即政府机关及其工作人员必须在法律授权的范围内行使职权，越权无效，否则要承担相应的行政责任。根据法治的上述原则，行政法治观念就是要求政府行政机关及工作人员树立依法领导、依法行政、依法办事、依法律己、依法行使权利和履行义务的观念。

（2）平等观念。所谓平等观念，就是要树立官民平等，公平执法的行政观，即政府在行政执法过程中要充分尊重并切实保障各行为主体的平等权利，以平等的姿态行使政府的各项权利和义务，平等地对待行政相对方，从而建立政府与社会平等和谐的行政关系。[①] 社会主义社会中，人与

---

① 阮成发：《WTO 与政府改革》，经济日报出版社 2001 年版，第 287 页。

人之间的社会地位是平等的。政府官员和人民之间是一种服务与被服务的关系，官员是人民的公仆，是应全心全意为人民服务的。但是由于官本位意识严重，以权谋私现象时有发生，严重损害了政府在人民心目中的形象，新中国成立后，长期的高度集中的政治体制，形成的"强"国家"弱"社会，集体高于个人的局面，使社会和个人长期处于从属地位，在权力缺乏监督和有效制约时，滥用权力的现象造成政府与社会、政府与公民权利和义务的不平等。树立行政平等观念，就必须在行政实践中贯彻平等原则，如在处理政府主体与社会主体的关系时，平等对待行政相对方，不以权势压人，不滥用职权；当政府与社会组织和个人发生行政诉讼时，不以行政权力干涉司法审判，以平等当事人身份接受诉讼，并积极配合法院调查取证，从而把平等行政的观念贯彻到行政活动中去。

（3）危机观念。"危机意识是这样一种思想或观念，它要求一个组织的决策者和管理者从长远的、战略的高度出发，在和平、发展时期，就抱着遭遇和应付能力状况的状态，预先考虑和预测组织可能面临的各种紧急的和极度困难的形势，在心理上和物质上做好对抗困难境地的准备，预期或提出对抗危机的应急对策，以防止危机发生时束手无策，无法积极回应，而遭受无法挽回的失败。"因此，政府管理者必须树立起危机管理理念，建立起危机管理体制，而不是对危机发生后政府的迅速回应和对危机局势的严厉控制，更重要的是政府要解决社会问题，防止剧烈危机爆发的意识。

具体来说，我国的各级政府首先应从关系党和国家进一步生存发展的高度认识危机处理的重大意义，保持敏感度。特别是入世以后，面临纷繁复杂的国际形势，更应如此。同时根据时代发展，及时了解非传统危机形成的各种可能，适时调整、更新危机应对战略，在日常的公共决策中，则应确立以广大群众利益为先导，采取科学民主的决策方式，在源头降低危机事件发生的可能；在应急的非常规决策中应制定行之有效、有的放矢的危机管理计划，并及时总结，以修正、调整常规性决策，标本兼治，建立科学合理的危机治理结构。并设立常设性危机管理部门，形成权责明晰的危机反应机制。

二 我国社会利益群体分化的需要

利益群体的产生和发展是利益对人际关系以及社会秩序产生影响、发挥作用的特性的必然产物。在利益追求过程中，当个人的利益表达遇到困难时，往往希望借助于集团的力量来使自己的利益得到更充分的表达和表现，于是以代表、反映个人利益为己任并寻求法律、政治制度保护的利益群体应运而生。

我国现阶段利益群体的分化及对立法的影响：

1. 我国社会利益群体分化概述

在改革开放走过20多年的历程之后，我国进入了一个建设社会主义市场经济、建设有中国特色社会主义的新时期。与过去相比，我国现阶段的社会利益格局发生了重大变化，原来整体性、单一性的利益结构正逐渐向多元化的利益格局转化并已形成初步轮廓，原有的处于静止、孤立状态的一些社会阶层和组织正逐渐活跃起来并成为一部分人的利益代言人，他们也在通过不同的方式和形式发挥着自己的影响和作用。

2. 现有利益群体对我国立法的影响

由于我国现有利益群体不够成熟，他们对我国政府活动以及立法的影响也不是那样深刻，其作用方式也不是十分规范。但这种影响已经开始显现并在不断加强。他们对我国政府的决策行为和立法活动的影响表现在以下方面：

（1）目前，既得利益群体往往以部门利益的形式出现并在一些法律、法规的制订过程中争权夺利，拼命维护自己的利益。由于我国还处在计划经济体制向市场经济转化的过程中，过去计划体制下所形成的政府统管一切经济活动的模式的影响还未完全消除，政府职能的行使和权力的发挥还未从原有的思路中解放出来，因此很多政府部门难以割舍以前所享有的经济权力和利益，在市场经济下成了最大的利益群体，并且还亲自参与社会经济活动，这样他们就在社会经济交往中一身肩挑"参赛者"与"仲裁者"两个角色，严重违背了在前面所提到的政府中立的立场。而且，由于我国的政治体制在事实上是以行政权力为中心，政府享有很大的立法权，即使由人大立法，也往往是先由相关部门起草草案，而最后通过的法律与其一般不会产生根本性变化，这样就形成了政府部门自己立法、自己执法和自己守法的奇特局面，那么这种法律的公正性、实施的效果都不能不让人打上大大的问号。比如在1999年颁布通过的合同法中，工商行政管理部门和其他行政主管部门取得了对合同的监督管理职能（合同法第127条），而在国家科委的坚持下，科技合同法几乎原封不动地搬入合同法，而且即使如此，仍不能满足他们的要求，还坚持将科技合同法从现行合同法中独立出来，单独规定，而有关部门又提出现行合同法只管辖债权合同，物权合同也应单立新法进行规定。另外，一些原来由政府直接控制经营的行业在市场经济中虽然从形式上走向了市场和社会，但由于与政府所存在的千丝万缕的联系使得他们在享受着垄断利润的同时又通过法律上的便利保护自己的利益，限制着同类事业的发展。在当前的经济生活中，由于我国经济法律制度的不完善，这些垄断性行业及其主管部门制订的规章和惯例都在事实上发挥着法律的调整作用，而有关部门重新制订法律或者修订法律时必然参考乃至照抄他们的这些规定，其结果可想而知。

（2）与部门利益膨胀"交相辉映"的是地方利益的凸显以及地方保护主义的盛行。在原来全国整齐划一的局面下，各个地方都由中央统一安排，不存在多大差异，而且地方立法也没有显示出其意义和价值来（民族自治地方除外）。但在改革开放以后，权力在一定程度上被下放，地方的自主性显现出来。各地为了发展经济，纷纷制订自己的优惠政策，出台大量的地方法规、规章，这也确实为各地经济的发展作出了很大贡献。但是，在此过程中产生了一个很大的问题，那就是地方保护主义的盛行，各地法规相互矛盾、对立的情形时有发生，很多资源都被浪费在相互内耗之中。从全国的整体上来考虑，地方利益的相互牵制和消耗是利益群体对国家立法的最大影响所在。

（3）随着政治体制改革的加快，人民代表大会的作用在逐步加强，公民对于人大代表也逐渐重视和信任起来，在这种情况下，各个阶层、各个行业也以自己所产生的人大代表数作为政治地位的体现和象征，这与西方国家利益集团选择代言人进入议会和政府有很大的相似性。在改革开放以前，我国政治权力的核心事实上集中在党和政府手中，所谓"最高权力机关"全国人民代表大会和地方各级人民代表大会只是一种形式和象征，人大代表无法体现代表性，不能反映人民的意愿。随着政治体制改革的进行，人大的立法工作、监督职能、决定权作用都在不断加强。在这种情形之下，各界人士对人大代表的产生以及名额的分配也开始重视起来，并以当选作为自己政治地位的提升，尤其是私营企业主、个体户等过去被认为是非公有制经济而地位不高的行业从业人员更将这看作翻身的机会。而人大代表分布的广泛性、代表意识的增强也使他们在立法中所起的作用进一步加大，这也在客观上为利益群体影响立法制造了机会和条件。

（4）代表一部分群体利益的团体开始出现并逐渐发挥作用。中介性团体组织是社会弱势利益集团对立法和政府决策发挥作用的主要途径，在中国这种情况也开始出现并已经发挥作用。比如代表消费者的消费者协会在消费者维权方面发挥着不可代替的重要作用，比如全国妇联的意见对婚姻法的修订起着决定性的影响。而最为显著的例子则是先富起来的私营企业主、个体户们，他们在经济实力强大之后，要求政治参与的热情也越来越高，他们有自己的组织——全国工商联，有宣传这个阶层利益主张的媒体——《中华工商时报》，在人大与政协中代表所占比例也越来越大。

但是，在看到这种变化的同时，我们更应清醒地认识到，这个渠道还有很大的不足：首先，这些组织虽然称为群众性组织，但在性质上都是半官方，他们的领导人都是由党和政府的领导者兼任，目前还没有一个能够真正表达自己意愿、能够发挥自己作用的群众性组织，现存的这些所谓群众性组织的意见能否发挥作用在很大程度上取决于领导者的级别高低、能力大小，取决于现在的政策倾向，它们自身的力量并不能够起决定性作用。在不久前的机构改革中，国务院又将几个原国家部委的全部人员转化为新成立的该行业协会的领导，地点、机构、工作方式、待遇都未曾发生根本性的变化，这一点再一次深刻地反映着这一现象。这样就与国外的类似组织有了区别，国外是这些组织自下而上地反映意见，因其作用的凸显受到重视而被赋予了很高的地位，比如前面所提到的德国和日本的情况，而我国则是由上而下，与其所代表的群体的关系并不如与政府的关系重要。其次，绝大多数处于社会较低层次的利益群体还缺乏这种代表组织，他们还没有自己的利益诉求渠道，尤其是近年来处境越来越艰难的农民、下岗工人以及被称为边缘人的"闲散人群"，他们才是立法和政府决策过程中真正值得重视的。但是，工会功能的错位、村民自治组织的软弱使得他们几乎成为改革开放的牺牲品，如果在国家的上下传达渠道中缺少他们的意见和声音，那么，无论多么发达的社团组织都无法掩盖这个社会严重的不公平。

（5）在我国，普通公民表达意见的方式是被严格限定的，集体性的利益表达行为是不允许的，因此在利益受到侵害时，他们的表达方式往往是给有关领导反映、向有关部门举报、到信访办申诉等，而这些方式只能在一定程度上针对他们的具体事件起到一定的具体作用，即使有某些涉及现行制度和法律不够完善的问题也难以引起人们的注意，除非这个问题已经十分突出,而且政府也认识到了这一点,才有引起法律变革的可能性,但这种概率确实太过微小了。

(6)为了克服西方议会制度中职业政客的不良习气,我国的人民代表大会制度推行人大代表兼任制,即所有代表除正、副委员长(地方上为主任)及个别常委外,其余均不脱离原工作岗位,这样他们就能够从自己的实际工作出发了解民意、发现问题。这种制度设计的初衷是好的,但由于代表意识的欠缺,很少有代表能够真正去了解民意并代表他们说话,不但使代表严重脱离普通群众,也使人民代表大会自身远离应有职责。在这种情形之下,普通公民的利益更难以表达出来,更别说影响立法来保护他们的利益了。比如在人大代表中农民代表占有很大比例,但这些所谓的农民代表绝大多数都是农村中"先富起来"的一分子,他们只是按照中国的户籍制度占有着农民身份,他们已经背离了那些真正"面朝黄土背朝天"的农民的利益追求和愿望,甚至在某些地方和情况下形成了对立。然而他们却在法律上代表着广大农民并行使着庄严的代表权力。而更值得重视的是,这种现象在各个阶层都是广泛存在的。这种民主实行的结果必然严重脱离它制度设计的初衷。

因此,在目前的中国形成了一个两难境地:一方面,利益的分化日趋深刻,利益群体分层并向利益集团的方向发展正随着市场经济的发展成为不可阻挡的潮流;而我们的政治体制却不能也不愿(从目前来说是这样的)给各个利益群体创造畅通而有效的利益表达的途径。

3. 权力割据及其他

综观 20 年来的立法经验,立法法的制定过程本身还反映出以下几方面的问题:

(1)权力割据问题。正如有的学者所指出的那样,"尽管我们常常表示出对西方国家三权分立理论不屑一顾的神情,却几乎全盘接受了三权分立理论的概念范畴、理论假设、分析工具和思维方法而鲜有批判和创新,因而只能无时无刻不处在三权分立理论的强大影响与支配之下"。[1] 应当说,这一评价基本上是中肯的,理论界在阐释我国的宪政体制,论及权力的监督与制约时,都是基于三权分立的理论前提进行的。[2] 笔者想要进一

---

[1] 俞德鹏:《立政关系法:宪法概念的新定义》,《政治与法律》1998 年第 6 期。
[2] 刘德福:《依法治国的理性思考》,《江西社会科学》2000 年第 7 期。

步说明的是，在实际立法过程中，更多地体现出的是一种权力的割据而不是权力的分立。① 立法法关于立法权限的规定，只有权力的分配，而没有权力的制约，对当前所存在的权力割据现象非但没有加以适当的控制，反而进一步使权力的割据法律化。立法法关于军事立法权等的确认都不过是事实上所存在的权力割据的法律确认而已。由于权力本身的诱惑力及其背后所隐含的巨大利益，立法权力割据现象的存在及法律化必然进一步刺激有关机关试图加入权力分配与再分配的行列，以便从中分得一杯羹，这也是不少地方不遗余力地争取"计划单列市"、"经国务院批准的较大的市"等并非虚名的"名号"的内在驱动力。②

（2）立法活动与立法过程中的利益驱动现象。对自身利益最大化的追求在立法过程中广泛存在，尤其是部门利益、地方利益在立法过程中得到了淋漓尽致的体现。从刑事诉讼法关于律师介入时机的折中规定所体现出的公安部门的强大势力，到行政诉讼法关于级别管辖问题的规定，(《中华人民共和国行政诉讼法》第14条第（三）项、第15条、第16条及《最高人民法院关于执行〈中华人民共和国行政诉讼法〉若干问题的解释》第8条)，都可以说是这种利益的体现。由于每一件立法的出现，都必然意味着某种国家权力的授予或分配，而权力则意味着某种潜在的利益，各种五花八门的立法也就有可能出台。进一步言之，某些所谓"立法"，如部委规章等，实质上就是利益分配的产物，借用经济学的术语，是"设租"与"寻租"的产物。通过这些立法，某些行业、某些集团的利益（甚至是巨额利润）虽然得到了维护，但却以牺牲社会公正与大众利益，甚至是国家利益为代价。这种情况在某些社会性立法及政府对经济的管制性立法中也极为常见，在某种意义上说，这些立法不过是利益集团寻租的结果，或者说是管制捕获的产物。③ 国家立法尚且如此，因其部门利益倾向或地方保护主义倾向而受到普遍责难的部门规章、地方政府规章及地方性法规自不待言。

（3）立法资源的浪费问题。立法资源的浪费，是指由于某种原因导致立法活动违背立法目的，使立法无从取得其预期效果，甚或造成更为严

---

① 张志铭：《中国的法律解释体制》，法律出版社1998年版。
② 杜心付、林继昌：《论权力机关对行政立法的监督》，《东吴法学》2001年专号。
③ 董炯：《政府管制研究——美国行政法学发展新趋势评介》，《行政法学研究》1998年第4期。

重的混乱局面。立法行为与其他行为一样，都必须考虑到一个立法成本问题，如果一种立法不能产生其预期效果，或者立法仅仅是对已有法律的一种重新表述，那么，从经济的角度看，无疑就是对有效立法资源的浪费。由于现行宪法体制所限，立法资源呈现出某种稀缺的状况。

随着社会的发展壮大、社会发展速度的加快和社会结构的变化，特别是社会利益多元化的出现，与行政活动利益相关的人们则必然地会提出参与到影响其自身权利利益的决定的形成过程中去的要求。另一方面，立法机关由于其本身的构造、程序以及成员的知识结构等因素的限制，难以有效地针对不断涌现的现代社会的问题进行积极立法，因而在立法阶段已不可能将各种利益考虑均加以吸收，更何况涉及具体操作时的问题。这便是现代议会功能萎缩或是议会民主形骸化问题的一个方面。从行政的角度而言，便出现上述的单纯形式地适用立法机关制定的法律，便不能维持行政活动自身的正当性的问题。

三　可行性：日本行政程序法发展的启示

日本园部逸夫教授从法文化的角度指出："构成行政程序法基础的是什么，例如像以美国为例可以看出那样，是对法院的信任和对行政的不信任观念。但在我国的行政法关系之中，存在着对行政的信任和行政方面对法院的不信任的根本性问题。其原因固然存在于官僚养成的过程之中，但是，与美国相比较，我国官僚的知识水平相当的高，因而导致官尊民卑的风气难以断绝，这一现状也是形成问题的原因。"[1] 另外，日本兼子仁教授着眼于制度的形成面指出："本来，行政权的官厅组织与议会——立法权和法院——司法权完全分离独立地建立，乃是德国和法国等欧洲大陆国家的体制，日本模仿了这种组织结构。但是在英国和美国，至19世纪为止这种组织结构并没有出现。从根本上而言，英美型的行政是一种法院司法变形。因此，要求行政程序依诉讼模型建立使其成为'准司法程序'便为理所当然。"[2]

观察"二战"后行政程序法的立法史，1946年的《美国行政程序法》和1976年的《联邦德国行政程序法》等已为学界所熟知外，近年

---

[1] [日]园部逸夫：《行政程序的法理基础》，北京法律出版社1969年版，第17页。
[2] [日]兼子仁：《行政程序法》，岩波书店1994年版，第182页。

来出现于东亚地区的行政程序法立法动向，也渐渐地引起了人们的关注。因为在某种意义上可以说，同样不具有英美法国家那样的司法传统的东亚国家，基于共同的法文化基础之上各自所进行的法制建设，所遇的问题或许在深层有着共同之处。1995年2月在日本名谷屋大学举行的东亚行政法学会首届学术总会上，来自东亚各国的行政法学家便已经开始了对这类问题的探讨。① 因此，研究1993年制定的《日本国行政程序法》②，特别是对立法史和学说发展史的研究，其意义便具有不言而喻的重要性。

日本行政程序法的立法动向，其起点大致可以追溯到第二次世界大战结束后不久由法制审议会设立的行政程序法部会之时，③ 考察其整个的立法史便会发现，法典屡经波折终获制定的过程，同时也正是日本行政程序法学说和判例理论逐渐发育、丰富的过程，而其核心则是如何使行政程序正当化以及其法根据为何的发展过程。《日本国行政程序法》的制定和颁布只是这个发展的一个成文法典化的成果。因此，本书暂且将法典的制定史本身置于分析的视野之外，着重于探讨日本行政程序正当化的法根据的学说和司法实践发展史以及其对中国行政程序法的形成和发展的启示性意义。

(一) 行政程序正当化的概念

在行政法理论中，经常涉及"正统性"和"正当性"的概念。一般而言，前者是指行政活动被作为行为根据的立法机关制定法中所规定的公共性、公益性所支持，其往往与（形式上的）"合法性"紧密相连，而后者则在实质意义上要求行政活动满足法的目的。"正当化"则可以被理解为使行政活动具有"正当性"的实践过程。

在日本，长期以来，"行政程序的正当化"一直是行政法学家们难以回避的课题④。行政活动必须在实质和实体方面符合法的规定，但同时在程序方面，不仅应合法，而且还被要求应具有正当性。因为，一方面缺乏

---

① [日] 纸野健二：《关于东亚学会首届学术总会》，《法律时报》第67卷第7号，第76页。

② 参见《日本行政程序法》(1993年)，朱芒、吴微译，《行政法学研究》1994年第1期，第79页。

③ 有关《日本国行政程序法》立法史的中文简介，可参见湛中乐《日本行政程序法立法背景探析》，《中外法学》1995年第4期；吴微：《日本行政程序法的制定及特征》，《行政法学研究》1995年第4期，第80页。

④ [日] 杉村敏正：《行政法讲义总论》（上卷），有斐阁1973年版，第217页。

有关程序的一般性法律规定，另一方面在规定行政行为的个别法律规定之中，常常不具备程序性规定，即使有规定也过于简单。在这样的情况下，从实现实质正义的立场出发，行政程序仅仅被要求符合法所规定的基准是不够的，还必须符合宪法或是立法理论中的正当性要求。①

当然，在《日本国行政程序法》已经生效的今天，行政程序第一层次所面临的，已变成是否符合该法的合法性问题。但是，该法的内容依然可以接收正当化的评价，同时，受该法拘束之外的行政程序也依然是正当化课题的对象。②

（二）法治主义理论与行政程序

与中国的学术发展一样，日本在行政程序法理论的建立方面，也存在一个长期的摸索过程。简要地回顾这段历史，或许对中国的行政责任法律制度的建设会有借鉴的意义。

纵观日本公法学的发展史，与中国的"法治"概念内容相近的概念，大致有两个，即"法治主义"和"法的支配"。前者源于德国的"rechtsstaat"（法治国家），后者的母体则是中国法学家熟知的英美法基本原则"rule of law"（中国的法学界一般将"rule of law"译为"法治"。本书为了避免在阐述概念时混乱，暂采用日本式的译法，将"rule of law"译为"法的支配"）。

1. 形式性法治主义和行政程序

日本的近代法，是在继受德国法的基础之上形成的。明治末期，随着德国公法学在日本被广泛接受，法治国家被理解为采用了法治行政原理的国家，其结果，导致了大正时代法治主义等于法治行政原理之等式的成立。并且这种状况在明治宪法中一直得以延续。

在当时的公法学观念之中，法治主义等于法治行政原理除了以法律的法规创造力原则、法律优位原则为内容之外，十分强调法律保留原则的意义。③ 法律保留原则要求行政活动行之有据，即凡对国民课加义务或限制权利的行政活动，例如课税等行政行为，必须具有议会所制定的法律为依据，但该原则并不拘束该活动依何种程序进行。因此，单纯就行政程序而

---

① 朱芒：《论行政程序正当化的法根据——日本行政程序法的发展及其启示》，《外国法译评》1997年第1期。
② ［日］芝池义一：《行政法总论讲义》（第二版），有斐阁1994年版，第275页。
③ 城仲模：《行政法之基础理论》，三民书局1994年版，第1页。

言，通过议会的立法，在形式上而不是在价值上拘束行政活动的法律的产生，则并不是完全不可能。事实上在当时，这类法律也为数不少。[1] 例如，在一部分有关土地管理的法令中便存在过这种程序规定，[2] 当行政行为违反法律规定的程序规定时，该行政行为便成为有瑕疵的行政行为。可见，在这种概念构造之中，行政活动只是被要求在形式逻辑的意义上与法律所规定的相一致，即有法必依，依法行政而并不涉及程序的内在价值为何。现代日本的法学家将这种法治主义称为"形式性法治主义"。

2. 法的支配、实质性法治主义和行政程序

在日本，行政程序的价值真正引起讨论，则是在战后日本国宪法制定之后。第二次世界大战之后，日本被实施占领管理体制。由于日本国宪法是在美国占领军当局的主导之下完成的，并且在该宪法中确立了基本人权保障（第11条第97款），宪法具有最高法规性质（第98条第1款）以及法院拥有违宪立法审查权（第81条）等制度，因此，公法学界较为普遍地采用英美法的解释方法，认为"法的支配"原理已成为该宪法的基础。[3] 并且由此形成正当程序的观念。

同英美法学家的认识基本一样，日本的公法学者认为，"法的支配"原理的基点在于：个人在公权力作出与自己的权利和自由紧密相关的具体决定时，有权要求被告知法的根据和理由，获得提出自己主张的机会（告知、受听证之权），以及认为自己的权利和自由遭受他人（无论公权力还是私人）侵害时，有权经公平且独立的法院，通过对"法"的正确解释适用，获得实效性救济。[4] 由此可见，该法原理所强调的是个人的法地位以及与其法地位相关的法程度的意义。当然，"法的支配"原理中的"法"及其价值，应该存在于为确保独立自尊的人的自律性存在，并且由这样的独立自尊、自律存在的人所形成和维持之关系中。

但是，20世纪50年代之初，在探讨"法的支配"原理与法的程序之关系时，由于受宪法第31条的规定中"刑罚"一词的限制，使得正当

---

[1] ［日］高田敏：《日本行政程序观的发展》，《阪大法学》第39卷第3号，第368页。

[2] ［日］宫崎良夫：《行政程序法理之形成初探》，《高柳信一先生古稀纪念论集》，劲草书房1991年版，第253页。

[3] ［日］高田敏：《战后我国的"法治主义和法的支配"争论序说》，《阪大法学部创立三十周年纪念论文集》，第67页。

[4] ［日］佐藤幸治：《"法的支配"之意义再考》，《法学教室》第185号，1995年11月，第20页。

程序的法原则在适用范围方面，只能在刑事司法程序的范围中运用而未能涉入行政活动的领域，难以像其母体美国宪法第 5 条修正案的规定那样全面和广泛。但是，进入 20 世纪 50 年代后期，随着关于宪法上的正当程序原则与行政法关系问题的讨论在学界被提起和展开，这种状况有所突破。1956 年京都大学的杉村敏正教授将日本宪法内容与英国法的自然正义原则（natural justice）、美国法的正当程序原则（due process）作了比较研究之后指出：行政行为也必须符合正当程序原则，其宪法根据不是第 31 条而是第 13 条所规定的"个人的幸福追求权"[1]，即该条包含了对行政进行直接拘束的正当程序性要求。由此开始至 1960 年左右，从"法的支配"原理之中寻求法根据对行政活动进行控制的诸学说见解渐渐得以确立并发展至今。

另一方面，在新的宪法环境中，日本公法学中根深蒂固的"法治主义"观念必然地受到了严峻的挑战。如前所述，日本的"法治主义"是自明治时代继受德国法理论后形成的国家观，具有很强的形式主义性质。一般而言，其具有以下两个方面的特点：即，一方面在近代法意义上其与警察国家相区别，在干涉人权时必须具有议会所制定的法律为根据，由此控制行政权的恣意发动；另外一方面其在涉及如明治宪法时代所存在过的那种依照法律严重侵犯人权，或者法律本身对人权不能有效实施保障时，便显得无能为力，并且导致法律所规定的手段、形式自我目的化。因此，进入 20 世纪 50 年代，围绕着在日本国宪法之中，"法治主义"是否依然有意义、其地位究竟为何的问题，发生了"法治主义与法的支配"的学术大争论，其结果导致法学界对"法治主义"内容的再讨论和再构筑，从而形成了与"法的支配"原理相似的"实质性法治主义"原理。[2] 持该学说的学者们认为：日本国宪法中提出的"法治主义"，并非是将"依法行政"的手段、形式自我目的化，而应将其目的、内容放在与人权保障为核心的相应关系之中认识、分析和解释。因此，行政活动远不能只是仅仅被要求符合宪法和法律的规定，即使法律中无具体的规定之时，行政也必须接收宪法原则的直接羁束，即，"实质性法治主义"不满足于行政活动在形式上有法可依，更从符合人权保障的法目的、内容出发对行政手

---

[1] ［日］杉村敏正：《行政行为与正当秩序》，《渡边宗太郎博士还历纪念论集》，1956 年。
[2] ［日］村上武则：《法治主义和行政法学五十年》，《法学教室》第 179 号，第 40—42 页。

段和行政形式提出相应的要求。因此,理所当然地对行政行为的事前程序也提出了正当化的要求。① 在这样的认识前提之下,有的学者认为程序上的参加应该是不以实体权利为存在前提的具有独立的法价值之物。② 这样的行政程序的建立,在行政裁量大幅度扩张的现代行政环境之中探求如何抑制行政机关的主观恣意之路,也相应地在现代意义上发展了法治主义。③ 20 世纪 60 年代后期以来,随着福利国家制度的发展和逐步完善,以及所谓"后现代化"问题的出现,行政程序理论所涉及的法领域不断被拓宽,对行政程序法的思考的立足点也不断地适应社会的发展而更新。现在,听证等事前行政程序除了针对传统的行政处分(相当于中国行政诉讼法中的"具体行政行为")之外,在行政立法、行政计划、行政指导方面的意义也强烈地被认识到。(1993 年 11 月 12 日,日本国《环境基本法》获颁布,该法的第 20 条中对环境影响评估程序提出了一般性要求。)同时,日本由于经济高速增长,开发、公害、环境、给付等行政领域不断扩大,相应的行政程序问题也不断地被提出来。例如,公害法中的环境影响评估和作为一般性制度的情报公开。日本于 1994 年 12 月成立行政改革委员会。1995 年 3 月在该委员会之下设立行政情报公开部会,1996 年 4 月 24 日公布了《情报公开法纲要案(中间报告)》。此外,至今都道府县以及部分的市村町等地方自治团体已各自颁布了地方性的《情报公开条例》。此外,形成于 20 世纪 70 年代,现已成主流学说的"行政过程论"在行政程序方面对"法治主义"作了进一步的发展,其力图修正以自由主义为基础的行政法学理论中的国家和社会、行政主体和私人的二元对立前提,尝试着通过行政程序的调节作用使行政活动成为国家诸机关、利害关系人、一般居民等具有各自立场的人之间达成合意的一种统合性过程。但有的学者指出:行政过程中私人的参加之所以应被重视,是因为现代议会民主的形骸化,只有在综合性的社会统合过程之中才能获得行政的民主正当性。④

---

① [日]高田敏:《战后我国的"法治主义和法的支配"争论序说》,《阪大法学部创立三十周年纪念论文集》,第 375、376、378 页。

② [日]田村悦一:《参加利益的法保障》,《立命馆法学》第 147 号,第 1—6 页。

③ [日]南博方、原田尚彦、田村悦一编:《新版行政法(2)》,有斐阁 1986 年版,第 8 页。

④ [日]藤田宙靖:《行政法(总论)》,青林书院 1995 年版,第 132 页。

从上述诸观点中可以发现，在寻找正当程序的宪法根据时，日本的公法学家均超越具体的、形式性的法规范，以人权保障这一价值理念为逻辑基点，以宪法的具体规定或精神为依托，进行理论构筑的。

制定行政程序法的出发点之一是使行政程序正当化，以避免单纯形式地适用立法机关制定的法律，因此，重要的是，不只是仅仅在形式上将行政程序法制定出来，然后在形式上严格依照适用（如缺乏对行政程序正当化的追求而是机械地形式性地适用听证等程序的话，这不仅不能达到法的实质性目的，反而会因此妨碍行政效率的发挥，导致财政上的浪费和社会成本的增加。），正如日本经验所给人的启示那样，是否从实现法的实质目的出发，乃为关键。从上述对日本的介绍中，我们可以看到，战后日本的学者和法官们在继受的基础上，结合本国的国情以及社会发展的需要，超越了严格以制定法的规定为根据对行政行为是否合法进行判断的形式性法治主义原理，采用了从人权保障等基本原则出发，以宪法的条款或原理为依托，根据程序权利的问题进行解释和认定的法的支配原理和实质性法治主义原理，这为制定成文的行政程序法典，奠定了雄厚的思想和实践的基础。

行政责任法既应包括实体法内容也应包括程序法内容。长期以来，我国立法多重实体轻程序，导致我国行政责任法中的程序法律规范相对薄弱。

日本的这种对行政程序正当化的法根据基点选择的思考方式，对追求实质性平等和公正的社会主义国家在法制建设方面，理应存在借鉴的价值。当我们在创立和发展中国的行政责任法律制度理论时，面对如何处理理念和制定法的关系的问题时，至少可以得到这样的启示：不能拘泥于制定法的形式规定本身，而无视该规定的理念根源和法所追求的实质性目的；另一方面，学术研究自身也不能仅仅停留在理念的倡导上而成为无视行政和司法实践现实的空洞的观念堆砌，理论的构筑不能只是法概念在逻辑上的自我完成，必须结合实际的行政和司法实践活动，针对实定法中的概念从法的实质目的出发进行解释，从而使理念走入现实的司法实践活动。

第二节 行政责任法律规制体系的选择方向与模式

一 行政责任法律制度的价值取向与规制

（一）行政责任法律制度的价值取向

价值取向是一个抽象的理论问题，属于概然的评判范畴。价值评判方法有三种功能：一是引导制度本身的建构；二是在制度操作中的矫正、规范功能；三是制度运行后的总结、归纳功能。它本身也是一个动态的分析过程。我们说的行政责任法律制度的价值取向也没有一个统一的度量衡标准，只是在探讨中以求其精。

首先，要定位行政责任必先要与本身行政行为启剖，这不得不回到行政责任的性质分析上来。学界有关于行政责任指行政行为引起的责任或司法行为引起的责任，在现行体制下，行政责任既包括行政行为引起的责任也包括司法行为引起的责任，应是兼具行政性与司法性属性的。但是行政责任与司法责任又有本质的不同，有其自身内在特性存在（这在前文已作了论述），从而形成与司法责任无法雷同的规则体系。行政行为这一活动在司法中的尴尬也带来责任制度的尴尬，如果归属司法权，自然适用司法（指司法裁判）中的规则；如果归属行政权，自然也归于行政法范畴而引入行政责任（而非司法责任）的理念。体制的尴尬必带来了理论的内在不协调，现行的行政责任主体既包括行政机构也包括司法机构。因此，探讨现行机制下的行政责任法律制度颇有裨益。必须立足于行政责任的兼容性。

其次，行政责任法律制度的第一要义是要将行为目的、责任、程序、后果自然展示在当事人之间，以增强行为运作的说服力，这就是行政责任公开问题，直接体现行政公开原则。将行为过程逐步演练成"以规则说话"的过程，严格的责任展示、审查过程必将助于行为主体资格与能力的认定。行政责任必将立足于为高效行政行为提供制度支持。行政责任法律制度的设计要在注重本身效率价值达成内部运作的可操作性、便捷性的同时，应加强与其他制度的协和。

综上，构建行政责任法律制度应以迅捷、高效、信用为基准理念，在强化行政相对人行政责任模式下，以行政公开为载体实现行政行为的程序公正。

（二）规制

通过前文内容分析我们不难发现，我国行政责任法律制度急待完善。具体应从以下三个方面采取措施：

1. 事前责任规制

权力过程中缺乏有力的制约和监督会导致权力的滥用。在失控和约束不力的情况下，个人的意志常常会由于没有压力和牵制而轻易地进入权力过程，从而使用权人形成不谨慎甚至是随意的精神状态。由于缺乏制约机制作保障，权力行为的规范也往往流于形式，丧失应有的权威和严肃性，得不到真正的贯彻。江泽民同志说，权力被滥用而又得不到制止，往往就会出现大问题。我国腐败现象发生的现实直接地证明了这一点。虽然在党政体制中有专职地监督各级权力的机构，但监督权和被监督权之间明显失衡，使得监督机构的职能作用受到限制。权力运作的规律表明，权力越大、越关键，就越是应当予以规范和约束。而现实权力体制中的情况却是相反，权力地位越高，受到的制约和监督却越弱。正因为制约监督不力，才使得某些人有恃无恐，肆意妄为。

首先必须完善权力体制，强化制约监督。腐败表现为权力的滥用，因此应当在权力体制和结构的改革上寻求对策，改善权力运作的体制环境和相关环境。针对传统体制中过分集权、缺乏制约功能的弊端，主要应做到：一是权力体制的调整和改革应在民主和科学的原则指导下进行。实践证明，民主政治的发展同权力腐败的发生，通常呈反比关系。尽管民主政治做不到完全根除腐败，但确实可以起到减少腐败发生和控制腐败规模的作用。权力体制的科学化是指权力的配置和结构设计要遵循权力活动的客观规律。二是改革过分集权的弊端。三是建立系统严密的权力监督机制。

其次进行责任规制，责任规制是指责任制度和责任规范，它包括实体性规范和程序性规范两方面的内容。其中，实体性规范包括由法律义务与法律责任方式构成的责任规范以及工作责任制度等内容，程序性规范包括归责与责任追纠程序和行政救济程序等内容。

（1）责任制度：法律义务和责任方式。

法律义务是指由法律法规和地方性法律文件规定的公务员必须履行的义务,具有法律性和强制性的特点,我国公务人员的义务主要是《国家公务员暂行条例》、《中国共产党纪律处分条例》、《中国共产党党内监督条例(试行)》和中共中央、国务院、中央纪委颁布的其他法律文件以及一些地方法规所规定。这些规定包括义务性规定和禁止性规定两类,责任方式既实现责任的具体方式,它是因破坏法律上的法律义务关系而产生的法律上后果,法律义务和责任方式共同构成完整的法律责任制度规范,责任方式也应有法律制度来规定,并有国家强制力保证执行,行政责任具体通过以下五种方式来实现:政治责任、政纪处分、党纪处分、民事责任与刑事责任。

为保证行政工作的实现和效率,我国各行政机关都要实行行政责任制,这是宪法规定的原则。行政责任制大体可分为三类:第一类是行政机构的职责规定;第二类是日常性组织内的责任分工制度,包括领导责任制(如首长负责制)、职位分类制度、岗位责任制以及相配套的考核、奖惩制度。第三类是专项工作责任制,专项工作责任制是为了推行某项政策、完成某项工作或工程而规定的责任制度,具有目标明确、时效性强的特点。

(2) 行政责任的救济功能。

行政责任的救济功能,就是救济行政法律关系主体受到的损失,恢复受侵犯的权利。行政责任通过设定一定的行为、精神、财产责任,赔偿或补偿在一定法律关系中受到侵犯的权利或者在一定社会关系中受到损失的利益。首先,行为责任是行政责任中数量很大的责任形式,如撤销违法的行政行为、履行职务或法定义务等;其次,精神责任在行政责任中所占的比重明显高于其他法律责任,如通报批评、赔礼道歉、承认错误;再次,财产责任仍然是行政责任的重要形式,如赔偿损失、罚款;最后,行政责任也包括人身责任,如拘留。[①] 救济,即赔偿或补偿,指把物或人恢复到违约或违法侵权行为发生前它们所处的状态。可以分为特定救济和替代救济两种。所谓特定救济,是指要求责任人作他应作而未作的行为,或撤销其已作而不应作的行为,或者通过给付金钱使受害人的利益得以恢复。比如,停止侵害、排除妨害、恢复原状、赔偿损失等。这种救济的功能主要

---

① 参见罗豪才《行政法学》,北京大学出版社 1996 年版,第 311—328 页。

用于涉及财产权利和一些纯经济利益的场合。替代救济是指，以责任人给付的一定数额的金钱作为替代品，弥补受害人受到的名誉、感情、精神、人格等方面的损害。这种救济功能主要用于精神损害的场合。精神损害与其他人身损害一样，都是受害人所遭受的实际损失。替代救济是以金钱为手段在一定程度上弥补、偿付受害人所受到的心灵伤害，尽最大可能恢复受害人的精神健康，如果不能恢复，也使受害人的心灵得到抚慰。

（3）行政责任的预防功能。

行政责任的预防功能，就是通过使违法者、违约人承担法律责任，教育违法者、违约人和其他社会成员，预防违法犯罪或违约行为。行政责任通过设定违法犯罪和违约行为必须承担的不利的法律后果，表明社会和国家对这些行为的否定态度。这不仅对违法犯罪或违约者具有教育、震慑作用，而且也可以教育其他社会成员依法办事，不做有损于社会、国家、集体和他人合法利益的行为。英国哲学家哈耶克从自由与责任密不可分的关系出发，指出责任的预防功能："在一般意义上讲，有关某人将被视为具有责任能力的知识，将对他的行动产生影响，并使其趋向于可欲的方向。就此意义而言，课以责任并不是对一事实的断定。它毋宁具有了某种惯例的性质，亦即那种旨在使人们遵循某些规则的惯例之性质"。他同时指出，发挥责任的预防功能同时也是追究责任的理由："课以责任的正当理由，因此是以这样的假设为基础的，即这种做法会对人们在将来采取的行动产生影响；它旨在告之人们在未来的类似情形中采取行动时所应当考虑的各种因素。"[①]

2. 以行政责任法治化进行事中监督

如果权利对权力的监控力不足，也会导致权力的滥用。在国家的政治生活中，人们的参与手段主要是两种，公职人员依靠公共权力，而公共大众主要运用宪法所规定的权利。在具体生活中，公共权力是为实现公民的权利而服务的。为了保证权力行使用权的合理正当，通常必须建立和完善权利对权力的监控控制制度，防止权力践踏和侵犯人民的权利和利益。权利对权力的监控是现代权力制约体系的重要组成部分。在我国，这样的制度尚未健全。权利对权力的制约缺乏有效的实现手段，公民权利行为组织

---

① ［英］弗里德利希·冯·哈耶克：《自由秩序原理》，邓正来译，生活·读书·新知三联书店1997年版，第89—90页。

性差，制度保障也不够。在公职人员的选拔、业绩评估和考察、权力违法的遏制以及权力受腐败行为侵害的救助等方面，尚未建立起严密的权利参与和保障制度。例如舆论监督对权力违法乱纪的实际压力还远远不够，群众对贪官的抨击常常很难转化为组织制度的抨击，从而使得某些握有权力的人无所顾忌。甚至出现已怨声载道的官员仍然提拔重用的现象。这表明，权力的运用离开了人民群众权利活动的监控，也必然出现滥用的后果。预防权力的滥用，应从权力的监督和制约入手。

职务犯罪等腐败现象已经侵蚀着社会结构的每一环节，已经泛及社会的各个领域。预防职务犯罪等腐败现象已成为与经济建设同等重要的大事。我们党和国家一贯清楚地认识到腐败的严重危害性，一贯重视与腐败斗争。党的十五大报告指出，反腐败"教育是基础，法制是保证，监督是关键"。但是，反思我国历次的反腐败斗争，虽然功不可没，但也存在不少问题。针对目前现实，深感检察机关开展预防职务犯罪工作任重而艰难，似乎是被动的预防。以我个人看来，预防职务犯罪是一项全方位的系统工程，主要应该从以下几方面入手。

（1）强化权力制约。这是根本，因为腐败的根源在权力失控，这是制度、机制的问题，我们道德应着眼于此。首先，在战略上大力推进中国的政治现代化进程。中外历史的实践表明，现代化建设是一个国家经济、政治、社会、文化的全面发展的过程。我国现代化建设的目标是实现国家的富强、民主、文明，这是一个全方位的目标。它告诉我们，以经济建设为中心决不等于经济现代化的价值压倒一切。如果政治现代化如政治民主、政治效率、权力结构科学化等没有相应的发展，经济增长创造的财富就很可能成为腐败分子饱食的美餐或被其挥霍浪费。近十几年来围绕提高经济活动的效率进行了以放权为主的权力体制的改革，但传统权力结构却没有相应调整，权力只是在集权的结构中大量下移，由上级的集权形成众多的大大小小缺乏制约和规范的小集体、小单位甚至是个人的集权。以国有资产为例，一方面在不断增值，另一方面却因企事业单位中管理、经营权力的滥用而大量流失，进入小集体和个人的私囊。严峻的现实提醒我们，必须坚持经济和政治协调发展的指导思想，在经济现代化的同时加速政治现代化的进程。如果政治发展不能及时顺应经济发展的要求，滞后的时期过长或距离太大，必然为腐败提供泛滥的空间。所以必须依照经济发展的要求切实改革权力结构的种种弊端。这一点应当是反腐败斗争重要的战略性指导思想。其次，完善权力体制，强化制约监督。腐败表现为权力的滥用，因此应当在权力体制和结构的改革上寻求对策，改善权力运作的体制环境和相关环境。针对传统体制中过分集权、缺乏制约功能的弊端，主要应做到：一是权力体制的调整和改革应在民主和科学的原则指导下进行。实践证明，民主政治的发展同权力腐败的发生，通常呈反比关系。尽管民主政治做不到完全根除腐败，但确实可以起到减少腐败发生和控制腐败规模的作用。权力体制的科学化是指权力的配置和结构设计要遵循权力活动的客观规律。二是改革过分集权的弊端。三是建立系统严密的权力监督机制。第三，强化对权力的社会监督，充分发挥舆论对权力的监督作用。社会监督是指公民、企事业、社团和其他社会组织依法定权利对公共管理权力进行的监控和督促。它是权力监督和制约系统的重要组成部分，是社会对国家行为的规范和约束力量。权力腐败损害着社会公共利益，那么，动员各种社会力量保卫自身的合法权益，维护正常的管理秩序，必然构成对违法犯罪的有力抵制。

（2）以法治腐，把反腐败斗争纳入法制化的轨道。面对性质恶劣危害极大的腐败现象，加大惩治力度不失为一种有效做法。"有法可依、有法必依、执法必严、违法必究"，这是党的十一届三中全会上提出来的社会主义法制基本原则，这也应该是以法治腐，把反腐败斗争纳入法制化轨道的基本要求。具体来说，反腐败斗争的法制化应该包括：有与市场经济体制相适应的、完善的廉政法律体系，如反贪污的立法；有与社会主义政治制度相适应的、强有力的反腐倡廉的监督机制，如监督法的出台；有政治上坚定、业务上强、装备良好、反应迅捷的执法队伍；有领导重视、群众支持、社会形成廉洁意识的执法环境。而其中，主要应该作好三方面的工作：一是继续完善反腐败和廉政立法，一要抓紧制定从宏观上强化反腐败、廉政建设地位的法律，使"两手抓，两手都要硬"的方针取得法律上的保证；二要抓紧制定规范市场经济行为的法律；三要抓紧制定对违法违纪和犯罪的国家机关工作人员进行严惩的法律。二是加强执法队伍建设，改善执法条件，保证严格执法、依法办事，坚持标本兼治方针，形成具有中国特色的预防职务犯罪的工作机制。三是发挥检察机关预防职务犯罪的职能。作为司法机关之一的检察院，是查办国家机关工作人员职务犯罪的主体，应加强政治思想教育工作。反腐斗争光有外在的约束机制还不够，还必须从干部自身的素质教育入手。我国宪法规定，国家通过思想教育、道德教育、文化、纪律和法制等各个领域的教育，加强社会主义精神文明建设。精神文明建设是我国现代化建设的根本方针之一。邓小平同志说："要教育全党同志发扬大公无私、服从大局、艰苦奋斗、廉洁奉公的精神，坚持共产主义思想和共产主义道德。"我们要加强对干部的各方面的教育，使他们自己充分意识到腐败的严重危害，并坚决制止此类现象在自己身上和身边发生。在进行教育的同时，也要注意有效的教育方法的运用，可以开展学习讨论，进行法制观念教育，开展批评与自我批评，增强党性，建章立制，纠正错误问题等。加强预防职务犯罪工作，是一项长期而艰巨的任务。只要我们运用正确有效的手段，经过几代人共同努力，敢于坚持不懈地同腐败问题作长期而坚决的斗争，才能有效遏制和减少职务犯罪，才能更好地服从和服务于经济建设这个大局。

3. 进行责任追究以事后补救

（1）对一级政府的责任追究。

长期以来，全国各地经常听说发生某某事故或某地发生某种不法行为或其他某些急需处理的事件时，由于职责不清，各个政府部门间互相推诿从而使得应当及时处理的事件长期得不到处理，结果人民群众的利益受到很大损害。我始终不明白，发生上述事件时，我们的一级政府跑哪儿去了？要知道，部门并不是一级政府。宪法和法律并没有直接赋予某个行政部门以全面保护人民或公民生命、自由、财产及其他合法权益的法定职责，而是将该种职责直接赋予了一级政府，如中华人民共和国中央人民政府即国务院、省级政府、市级政府、县级政府，最后是乡镇人民政府。而且，宪法和法律授予了一级政府制定行政措施、发布行政命令的职权，那么我就产生了疑问：当上述损害人民或公民权益的事件发生时，我们的一级政府干什么去了？比如"食人鱼"事件，许多政府部门说没有处理的权力，那么面对这一严重危及国家生物、生态和环境安全的事件，我们的一级政府应当做些什么？按属地管辖的原则，发生该事件的当地政府完全可以发布行政措施或行政命令加以处理，乡镇政府权威不够，他可以请求县级政府处理；县级政府权威不够，他可以申请省级下令处理；最后还可以到国务院请求处理，有什么不可以呢？甚至如果国务院认为事件重大超出自身权限的，国务院总理也可以先行作出紧急行政命令予以暂时处理（这叫行政应急措施，不仅不违背依法行政原则，而且是法治政府的应尽责任，而不能以超越权限为由拖延解决），随后及时向全国人大常委会提交立法议案或请求对该重大事件的处理决定（人大有重大事项决定权）。这才是现代法治政府应该做的事。

从法律上说，宪法和法律对一级政府的授权事项中，对于保护人民或公民生命、自由、财产及其他合法利益免受侵犯方面的法定职权是没有遗漏的。法律是采用列举和概括相结合的授权方式，而且列举的权限也是很概括的，一级政府行使权力的自由度是相当大的，几乎不存在行政管理的真空。如果说有行政管理的真空，那就是政府尚未尽到法定的职责（义务）。对未尽到法定的职责的一级政府应该进行责任追究。而绝不能允许危害人民或公民权益的事件没有人管的情形出现。

（2）对行政工作人员失职责任追究。

《行政工作人员失职责任追究制度行政工作人员失职责任追究制度》第二条规定，"失职"是指工作人员由于严重不负责任，不履行或者不正确履行自己的工作职责，致使公共财产及党、国家、集体和人民利益遭受损失的行为。责任追究对象是局机关及受委托具有行政管理职能的事业单位的失职工作人员。第三条对行政工作人员的失职行为，在查清事实的基础上，分清责任，按照下列原则处理：①对触犯刑律被判刑的，一律开除党籍、公职；②对造成重大损失的责任人，按照规定给予党、政纪处分；③对不构成重大损失，但给本单位造成重大不良影响的，酌情给予纪律处分；④情节较轻的，给予批评教育、诫勉直至组织处理。第四条行政工作人员有以下失职行为的，需要追究：①党员领导干部在思想政治工作方面有违反《党员领导干部犯官僚主义失职错误党纪处分的暂行规定》四种行为之一的；②工作人员在履行公务中违反规定颁发《统计管理登记证》及年检、《统计岗位证书》及年检、部门统计调查项目审批或备案、固定资产投资新开工竣工项目统计登记备案等各项审查、审批中有失职行为的；③行政管理、安全保密、文书档案管理、统计资料管理违反有关规定造成损失的。

为了有效治理干部失职行为，湖南省使出了"撒手锏"。据悉，该省在多头激活公务员队伍的同时，对公务员加大了管理考核力度，切实治理公务员有法不依、执法不严、违规不究等行政失职现象。几年中，全省因年度考核不合格被降职和辞退者共2400余人。让在工作上失职者失去职位和职业的干部管理方式，无疑对那些无所作为的"太平官"和长官意志下的"胡乱搞"，都是一种切实而有力的惩戒；就促进干部制度改革而言，其意义是深远的。

"失职"，就是没有尽到应尽的责任，即"不作为"或"乱作为"，"在其位而不谋其政"，或者在行政活动中有法不依，有规不守，"想当然"。许多人认为，只有干部自身出问题才算犯错误，失职则属工作范畴的事，因此干部失职后，大多受个警告、作个检讨，或者只作个自我批评之类的"处理"就完事。尽管有的干部一再失职，是领导的，"铁交椅"继续坐；是普通干部的，"铁饭碗"照样捧。长期以来所形成的"上去容易下来难"的干部人事体制宽待和纵容着失职者。要改变这种状况，就应让失职者"失职"！如果谁丧失其应担负的职能和职责，就要让他失去其职位和职业。这是百姓的心愿和呼声，更是实施干部管理的有效手段。

重大事件中，官员的频频失职事件使得越来越多的人开始思考这样一个问题：是否应该制定专门的紧急状态法律以强化担任特殊职责人员在非典等突发事件中的法律责任。中国政法大学法学院院长马怀德教授说，我国已经制定了多部紧急状态法律，这些法律都对紧急状态下特定责任人的权力和法律责任作了规定。但过于抽象、笼统的法律规定对紧急突发事件中担负重要职责的特定人群并没有起到很好的约束作用和激励作用。到现在为止，各种官员失职行为还在不断发生就说明了这一问题的严重性。应当在总结包括抗击非典在内的国内紧急事件的经验教训和借鉴国外紧急状态立法的基础上，尽快在我国宪法中增加紧急状态制度的规定，并在条件成熟的情况下制定一部统一的紧急状态法，明确紧急状态下的政府人员等肩负特定职责人群的法律义务和法律责任追究的具体规定。

二 行政责任法律制度体系的选择方向与立足点

法治国家的最重要的指标之一是依法行政，而依法行政的最重要的指标之一是行政主体行使职权在实体、程序上有法可依，行政主体实施行政行为遵循和符合体现公开、公正、公平的正当法律程序，承担行为所引发后果的责任。

我国已经通过宪法确立了依法治国，建设社会主义法治国家的目标。实现这一目标所面临的一项非常重要、非常艰巨的任务即是健全和完善行政责任法律制度体系。怎样完成这一任务，我们首先面临的是立法模式选择：是制定统一的行政责任法律制度体系，还是分别制定单行法？如制定统一的行政责任法律制度体系，调整范围如何确定：是否包括抽象行政行为程序，是否包括内部行政行为程序，是否包括行政救济程序，是否包括行政法的有关实体原则和规则？此外，如制定统一的行政责任法律制度体系，其性质如何确定，是欲使之成为一部"基本法"（其他有关行政责任的法律与本法不一致的，均以本法为准），还是欲使之成为一部"普通法"（本法之前或之后制定的有关行政责任的单行法律可作为"特别法"而在效力上优于本法），是欲使之成为一部"纲要式"或"通则式"的法律（需依靠其他具体法律实施），还是欲使之成为一部具有"可直接操作性"的"规则式"法律？

（一）行政责任法律制度体系的选择方向

对于上述问题，我们理论界探讨的并不多。下面笔者就这些问题谈一点个人的看法：

1. 统一立法还是分别立法

笔者一直主张制定统一的立法，笔者认为，制定统一行政责任法律制度体系至少在下述方面优于分别制定单行法：其一，有利于行政责任法律制度体系的统一，以避免分别立法可能导致的法律间的相互不一致、相互矛盾、相互冲突，以及由此引起的对行政相对人的不公正：相同情况不同对待，或同情况相同对待；其二，有利于行政责任法律制度体系的系统化，以避免分别制定单行法必然导致的法制在一定时期内的残缺、漏洞（在某些领域、某些事项上有法可依，在其他相关领域、相关事项上却无法可循），以及由这种法制残缺、法制漏洞引起的执法主体的滥用权力和腐败；其三，有利于立法成本的节约，以避免单独分别立法（在很多方面，很大程度上是重复立法，因为大量行政行为的程序是相同，或者说是应该相同的，如告知、听取相对人陈述、申辩、回避、授权、委托等）导致人力、物力、财力的大量浪费；其四，有利于国人，特别是公职人员责任意识的提高。制定一部统一的行政责任法律制度体系不仅可为政府，为所有行政主体实施公法行为提供统一的、规范化的、标准的"操作规则"，以防止滥权和腐败，同时也将为全体国人提供一部系统的行政责任法律制度教材，全体国人可从中受到较系统、较深入的现代行政法治教育，显然，这种教育功能是个别的单行法难以企及的。当然，行政责任法律制度体系的统一立法并不完全排除有关行政事项的单独专门立法，如《行政处罚法》、《行政许可法》、《行政强制法》、《行政法规和规章制定程序法》、《行政复议法》等。统一的行政程序法典只规定各种不同行政行为的共同的和一般的行政程序，对于特定行政行为的特别程序，还需要通过专门的单行行政程序法或集实体规范和程序规范于一体的行政管理法规定。①

2. 统一行政责任法律制度体系是否应规定行政行为实体规则

笔者主张应规定实体规则，理由有三：其一，行政法由于调整范围广泛，各类行政法律关系差别很大，故在实体规范上很难制定或编纂成统一法典。但是行政法的有关基本原则，如依法行政原则、比例原则、诚信和信赖保护原则等，有关一般规则，如行政行为的效力、成立、生效、合法的条件、撤销、无效、废止的条件和法律后果等，均普遍适用于各领域的各类行政行为。为使这些原则、规则在所有行政领域和所有行政行为中得到遵循，在统一的行政程序法典中加以规定是非常必要的；其二，行政法的上述实体基本原则与程序基本原则，如公开原则、参与原则、回避原则、听取相对人的意见原则、不单方接触原则、职能分离原则等，是紧密联系的，行政行为的一般实体规则，如效力、生效、失效的条件、法律后果等，与行政行为的开始、进行、终止等程序规则是紧密联系的，将此二者规定在一起显然有利于对行政行为的统一规范。如将二者分割，将那些具有实体性的基本原则、规则分散规定于各种不同的单行法中，其对行政行为规范的效果肯定要差很多；其三，在没有行政程序法典的现有体制下，行政责任法律制度体系包括行政责任的实体规则和程序规则，能起到规范行政程序的作用。

3. 行政责任法律制度体系是否应调整内部行政行为

许多学者认为，行政法是调整行政主体与行政相对人关系，即外部行政关系的法律规范系统，故行政程序法只调整、规范外部行政行为的程序，而不调整、规范内部行政行为的程序。但是，我们考察国外、境外的行政程序法律文件，发现实际情况并非如此，不要说大多数国家和地区存在着调整和规范内部行政行为程序的单行法律、法规，就是一些国家和地区的行政程序法典，同样也有规定内部行政行为程序内容的。笔者主张我国行政责任法律制度体系应适当规范内部行政行为的程序。理由如下：其一，有些内部行政行为虽然不直接影响行政相对人的权益，但间接影响其

---

① 姜明安：《我国行政程序法立法模式和调整范围之抉择》，《法制日报》2002年8月11日第1版。

权益，有时甚至影响甚巨，如授权、委托、代理、公务协助等。因此，行政责任法律制度体系对这类内部行政行为应与外部行政行为一道规范；其二，有些内部行政行为虽然不影响行政相对人的权益，但对公务员或其他公职人员的权益影响甚巨，如行政处分，包括对其人身权、财产权进行一定限制，以及开除公职等，对这类内部行政行为，行政责任法律制度体系应规定最低限度的程序制约，如要求遵守正当程序原则等；其三，内外行政程序有时很难区分，如审批许可程序，在同一个行政行为中，可能内外程序交织，行政程序法对之规范，自然应统一规范，而不应（实际也不可能）对二者加以区分，只规定纯外部程序而不规定内部程序。当然，在很多情况下，内外行政行为还是可以区分和应该区分的，行政责任法律制度体系主要应规范外部行政行为的程序，内部行政行为程序则主要应由专门的内部行政法律文件规范。

4. 行政责任法律制度体系是否应规范抽象行政行为

抽象行政行为包括行政立法行为（制定行政法规和规章的行为）与发布其他规范性文件的行为。对于行政立法行为，我国现已有立法法和国务院发布的《行政法规制定程序条例》《规章制定程序条例》对其程序作了较详细的规定；而对于行政机关发布其他规范性文件的行为（这类行为在数量上大大超过行政立法行为），目前尚无统一的法律或法规加以规范。对此，行政责任法律制度体系应如何处理，立法者可以有四种选择：其一，在行政责任法律制度体系里不规定任何抽象行政行为程序，行政立法仍适用现行法律法规规定的程序，发布其他规范性文件行为则另制定专门单行程序法规范；其二，在行政责任法律制度体系里不规定行政立法程序，行政立法仍适用现行法律法规规定的程序，但对现在仍无程序法规的发布其他规范性文件的行为则设专节予以规定；其三，在行政责任法律制度体系里对抽象行为程序予以统一规范，现行法律法规规定的程序可继续适用的，在行政责任法律制度体系里予以重新规定；现行法律法规规定的程序不宜继续适用的或现行法律法规没有规定而应该规定的程序；行政责任法律制度体系对之作出新的规定，今后抽象行政行为的程序一律以法典为准；其四，在行政责任法律制度体系里对抽象行政行为程序予以统一规范，但现行法律法规规定的行政立法程序可继续适用，行政立法即遵守行政责任法律制度体系规定的抽象行政行为程序的一般原则，又遵守立法法和两个行政法规规定的行政立法具体程序规则，至于对现行法律法规尚未规范的发布其他规范性文件的行为，法典则应予以具体规定。笔者建议立法者做第四种选择，此既有利于保障法制统一，又不致使行政责任法律制度体系过于庞大，还有利于保障现行法制的一定的稳定性。

5. 行政责任法律制度体系是否应调整特殊行政行为

行政责任法律制度体系通常以一般行政行为（抽象行政行为和具体行政行为）为调整对象，对于某些特殊行政行为，如行政合同、行政指导等，是否可纳入和应纳入其调整范围，是一个值得研究的问题。行政合同具有双方性，而一般行政行为具有单方性；行政指导具有非强制性，而一般行政行为具有强制性，对二者很难确立完全统一的程序规则。对此，有人主张对行政合同、行政指导等特殊行政行为单独立法，在统一的行政责任法律制度体系里对之不作规定。由于这些行政行为在现代社会，在民主、市场化的条件下，具有了越来越重要的地位和作用，笔者主张我国行政责任法律制度体系应设专章对行政合同、行政指导作出规定。单独立法可能难于在短时间内提上立法日程，而对这两种行为的规范却具有迫切性。而且这些行政行为确实有不同于一般行政行为的特殊性，很多问题难于对之作统一规范。

在行政责任法律制度体系调整的各种行政行为中，除了行政合同、行政指导对于一般行政行为具有较大的特殊性外，各种一般行政行为相互之间也具有一定的特殊性，如行政许可、行政征收、行政给付、行政处罚、行政强制等。行政责任法律制度体系对这些一般行政行为，自然只是，或主要是规定其具有的共性，对于某些具有较大特殊性的行政行为，只能留待各相应单行的行政管理法（如行政许可法、行政处罚法、行政强制法等）去规范。因此，行政程序法并不完全取代各行政程序单行法，对于某些具有较大特殊性，或需要很多具体程序规则规范的行政行为领域，个别单行行政程序法仍有存在的必要。

6. 行政责任法律制度体系是否应规范大量非行政机关的组织所实施的公法行为

在现代社会，除行政机关实施公法行为以外，大量的非行政机关组织也实施各种公法行为。如村民委员会、居民委员会等基层群众自治性组织对村民、居民实施的有关管理性行为；律师协会、注册会计师协会对其成员实施的纪律制裁行为；公立学校对学生实施的纪律处分行为；法律、法规授权的组织和行政机关委托的组织实施的各种具体行政行为等。这些公法行为要不要受行政责任法律制度体系拘束，行政责任法律制度体系要不要对这些公法行为进行调整，学界和实务界对之均有不同意见。对于法律法规授权的组织和行政机关委托的组织实施的行政行为，现行法律是将之作为行政机关的行为对待的，人们一般认为应适用与行政机关同样的行政规则。至于对其他社会公权力组织或私法组织实施的公法行为（如供应水、电、气的企业决定对部分消费者停止供水、供电、供气的行为），很多人则认为不应适用行政责任法律制度体系，这些组织的行为不应受统一的行政责任法律制度体系，而只应受相应组织的内部章程、规则（如村规民约、协会章程、学校及公用事业企业内部的规章制度等）规范。这种意见虽然有一定道理，但不完全符合现代法治的理念和人权保障的要求。根据现代法治的理念和人权保障的要求，非行政机关的组织（无论是社会公权力组织还是私法组织）实施公法行为，虽然不完全受行政责任法律制度体系的拘束和不必完全遵循行政责任法律制度体系的规则，但要满足最低限度的行政责任要求，如自己不做自己的法官（实行回避制度）；对组织成员做出不利行为要事先告知相对人，向相对人说明理由，听取相对人的陈述和申辩；做出严重影响相对人权益的行为要为之提供听证的机会，并事后给相对人提供救济途径等。笔者认为，对于这些最低限度的行政责任要求，行政责任法律制度体系应作出规定，非行政机关的组织在实施公法行为时应予遵循。

（二）我国行政责任法律制度完善的立足点

近几年，腐败现象、各种安全责任事件在我国频频发生。究其原因，最为重要的是，我国现行行政责任法律制度不完善，完善我国现行行政责任法律制度为当务之急。

1. 制定一部统一的《中华人民共和国行政责任法》

制定一部统一的《中华人民共和国行政责任法》，从总体上科学设置行政责任体系，减少立法资源的浪费。立法资源的浪费，是指由于某种原因导致立法活动违背立法目的，使立法无从取得其预期效果，甚至造成更为严重的混乱局面。立法行为与其他行为一样，都必须考虑到一个立法成本问题，如果一种立法不能产生其预期效果，或者立法仅仅是对已有法律的一种重新表述，那么，从经济的角度看，无疑就是对有效立法资源的浪费。因此，首先，制定一部包括行政责任实体法与行政责任程序法的统一的《中华人民共和国行政责任法》，从总体上科学设置行政责任体系，减少立法资源的浪费。其次，改变立法机关既当运动员又当裁判员的局面。由于部门立法、地方性法规特别是行政法规的立法权控制在各部门、各地区与中央政府的手中，这就出现立法机关既当运动员又当裁判员的局面，致使行政责任法律制度的承担机制部分失灵，再加上监督机制不完善，因此滥用职权、徇私舞弊、玩忽职守、贪污受贿等现象屡禁不止。因此，回收政府部门与地方政府的立法权，减少甚至取消对政府部门、地方政府的立法委托。第三，完善《立法法》，进一步明确地方人大的立法权。现在许多地方人大制定各种各样的地方性法规，有一个共同的毛病，就是成为国家法律或行政法规的传声筒，缺乏个性，也缺乏存在的必要性。有学者将这种现象称为"二次立法"或"三次立法"，相当于政府部门的"重申"、"进一步重申"、"再次重申"，完全是文牍主义，没有任何实际价值。我国《立法法》第64条规定，"属于地方事务需要制定地方性法规的事项"由地方人大制定地方性法规，第73条规定"属于本行政区域的具体行政管理事项"可制定地方政府规章。这些规定过于笼统，在现实生活中没有可操作性。要想使地方人大更好地行使立法权，必须从法律上明确规定哪些事项必须由地方立法机关制定地方性法规。

2. 增加行政责任法律规定的合理性与透明度

增加行政责任法律规定的合理性与透明度，首先，修改现有行政诉讼法与国家赔偿法不合理规定，把抽象行政行为列入行政诉讼和国家赔偿范围之内，把间接损害、精神损害列入国家赔偿之列。其次，在进一步细化行政责任法律制度的基础上，明确行政责任法的基本原则。政府是为市场经济服务的，在行政责任主体与外界的联系日益广泛，与世界各国的经济交往日益增多的今天，各地区、各部门已感到形势的紧迫，部门法规、地方性法规大量出台。因此，明确《中华人民共和国行政责任法》的基本原则，确立公开性原则、权责统一原则、错责相一致原则、领导问责原则为其基本原则，为部门法规、地方性法规确立行政责任的基本标准，以解决具体法条不能解决的问题，为建立健全确实有效的行政责任承担机制提供有利条件。第三，增加行政责任规定的透明度。由于我们的政府及政府工作人员可能犯各种各样的错误，我们必须将政府置于阳光之下，才能尽可能避免各种各样的错误，即使发生错误也能明确地进行行政责任追究。行政公开最大特点就是行政行为让全体人民知悉评论，使政府官员对自己的行政行为做出充分的、负责任的说明和解释，通过真正实现公民对政府权力的监督，有效防止权力的腐败和公职人员的专断。

3. 加强行政责任立法与刑事责任立法的衔接，完善行政责任法律制度的承担机制

首先，完善现有的刑事立法，增加与特定的行政责任名称相对应的刑事责任名称。其次，增加亚刑事责任的法律规定。不管是完善现有行政责任立法，还是制定统一的《中华人民共和国行政责任法》，都应规定一些更加细化的亚刑事责任，使行政责任的承担错责相一致。亚刑事责任即指达不到承担刑事责任但超出了行政责任承担范围的一种责任。设定亚刑事责任可以解决主体的不衔接、社会危害程度与情节轻重的衔接不当、责任名称的衔接不当等问题。第三，加强行政法律监督。健全行政监督的法律规范体系，实行行政监督的法制化，使监督做好有法必依；健全监督机构，保证监督执法必严；必须赏罚分明，真正做到违法必究；全面提高监督人员的素质，保障行政监督职能任务的完成。

第三节　构建行政责任法律制度的基本思路

法律责任制度的构建过程中，首先要思考的问题是：如何从实体和程序两个方面来构建行政责任法律制度的框架？

一　我国行政责任法律制度的实体性规定

从行政内容来看，我国行政责任法律制度的实体性规定必须具备三个方面的基本内容：一是行政行为主体，二是行政行为瑕疵，三是行政责任的承担方式。

（一）行政责任主体

大多数国家均将"政府机关"或"行政机关"作为行政主体。当然，对"行政机关"的理解是有较大差异的。奥地利行政主体界定在联邦、各邦、县市（区）乡镇及其他公法团体及社会保险机构（简称"官署"）范围内。所谓官署成员，系指依职权执行公务的人员，包括所有执行法律和适用法律的自然人。当然，这里所言的自然人范围比较广泛，无论是永久的还是临时的，无论是选任的还是任命的，抑或是雇用的，都包括

在内。

捷克斯洛伐克1969年《关于国家机关的决定和不当公务行为造成损害的责任的法律》规定，国家机关、国家组织所设机构和国家委托执行公务的机构均可成为政府侵权责任的主体。根据该法内容，公务员也是行政主体，因为所有政府机关的行为必须通过自然人实施。公务员是参加并完成国家任务的职员。这里公务员范围非常宽，包括行政人员、司法人员、军人、警察以及经济合作组织选举产生的负责人员。

在法国，行政责任的主体必须是为国家服务的人。公共雇员可以是除了国家工作人员以外的合同雇员或自愿服务人员。此外立法机关、行政机关和司法机关都成为行政责任的主体。公法人不能造成过错，因为错误行为总是同具体工作人员联系在一起的，是由工作人员实施的。但工作人员在经济上既不对受害者负责，也不对所属单位负责，因为他在行使职务时，只能是行政机关的代表人。行政机关应当对工作人员的公务行为负责。凡是侵权者在行使职能的过程中的侵权行为均属公务行为，国家必须对此负责。

德国更强调行使职权的性质，而不是主体，所以对公务员的概念倾向扩大解释。虽然《魏玛宪法》第131条规定，公务员仅限于"官吏"，但其后的判例对此作了扩充解释，即凡实质上执行公务或形式上就任公职者，均属公务员。被委任执行公务的被雇用人（官员、雇用人、劳动者），均构成行政责任主体。也就是说，只要以国家名义行事的人员，不管他是在国家机关任职，还是在公共团体服务，即使没有得到国家正式任命，仍要对他的行政行为负责。"二战"以后《德国基本法》将"官吏"修改为"任何人"。法院认为，国家不能由于将公务或职权委任于某一个人而逃避其责任。例如，城建局根据某一工程师的建议或意见允许建造住房，而由于该工程师的错误建议而给住房人造成损失，尽管该工程师在任何意义上都不是城建局的雇员，城建局仍应对该工程师的错误建议所造成的损失负责。

匈牙利行政责任主体的范围是以行政行为作为前提条件。国家行政机关所有的行为都是行政权力范围内的行为，因此所造成的后果，其必须承担相应的行政责任。此外还包括国家法律授权的企业所作的管理行为，如国家银行行使部分行政权。

日本则将行政责任主体的范围局限在行使国家或公共团体公权力的公

务员。这里公共团体是指除国家以外的公法人，包括都、道、府、县、市、村等地方公共团体、公共组合和营造物法人。公共组合是指具有法定资格的成员组成的社团法人，如土地改革区组合、水污染预防组合。公共营造物法人，即为实现国家目的，由国家提供财产、设备以及人员构成的公共团体并具有法人资格的公法上财团法人，如公团、公库、基金会、港务局、国有铁路、电信电话公司等。公务员可以是被授予行使公权力的任何人。

《新加坡行政诉讼法》则将构成行政责任主体的范围限制在"其行为系依法执行职务或以忠实执行职务的意思所为的行为，应视为政府的代理人及在政府指挥下所为的行为"。

《美国联邦侵权赔偿法》则规定，行政责任主体的范围是在职务范围内活动的政府雇员，包括联邦机关的官员和雇员、合众国陆海军官兵，还包括以联邦机关名义暂时或永久地在合众国的工作部门中根据官方职权活动的人员，而不考虑其是否领取报酬。所谓联邦机关，包括行政各部、各独立机构，主要为实现合众国的服务或作为合众国机关活动的各种公司，但不包括与合众国进行交易的合同人。可见，行政责任主体的范围主要是指行政机关官员，而不包括国会议员和法官。

2001 年《俄罗斯行政违法法典》注释，对"公职人员"做出立法解释。"公职人员"是指长期地、临时地或依照专门权限的规定履行权力机关代表职能的人，即依照法定程序对对其没有职务隶属关系的人拥有发布命令权限的人，以及在各种国家机关、地方自治机关、国家组织和地方组织中，在俄罗斯联邦武装力量、俄罗斯联邦其他部队和军事组织中履行组织命令职能或行政管理事务职能的人。因履行组织命令职能或行政管理事务职能而实施了行政违法行为的其他组织领导人和其他工作人员，以及从事企业家活动但没有成为法人的人，均应当像公职人员一样承担行政责任。但是，法律另有规定的情况除外。[1]

从各国规定可以发现，行政责任主体的范围在各国所表现的范围是不一样的，大致可分为两类。第一类为严格限制类。如英国、新加坡、捷克斯洛伐克和匈牙利等国。这些国家法律并未明确规定与国家有临时雇用关系或委托关系的人可否成为行政责任主体，公共机关可否成为行政责任主体。

---

[1] 《俄罗斯联邦行政违法法典（汇编）》，刘向文译，中国人民大学出版社 2004 年版。

因此我们称这类主体为严格限制类。第二类为相对限制型。如法国、美国、德国、瑞士、日本等国。这些国家法律并不要求行政责任主体是具有正式公务员身份或领取国家薪金的雇员，而是以它在客观上是否执行公务为标准，只要基本法律授权或机关委托从事公务者即可成为行政责任主体。

我国行政责任的主体由国家机关及其工作人员、法律法规授权的组织与国家机关委托的组织和个人三部分组成。

（二）行政行为瑕疵

行政责任的承担应以行政行为有瑕疵为前提，合理合法的行政行为无须承担行政责任。所谓行政行为瑕疵是指国家机关及其工作人员在执行职务的过程中，违法实施了侵犯公民、法人及其他组织的合法权益的行政行为。

1. 行政行为瑕疵的特征之一，必须是执行职务的行为

至于执行职务的范围有多大，性质如何确定，理论界是有不同看法的。

奥地利法律规定，构成瑕疵行政行为必须是公务员在执行法律时所作的行为，包括事实上的行为。如警卫人员违法使用警械所为的事实上的职务行为也属于执行法律的行为，但不包括行政机关进行的私经济行为。

捷克斯洛伐克法律则把瑕疵行政行为界定在政府机关管辖权（法定权限）范围内实施的行为，又称"公务行为"。既包括广义上的行政决定，又包括不具备决定性质的活动，即虽然不以变更、消灭、产生权利义务为目的，但法律仍赋予其法律效力的实际活动。这里所涉及的公务行为不包括行政机关内部命令。

法国行政法院将瑕疵行政行为界定在"公务行为"内，只要公务人员处于行政机关的地位，行使国家赋予的职权时所作的行为，均视为公务行为，包括不作为和其他过失危险行为。

英国一向主张瑕疵行政行为应当是违反对特定人的法定义务或雇员对雇主的义务的行为，当然还包括行政机关公务员利用职务侵害他人权利的行为。

在德国，确定公职行为有几项标准：一是该行为是在履行职务中产生的；二是在工作时间；三是以公务身份行使职务的。当然，表面形式上的履行义务是不够的，必须有内在联系。如一看门人在夜里基于个人私怨杀了人，虽是工作时间进行的，但不是履行公务。

《瑞士联邦责任法》第3条将执行职务行为规定为"执行公务行为,包括事实行为,不作为,以及具有公权力性质的行政处分与调解纠纷的决定等"。

日本所规定的执行职务系指在客观上、外形上可视为社会观念所称的"职务范围",不论行为者意思如何,凡职务行为或与职务有关的不可分的行为均属之。该理论又称为"外界标准理论",也称"外表理论"。如果行为与官员的义务有联系,或与官员的义务有附带联系,客观上便具有公务员义务范围的特征。即使有违法行为的官员以个人身份或为个人目的所实施的行为,也要产生行政责任。瑞士和法国也同样采用了这种外表理论,只要受害人有可信的理由相信国家雇员是在履行职务,就必须产生行政责任。

美国法律关于"执行职务"的活动则限于"进行不超出职责界限的活动"。

从各国关于"执行职务"概念及法律规定的比较看,大多数国家都把执行职务同行政机关所承担的职责义务联系起来,认为履行法定义务中的作为、不作为,事实行为或其他公务行为均可视为职务行为。只是有的国家将承担责任的职务行为限于职责范围内,如美国;有的国家则以主客观的内在联系为标准,主张所有与执行公务有内在联系的行为均可视为职务行为,如德国、日本和法国;有的国家甚至将行政司法性行为划入瑕疵行政行为范围之内,如瑞士。我国法律规定不一,就行政诉讼法及其他部门行政法而言,执行职务仅限于"处罚等具体行为",至于抽象行为,其他与职务相关的行为是否构成行政侵权行为则不明确。①

某行为是否为职务行为,理论界主张的标准很多。一是以时间、地点、目的为标准;二是以时间、职责权限、名义、实质意义为标准;还有以时间、职务予以的机会、故意等为标准;也有以行为结果为标准的,如认为那些与职务的执行以及公共机关无关,纯粹由于行为者本人的软弱或鲁莽所造成的过失,属于个人过失,而非执行职务的公务过失,对此类行为造成的损害,由公务员个人负责,而不会产生行政责任。执行职务行为与非执行职务行为是一对特定的概念,单一标准(如时间)是无法划清它们之间界线的,应采用多元标准。总体上看,应考虑以下标准。一是执行职务的时间和地点。公务员行为的时间、地点在决定行为性质及职务范

---

① 马怀德:《行政赔偿责任的构成特征》,《政法论坛》1994年第4期。

围方面很重要，但不是必要或充分条件。如上班时间在工作地点因个人私怨致人伤害的行为非属执行职务。相反，佩枪警官在住所搬弄手枪不幸击毙同室同伴（法国最高行政法院1973年10月26日判决），其行为虽发生于执行职务时间以外，但产生的过失的机会与工具和公务有联系，行政机关应负有责任。① 二是实施行为时的名义。公务员实施某行为时，如以行政机关名义出现（例如公务人员着装，佩戴标志，出示证件，宣布代表的机关）则视为职务行为，如以个人名义出现，视为个人行为。应当表明身份而未表明致他人损害的，应视为个人行为。三是与行使职权有内在联系。构成职务行为还应当是与职权相关联的行为，这种联系必须是内在的实质的联系。②

2. 划分职务侵权行为与非执行职务侵权行为的标准

某行为是否为职务行为，理论界主张的标准很多。一是以时间、地点、目的行为方式为标准；二是以时间、职责权限、名义、实质意义为标准；还有以时间、职务予以的机会、营业、娱乐及迂道、故意等为标准；也有以行为结果为标准的，如认为"那些与职务的执行以及公共机关无关，纯粹由于行为者本人的软弱或鲁莽所造成的过失，"属于个人过失，而非执行职务的公务过失，对此类行为造成的损害，由公务员个人负责。笔者认为，执行职务行为与非执行职务行为是一对特定的概念，单一标准（如时间）是无法划清它们之间界线的，应采用多元标准。总体上看，似应考虑以下标准：

（1）执行职务的时间和地点。公务员行为的时间、地点在决定行为性质及职务范围方面很重要，但不是必要或充分条件。如上班时间在工作地点因个人私怨致人伤害的行为非属执行职务。

（2）实施行为时的名义。公务员实施某行为时，如以行政机关名义出现（例如公务人员着装，佩戴标志，出示证件，宣布代表的机关）则视作职务行为，如以个人名义出现，视为个人行为。应当表明身份而未表明致他人损害的，应视作个人行为。

（3）与行使职权有内在联系。构成执行职务的行为还应当是与职权相关联的行为，这种联系必须是内在的实质的联系。

---

① 王名扬：《法国公务员的行政赔偿责任》，《比较法研究》1987年，第53页。
② 马怀德：《行政赔偿责任的构成特征》，《政法论坛》1994年第4期。

3. 行政行为瑕疵的特征之二是违法或过错行为

若执行职务行为合法或无过错，并不引起行政赔偿责任。而是我们通常所说的补偿责任。行政赔偿与行政补偿虽然都属行政责任范围，但其本质不同在于前者是由瑕疵行政行为造成的，而行政行为瑕疵的特征之一是违法或过错行为。

以下是违法与过错在各国法律中的表述：

《奥地利国家赔偿法》表述为"故意或过失违法侵害他人财产人格权"时，国家负损害赔偿责任。这里违法是指超越职权，适用法规错误，或不适用法规以及违反公序良俗、滥用裁量行为。形式上包括作为与不作为。捷克斯洛伐克1969年法律则将违法定义为"违反法律并可以被撤销的决定"。瑞士1958年法律第3条规定："对于公务员在执行公职活动中对第三人因违法造成的损害，不论公务员有无过错，均由联邦承担责任。"违法的形式既可以是作为，也可以是不作为，公务员行为违反内部业务规定造成他人损害，且该内部规定是为了避免公务员执行职务时发生损害而设，而公务员行为与损害间又有因果关系，应视为违法。法国则认为违法与过错是紧密相连的概念，国家承担责任，以存在公务过错为条件。公务过错通常包括滥用职权、不执行公务、公务实施不良或延迟，而违法仅指客观上侵犯既定事项、无适当管辖权、滥用自由裁量权、违反程序。在这里，公务过错的作用在于决定行政主体的行政责任，保护当事人的合法权益，而违法原则的作用在于审查行政行为合法性，保证法治原则的实现。在行政机关对重过错负责的情况下，违法不一定构成重过错，不产生行政责任。公务过错的范围远远超出违法行为。德国则以"违反职责"为行政责任要件之一。法院将公职义务作了较宽泛的解释，凡是公职人员违反在内部关系中相对于国家承担的义务和外部关系中对公民承担的义务，包括违背善良风俗和诚信原则均构成违反职责，应该承担行政责任。违反公职责任表现于以下方面：提供错误消息、不作为延迟、滥用或非法行使自由裁量权等。日本也以公务员"故意或过失"作为行政责任要件，可以说是双重要件。所谓违法，理论上有广狭义及折中观点，近来以折中说占优势。认为违法不仅违反严格意义上的法规，凡应遵循一定法律原则而不遵循的事实上的职务行为，亦应认为是违法。包括尊重人权原则、权力不得滥用原则、诚信原则、维护公序良俗原则等，欠缺客观正当性的行为，也应视为违法，但在自由裁量范围内，不属于违法。在日本由于过错难以确定，学者们主张"过错客观化"，将过失与违法融于一体。消除了公共官员的个人主观因素，建立了一种比个人过失标准更高的管理标准，只要公务员行为低于抽象的管理标准，则被界定为过失。违法性和过失统一在一起。美国和英国比较强调行政责任中的过错条件。

从各国立法表述和学术见解看，多数国家主张以过错和违法并列作为行政责任双重条件看待，如奥地利、德国；有些国家重过错要件，轻违法要件，如在法国以公务过错为行政责任条件，如果行为违法但无过错则不一定产生行政责任。而违法只解决撤销之诉中的越权之诉，不适用于行政责任的承担，比如我国《行政诉讼法》对错案的处理，过错将违法吸收了；有些国家则主张将过错与违法合二为一。如日本强调过错客观化，违法性与过错合二为一；还有些国家认为违法是行政责任的主要条件，过错有无不影响责任的承担，如在瑞士、意大利、比利时。之所以出现如此众多的类型，原因有两个：一是对违法和过错的理解不一致，如在德国，将违法理解得很宽，而在法国则理解得较窄，这就自然形成了各国立法或实践中对违法与过失的适用侧重点不同；二是对过错（或过失）的认识标准分为主客观两种，如法国、日本倾向于客观化，而奥地利、美国则倾向于主观形态。

由于过错与违法的含义并不完全重合，适用中暴露出许多问题，诸如以过错为行政责任要件，还是以违法为要件，或者两者兼为要件。就目前大多数国家对这两个概念的理解而言，将过错或违法单一地作为行政责任要件是不适当的。仅以传统意义上的违法为标准，如果有过失行为，但并未违反法律规范，是否就不为此承担责任了？同样，如果某行为明显违法，但只是违反程序法或形式要件有瑕疵，但并未造成什么损害，是否也要承担责任。例如，某一伙人聚众赌博，被公安机关查获，在押解案犯回公安机关讯问时，因人多车少，公安人员和被押解人分别在驾驶室和车厢中，途中一人跳车欲逃，不幸坠车身亡。此案仅以违法为行政责任的构成要件，而不考虑过失与否，是显失公平的。虽然公安机关及公安人员的行为并不违法，但是在被押解人已被控制，失去了人身自由的情况下，公务员未尽到职务上的必要注意义务，致使该人跳车身亡，公务员显然是有过失的，应该承担一定的行政责任。如果以过错为单一的赔偿要件，则与民法没有任何区别了。但是判断职务行为的过错要比民事侵权行为复杂得多，既有来自行政裁量权方面的困难，也有法律已明确规定了国家机关义务的困难。单一的过失或违法标准很难适用于具体的行政责任实践。然而，用双重标准也为司法实践带来一些困难，所以必须寻找一种可以代替它们的新标准。从各国做法看，似有两条路可以选择：一是扩大违法性的理解。传统意义上的违法仅指违反严格意义上的法律规范，但这种理解对于解决行政责任问题失之过窄，应扩张理解。就像法国一样，违法除指违反严格意义上的法规外，还包括违反诚信原则、公序良俗原则、尊重人权原则、权力不得滥用原则、尽合理注意原则等。这样，有利于我们解决诸如看守人员打骂犯人、警察侮辱被讯问人等职务侵权行为，因从表面上看对这些行为虽没有严格意义的法律加以规范，但违反了尊重人权的原则，违反了诚信原则，可以视为之广义违法行为而要求承担行政责任。二是过失客观化。如果以过失为主要承担行政责任标准，根据常人对过失的理解，大多都将过失行为限定于"行为人主观意识有故意或疏忽及放任的范围内"。然而行政侵权行为以国家机关或公务员为侵权人，其主观意志外化表现并不明显，要求受害人在诉讼中证明侵权人的主观状态是很难的，所以出现了"过失客观化"趋势。所谓客观化就是不考虑行为人的主观心理状态，只看他是否违反了客观的注意义务，这种客观的注意义务由法律逐渐明确下来，采用过失推定原则，并将过失视为执行公务的瑕疵。[1]

4. 几类特殊的执行职务行为

（1）不作为。多数国家法律明确规定，行政机关的不作为也可构成行政侵权行为。不作为包括故意或过失延迟、拖延、懈怠、拒绝作出决定或不决定，系指行政机关根据其职权应当履行而不履行的情况。不作为能否构成侵权行为应视法律规定的自由裁量范围而定，如属于羁束行为的，当监狱管理人员在犯人服刑届满时仍不释放的，应属违法的羁束行为，可以构成侵权。如法律未明确规定行政机关应否作为，而由行政机关自由裁量，那么即使不作为亦不能视为是侵权行为。当然，滥用自由裁量权也可以构成侵权。

（2）事实行为。行政机关履行公务中的事实行为应否承担行政责任，各国规定不一，有的国家明确规定事实行为侵权，应当承担，如奥地利、瑞士等国。我国依照宪法和民法通则规定，事实行为应当属于侵权行为，但行政诉讼法将侵权行为仅限于具体行政行为，未明确事实行为可否行政

---

[1] 马怀德：《行政赔偿责任的构成特征》，《政法论坛》1994 年第 4 期。

责任。根据国家赔偿法规定，诸如警察执行职务中的打骂、侮辱等行为均属事实行为，理应构成行政侵权行为，国家应当负责赔偿。

(3) 内部行政行为。个别国家明确规定内部行为致害，不构成行政侵权行为，因为它并不与管理相对人发生联系，不为公众创制权利，国家对此不负责、如捷克斯洛伐克。我认为，虽然内部行为属执行职务的行为，但它不涉及行政相对人的利益，国家不负赔偿责任是可行的，但是必须承担一定行政处分责任。

(4) 职务提供便利条件的行为。有些情况下，公务员所为的行为并非公务行为，而是借公务之便为自己谋利益的行为，此时造成的损害，国家不应承担赔偿责任。

5. 违法或过失的特例

由于违法、过失标准、范围理解存在差异，因此实践中对某些行为是否构成违法或过失也难以把握。

(1) 自由裁量权行为

行使自由裁量权能否构成违法或过错呢？答案是肯定的。在德国，如果裁量决定违背了依法裁量的原则，如违背了比例适当原则，或滥用自由裁量权，或超越裁量权，均可视为违背公职义务，行使裁量权的机关应当承担责任。奥地利则将滥用裁量权视作违法，裁量不当的行为不认为是违法。根据我国行政诉讼法，显失公正的处罚行为及滥用职权均构成违法行为，也就是说，行使自由裁量权的行为必须达到滥用明显失去公正性的程度，才承担责任。一般的偏轻偏重的自由裁量行为不被视为违法。例如，合法许可证行为多属于自由裁量行为，公务员如基于条件不齐备、材料不全等原因不发许可证应视为正当的自由裁量行为，不负责任。如果这些行为出于个人恩怨或借机索贿或超期不予决定、不答复，则应视为滥用自由裁量权或超越裁量权，构成违法行为，应承担责任。

(2) 不作为

在多数国家，行政机关的不作为均构成违法行为，但不作为的违法，必须从法律上作为义务为条件。例如，警察应采取保护或排除危险的措施而没有采取的或拖延懈怠的，由于这一领域自由裁量问题比较突出，所以法院在这方面定的标准也很高。在德国，目前还没有一个明确的案例确定由于公共机关不作为而应负的责任。如果公共机关由于延误而没有作出紧急决定，该机关应负责任。国家机关不在合理的时间办理有关申请，则应对此造成的损害承担责任。

(3) 错误信息和指导行为

由于政府错误信息和指导行为遭受损害，政府应否承担责任？这在不同的国家有不同的做法。在德国，如果国家机关在某产品警告中劝告不要购买或食用某种特别指明的商品，而这种警告又通过新闻媒介传播出去，那么国家的这种警告和劝告已构成公权力行为，国家应当对此承担责任。日本法院在一个案例中虽承认国家行政指导行为可能引起行政责任，但必须是以行政指导机关与受害人之间存在法律的因果关系为前提。如果原告由于按照市场政府当局的错误劝告而买一些设备，准备开办一个游艺室，而后来该官员又拒绝原告开办这个游艺室，那么原告有权让市政当局承担责任。

(4) 错误的批准许可行为

公民因政府错误的批准建筑起的房屋，后被确认违章建筑并拆除，政府是否对这种错误的批准行为负责呢？错误的批准或有过失的许可行为应当被视为是违法行为，因此造成的损害由错误行使许可权的机关承担，公务人员有过错的，也应该承担一定的行政责任。

(三) 行政责任的承担方式

(1) 程序无效：这种责任方式主要适用于权力主体即行政案件中的行政机关及其工作人员违反行政程序导致行为无效。对有程序违法行为的职权主体之所以要否定其已进行的相关程序，一是基于维护程序正义的要求，二是使其不能获得他在实施违法行为时所希望获得的预期结果，以示惩戒。否定其职权主体进行的违法程序就一定要同时否定该程序的结果及进一步衍生的结果（所谓"毒树之果"原则），否则就可能有更多的公务人员不惜以身试法去追求某种结果。而且，从实体公正的角度出发，违反程序所获得的结果我们很难判定它是真是假，恰如刑讯逼供所获得的口供一样。

(2) 行政赔偿：即指行政机关及其工作人员违法实施行政行为，侵犯并损害了公民、法人和其他组织的合法权益时，由有关行政机关按法定程序以国家名义对公民、法人和其他组织的受损合法权益予以恢复或弥补的一种责任承担方式。纵观各国有关行政赔偿的法律规定，可以将行政赔偿制度的主要内容概括为以下几个方面：行政赔偿的归责原则及构成、行政赔偿的范围、行政赔偿的义务机关和赔偿请求人、行政赔偿的方式和计算标准、行政赔偿的费用列支、行政赔偿的程序等。①

(3) 行政补偿：即指行政机关依法履行职责、执行职务，给公民、法人和其他组织的合法权益造成损失时，由有关行政机关按法定程序以国家名义对公民、法人和其他组织的受损合法权益予以恢复或弥补的一种责任承担方式。

(4) 引咎辞职："引咎辞职"制度最早出现在1995年的中央5号文件《党政领导干部选拔任用工作暂行条例》中。"引咎辞职"是指领导干部由于个人能力不够、自身行为不当或因工作失误造成较大损失或影响，不宜继续担任领导职务，而向任免机关请求辞去所担任的领导职务的一种自责行为。"引咎辞职"分个人自辞和组织劝辞两种。建立和完善公务员引咎辞职制度，以让政府和公务员对自己的行为负责，并防止权力滥用。引咎辞职主要是指公务员由于直接或间接的责任，造成一定损失或社会不良影响，从而主动承担责任，提出辞职的一种自律和自纠行为。引咎辞职表明公务员敢于正视责任、承担责任，是其应有的一种职业道德。"这样也能够防患于未然，起到一定的威慑作用，能够教育更多的干部敬业，有利于我们干部队伍的建设。同时，还能从制度上防止腐败、反腐倡廉、制约权力滥用。"中共中央最近已经批准实施《党政领导干部辞职暂行规定》，《规定》明确指出，"党政领导干部因工作严重失误、失职造成重大损失或恶劣影响，或者对重大事故负有重要领导责任等，不宜再担任现职，本人应当引咎辞去现任领导职务"，《规定》并详细列举了九种应该引咎辞职的情形。不同类别、不同辞职原因应合理确定，应有一个明确的边界。首先要建立明晰的责任追惩制度，相应过失应该承担相应责任，这个责任不因辞职而减免；其次，责任追惩制度要一事一议，不要累计过失最后算总账，否则错误就会越犯越大。在中国国情之下，一个官员主动选择引咎辞职，不但显示了他的责任意识和羞耻之心，也表明了他对公共职位和公共利益的尊重（即便此前他在这些方面做得很不够），管辖范围内出了问题，民选首长引咎辞职，这是一种向民意负责的好形式。应把引咎辞职引入行政责任法律中，使之具有"可操作性"，成为一项成文制度。

(5) 免除职务：如果职权主体在行政行为中故意违法，则应当免去

---

① 马怀德：《行政赔偿责任的构成特征》，《政法论坛》1994年第4期。

其职务，免除职务是指行政责任主体如果不依照法律、规则的规定完成规定的行为则将面临以后也不能进行此行为的后果。比如，在预防、控制突发传染病疫情等灾害期间，从事传染病防治的政府卫生行政部门的工作人员，在代表政府卫生行政部门行使职权时，严重不负责任，导致传染病传播或者流行，情节严重的，依照《刑法》第409条的规定，以传染病防治失职罪定罪处罚；构不成犯罪的，追究撤职的行政处分。免除职务决议的执行应当由被追究行政责任的人立即执行。被免除职务的人办理手续和进行登记，均由被政府授权的机关实施。被免除职务者登记簿里包含的信息，对一切查阅者公开。有利害关系的人只要缴纳信息费，有权从被免除职务者登记簿里获得以被免除职务者具体情况摘录为形式的信息。被免除职务者办理手续和进行登记的程序，以及为从登记簿获取信息而支付的信息费金额，均由国务院规定。已发生法律效力的取消资格决议的副本，由做出决议的结构送达被政府授权的机关或该机关的区域性机关。

（6）罚款：它是行政机关对行政行为人强制收取一定数量的金钱，剥夺一定财产权利的制裁方法。它不但适用于行政相对人，同样也适用于行政工作人员。罚款是行政工作人员对自己瑕疵行政行为应承担的一种行政责任方式。行政罚款是货币形式的罚款，罚款的数量以下述的倍数表现：瑕疵行政行为终止时或瑕疵行政行为被制止时法律规定的最低劳动报酬额的倍数（以下称最低劳动报酬额）；瑕疵行政行为终止时或瑕疵行政行为被制止时的行政违法对象价值的倍数。对公职人员科处的行政罚款额，不得超过最低劳动报酬额的50倍。

（7）纪律处分：这是对违法的职权主体所适用的一种责任形式，但应仅限于该主体实施违法行为系基于过失，这种处分可以包括给予警告、记过，扣减薪金，降级，降职等形式。

（8）拘留：此责任承担方式我国三大诉讼法也均有规定（所谓司法拘留），而在行政责任诉讼中的拘留则可以适用于所有妨害行政诉讼的诉讼参与人和其他人员（行政人员也不例外）。行政拘留是将违法者羁押在与社会隔离的看守所里，羁押期限为15天以下。而对违反紧急状态制度或实施反恐怖行动地区制度要求的行为，可以适用期限为30天的行政拘留。行政拘留的决定由法官做出。行政羁押的期限，应当计入行政拘留的期限。行政拘留决议的执行由执行机关在上述决议做出后立即执行。受到行政拘留的人，羁押在执行机关确定的地点里。在执行行政拘留的决议时，对受到行政拘留的人实施人身搜查。行政耽搁的时间应当被计入行政拘留期限。行政拘留的执行，应当按照法律规定的程序实施。

（9）刑事责任：职权主体如果严重故意违反法律则除了应免除其职务外，还应追究其刑事责任，而且，不应对其单独适用罚金等财产刑罚。

二　我国行政责任查处的程序性问题

近年来，随着我国法制建设的发展，有关行政责任查处的程序性问题，也越来越成为立法界和行政法学界的讨论热点。1989年4月4日颁布的《中华人民共和国行政诉讼法》，第54条将事前行政程序纳入了司法权的审查对象范围，规定行政机关的具体行政行为如属"违反法定程序的"，法院应"判决撤销或者部分撤销"。1996年3月17日颁布的《中华人民共和国行政处罚法》，进而较为具体地规定了行政处罚决定的简易程序、一般程序和听证程序。在新中国的立法史上，这些规定的出现，可以说具有划时代的意义。但是这些是有关行政程序的规定，根本未涉及行政责任查处的程序性问题。可以说，我国行政责任查处的程序性问题，不但立法方面涉及很少，而且理论界也涉及不多。面对空白的过去，无论是理论还是实践，都需要建立相应的逻辑体系。

（一）行政责任查处的机构组织及其权力

我国现行行政责任查处的机构组织是纪检、监察机构，分中央纪委、监察部和中央纪委、监察部派驻纪检、监察机构。中央纪委、监察部派驻纪检、监察机构是中央纪委、监察部的组成部分，受中央纪委、监察部和所驻在部门党组（党委）、行政的双重领导，以中央纪委、监察部领导为主。派驻纪检、监察机构编制单列，由中央纪委、监察部提出具体分配方案，经中央编办审核，上报批准。中央纪委、监察部根据工作需要可统一抽调派驻纪检、监察机构的人员参加有关工作。派驻纪检组组长人选由中央纪委与中央组织部提出，征求所驻在部门党组（党委）的意见，按规定程序任免；派驻监察局局长人选由中央纪委、监察部提出，征求所驻在部门党组（党委）的意见，按规定程序任免。现在，全国共有专职纪检监察干部30多万人，加上每个党支部都有一名兼职纪检委员，平均每十多名党员就有一名专兼职纪检监察干部。如此庞大的一支纪检监察大军，本可以在加强党风廉政建设和反腐败斗争中大显身手。但是，由于受制于既不科学、又相当落后的体制束缚,党的纪检机关始终未能取得相对的独立性,行政责任查处的职能很难发挥。在双重领导下,派驻机构的干部在业务上要向上级纪检监察部门负责,但其组织关系却由同级党委管理,这导致了派驻的纪检干部在被派驻单位"站得住的顶不住,顶得住的站不住"。在双重领导条件下,派驻的纪检干部与被派驻单位在利益上的"紧密关系"也削弱了监督的力度。另外,派驻的纪检监察干部的工资福利待遇,都是由被派驻单位发放的,双方在"利益"上有关联。中共中央最近决定,中央纪委监察部2004年要全面实行对派驻机构的统一管理,将派驻机构由中央纪委监察部和驻在部门双重领导改为由中央纪委监察部直接领导。这项被媒体称为"直辖"的改革,对于加强行政责任查处,是一项重大的制度建设和创新。

  高效精干的行政责任查处的机构,令责任者难逃法网。我国不妨借鉴新加坡贪污调查局CPLE的设置,新加坡贪污调查局CPLE是该国调查、惩治腐败罪的权威机构。调查局直属内阁总理领导,局长由总统任命,对总理负责,不受其他任何人指挥和管辖。调查局成员的地位、身份、权力有严格的法律保障,薪水也比同级官员高。调查局官员被视为特别官员,持有局长签署的委任证书,作为行使职权的凭证。调查局实行24小时受理举报,接获举报后,每周1次进行评估,对举报的可查性进行打分,分值低表明可查性低,这类举报被调查员查出后给予奖励。对举报件的评估一般是接受举报总量的50%,经评估后成案率50%。根据评估进入调查,由外线跟踪获取被举报人的活动规律、社交范围等背景资料移送调查组。调查即是侦查开始(无须立案),可以行使刑法、刑诉法、《防止贪污法》赋予的一切权力。调查结束制作结案报告,可能提控的,向总检察署报告要求提控,总检察署批准后,制作控状告知被告人;不批准,则退回调查局。凡不能提控的,由调查局向有关单位提出降级、革职、强制退休等处理建议;由调查局直接做出的处理为口头警告、记入电脑、标明有劣迹等。贪污调查局独立行使职权,不受任何行政机关和个人的干涉,调查范围包括政府各部门、法定机构、企业及社会上任何贪污腐败行为。贪污调查局享有警方的一切权力,有广泛的逮捕、调查和没收违法财产的权力。如有必要,甚至可在未经法院许可和没有逮捕证的情况下拘捕犯罪嫌疑人。任何阻碍贪污调查局工作的行为,均是犯罪行为。新加坡的贪污调查局不但拥有很大的权力和直接隶属政府首长,还有独立而不受官员干扰的法庭作支援。只要能证明对方有罪，贪官便法网难逃。因此，中国的贪污调查局除了要拥有特殊权力，直接向国家主席负责外，还要有一个不受干扰的法庭作支援。其最大特点就是直接对最高行政首长负责，实行垂直领导，位高权重，要有很强的独立性和权威性。①

由于俄罗斯是目前世界上出台《行政责任统一法典》为数不多的几个国家之一，法典相关程序内容有极高的参考价值，有关行政责任查处的程序，我们可以从刘向文教授编译的《俄罗斯联邦行政违法法典（汇编）》中参考一、二。

（二）行政责任查处的程序问题

（1）行政责任查处程序的任务：行政责任查处程序的任务，是全面地、充分地、客观地和及时地查明每个行政责任案件的情节，依照法律的规定处理案件，保证做出的决议得以执行，以及查明促成行政行为瑕疵的原因和条件。②

（2）撤销行政责任查处程序的情节：在具备下述情节中的任何一个情节时，行政责任查处程序不得开始进行，已经开始进行的程序也必须终结：缺少行政行为瑕疵事实；一个人在正当防卫状态下实施的行为；颁布停止适用行政处罚的赦免令；规定行政责任的法律被废止；追究行政责任的时效期间已满；对被提起行政责任查处的人所实施瑕疵行为（不作为）的同一个事实，已经做出给予行政处罚的决议或终结行政违法案件诉讼程序的决议，或已经做出提起刑事案件的决议；被提起行政责任查处的自然人死亡。

（3）行政责任查处的费用由下述金额构成：向证人、见证人、专家、鉴定人、翻译支付的金额；为保管、运输（邮寄）和调查物证而使用的金额。由自然人实施的瑕疵行政行为，由国家预算负担。行政责任查处的费用金额，根据能够证明列入行政责任查处的费用如实并已归卷的单据加以确定。关于行政责任查处的费用的决定，应当在行政处罚决议，或在终结行政责任查处程序的决议中反映出来。③

（4）见证人：任何与案件结局无利害关系的成年人，都可以被行政责任查处案件归其管辖的公职人员指定为见证人，见证人不应少于两人；

---

① 刘守芬、李浚主编：《新加坡廉政法律制度研究》，北京大学出版社2003年版。
② 《俄罗斯联邦行政违法法典（汇编）》，刘向文译，中国人民大学出版社2004年版。
③ 同上。

见证人应当用自己在笔录上的签名,证明查处程序行为是其在场时实施的事实,证明查处行为的内容和结果;关于见证人参加行政责任查处的程序的情况,应当在笔录中做出相应记载;见证人有权就实施的查处程序行为做简要说明;见证人的简要说明,应当列入笔录;在必要时,见证人可以被作为证人询问。①

(5) 行政责任查处应当查明的情节:是否具备行政行为瑕疵事实;实施瑕疵行政行为的人,法律是否规定了行政责任;实施瑕疵行政行为的人在行为的实施中是否有过错;是否有减轻行政责任的情节和加重行政责任的情节;瑕疵行政行为所造成损失的性质和数额;是否有撤销行政查处程序的情节;对正确处理案件有价值的其他情节,以及实施瑕疵行政行为的原因和条件。

(6) 减轻或加重瑕疵行政行为责任的情节:减轻行政责任的情节是过错人的真诚悔过;过错人防止违法行为危害后果的发生,自愿赔偿损失或主动消除所造成的损害。加重行政责任的情节是无视主管人员提出的停止瑕疵行政行为的要求,继续实施该行为;一个人因实施瑕疵行政行为已经受到行政处罚,而在一年内重复实施同一种行为;在发生自然灾害的条件下或在其他的非常情况下实施的瑕疵行政行为。②

(7) 证据:行政责任查处案件的证据,是案件归其管辖的机构组织据以确认是否存在瑕疵行政行为;被追究行政责任的人是否有过错;其他任何对正确处理案件有价值情节的实际资料(上述资料包括行政责任查处笔录,被提起行政责任查处人的解释,受害人、证人的陈述,鉴定人的结论意见,其他的文件以及专门技术工具提供的资料,物证);禁止使用以违法手段获得的证据。

(8) 行政责任查处程序的保全措施:为了防止瑕疵行政行为,查明行为者的身份,为了在行政责任查处中不可能制作笔录的情况下,制作行政责任查处笔录,保证及时、正确地进行行政责任查处案件和执行就案件所作的决议,被授权的人有权在自己的权限范围内,采取行政责任查处程序的下述保全措施:押送;行政扣留;人身检查、物品检查;扣押物品和文件;拘传等。由非法采取行政责任查处程序的保全措施造成的损害,应

---

① 《俄罗斯联邦行政违法法典(汇编)》,刘向文译,中国人民大学出版社 2004 年版。
② 同上。

当按照民事立法规定的程序给予赔偿。

（9）追究行政责任的时效：自实施瑕疵行政行为之日起已 2 个月期满的，不得就瑕疵行政案件做出决议。而对立法的行为，自实施瑕疵行政行为之日起已 1 年期满的，不得就瑕疵行政案件做出决议；在瑕疵行政行为持续实施的情况下，期限自发现瑕疵行政行为之日起计算，一个人实施的瑕疵行政行为，导致适用以取消资格为形式的行政处罚，在这种情况下，可以自其实施瑕疵行政行为之日起的一年内追究行政责任。在拒绝提起刑事案件或终止刑事案件，但在一个人的行为中具备瑕疵行政行为要件的情况下，期限自做出拒绝提起刑事案件的决定或终止刑事案件的决定之日起开始计算。一个人是被提起瑕疵行政诉讼的人。在满足关于在其居住地审理案件的请求时，追究其行政责任的时效期限，自满足该请求之日起到该人居住地被授权审理案件的法官、机关、公职人员收到案卷材料之时至中断。

附 录

《特别重大事故调查程序暂行规定》（节选）

（1989年1月3日国务院第三十一次常务会议通过）

第四章 罚则

第二十四条 违反本规定，有下列行为之一者，特大事故调查组可建议有关部门或者单位对有关人员给予行政处罚；构成犯罪的，由司法机关依法追究刑事责任：

（一）对已发生的特大事故隐瞒不报、谎报或者故意拖延报告期限的；

（二）故意破坏事故现场的；

（三）阻碍、干涉调查工作正常进行的；

（四）无正当理由，拒绝接受特大事故调查组查询或者拒绝提供与事故有关的情况和资料的。

第二十五条 特大事故调查组成员有下列行为之一者，由有关部门给予行政处罚；构成犯罪的，由司法机关依法追究刑事责任：

（一）对调查工作不负责任，致使调查工作有重大疏漏的；

（二）索贿受贿、包庇事故责任者或者借机打击报复的。

《中华人民共和国税收征收管理法》（节选）

（1992年9月4日第七届全国人民代表大会常务委员会第二十七次会议通过根据1995年2月28日第八届全国人民代表大会常务委员会第十二次会议《关于修改〈中华人民共和国税收征收管理法〉的决定》第一次修正2001年4月28日第九届全国人民代表大会常务委员会第二十一次会议修订根据2013年6月29日第十二届全国人民代表大会常务委员会第三次会议《关于修改〈中华人民共和国文物保护法〉等十二部法律的决定》

第二次修正）

第五章　法律责任

第七十八条　未经税务机关依法委托征收税款的，责令退还收取的财物，依法给予行政处分或者行政处罚；致使他人合法权益受到损失的，依法承担赔偿责任；构成犯罪的，依法追究刑事责任。

第七十九条　税务机关、税务人员查封、扣押纳税人个人及其所扶养家属维持生活必需的住房和用品的，责令退还，依法给予行政处分；构成犯罪的，依法追究刑事责任。

第八十条　税务人员与纳税人、扣缴义务人勾结，唆使或者协助纳税人、扣缴义务人有本法第六十三条、第六十五条、第六十六条规定的行为，构成犯罪的，依法追究刑事责任；尚不构成犯罪的，依法给予行政处分。

第八十一条　税务人员利用职务上的便利，收受或者索取纳税人、扣缴义务人财物或者谋取其他不正当利益，构成犯罪的，依法追究刑事责任；尚不构成犯罪的，依法给予行政处分。

第八十二条　税务人员徇私舞弊或者玩忽职守，不征或者少征应征税款，致使国家税收遭受重大损失，构成犯罪的，依法追究刑事责任；尚不构成犯罪的，依法给予行政处分。

税务人员滥用职权，故意刁难纳税人、扣缴义务人的，调离税收工作岗位，并依法给予行政处分。

税务人员对控告、检举税收违法违纪行为的纳税人、扣缴义务人以及其他检举人进行打击报复的，依法给予行政处分；构成犯罪的，依法追究刑事责任。

税务人员违反法律、行政法规的规定，故意高估或者低估农业税计税产量，致使多征或者少征税款，侵犯农民合法权益或者损害国家利益，构成犯罪的，依法追究刑事责任；尚不构成犯罪的，依法给予行政处分。

第八十三条　违反法律、行政法规的规定提前征收、延缓征收或者摊派税款的，由其上级机关或者行政监察机关责令改正，对直接负责的主管人员和其他直接责任人员依法给予行政处分。

第八十四条　违反法律、行政法规的规定，擅自作出税收的开征、停征或者减税、免税、退税、补税以及其他同税收法律、行政法规相抵触的决定的，除依照本法规定撤销其擅自作出的决定外，补征应征未征税款，退还不应征收而征收的税款，并由上级机关追究直接负责的主管人员和其他直接责任人员的行政责任；构成犯罪的，依法追究刑事责任。

第八十五条　税务人员在征收税款或者查处税收违法案件时，未按照本法规定进行回避的，对直接负责的主管人员和其他直接责任人员，依法给予行政处分。

第八十六条　违反税收法律、行政法规应当给予行政处罚的行为，在五年内未被发现的，不再给予行政处罚。

第八十七条　未按照本法规定为纳税人、扣缴义务人、检举人保密的，对直接负责的主管人员和其他直接责任人员，由所在单位或者有关单位依法给予行政处分。

《中华人民共和国国家赔偿法》（节选）

（经1994年5月12日八届全国人大常委会第7次会议通过，1994年5月12日中华人民共和国主席令第23号公布；根据2012年10月26日十一届全国人大常委会第29次会议通过、2012年10月26日中华人民共和国主席令第68号公布的《全国人民代表大会常务委员会关于修改〈中华人民共和国国家赔偿法〉的决定》第2次修正。）

第一章　总则

第一条　为保障公民、法人和其他组织享有依法取得国家赔偿的权利，促进国家机关依法行使职权，根据宪法，制定本法。

第二条　国家机关和国家机关工作人员行使职权，有本法规定的侵犯公民、法人和其他组织合法权益的情形，造成损害的，受害人有依照本法取得国家赔偿的权利。

本法规定的赔偿义务机关，应当依照本法及时履行赔偿义务。

第二章　行政赔偿

第一节　赔偿范围

第三条　行政机关及其工作人员在行使行政职权时有下列侵犯人身权情形之一的，受害人有取得赔偿的权利：

违法拘留或者违法采取限制公民人身自由的行政强制措施的；

非法拘禁或者以其他方法非法剥夺公民人身自由的；

以殴打、虐待等行为或者唆使、放纵他人以殴打、虐待等行为造成公民身体伤害或者死亡的；

违法使用武器、警械造成公民身体伤害或者死亡的；

造成公民身体伤害或者死亡的其他违法行为。

第四条　行政机关及其工作人员在行使行政职权时有下列侵犯财产权情形之一的，受害人有取得赔偿的权利：

违法实施罚款、吊销许可证和执照、责令停产停业、没收财物等行政处罚的；

违法对财产采取查封、扣押、冻结等行政强制措施的；

违法征收、征用财产的；

造成财产损害的其他违法行为。

第五条　属于下列情形之一的，国家不承担赔偿责任：

行政机关工作人员与行使职权无关的个人行为；

因公民、法人和其他组织自己的行为致使损害发生的；

法律规定的其他情形。

第十六条　赔偿义务机关赔偿损失后，应当责令有故意或者重大过失的工作人员或者受委托的组织或者个人承担部分或者全部赔偿费用。

对有故意或者重大过失的责任人员，有关机关应当依法给予处分；构成犯罪的，应当依法追究刑事责任。

……

第三十一条　赔偿义务机关赔偿后，应当向有下列情形之一的工作人员追偿部分或者全部赔偿费用：

有本法第十七条第四项、第五项规定情形的；

在处理案件中有贪污受贿，徇私舞弊，枉法裁判行为的。

对有前款规定情形的责任人员，有关机关应当依法给予处分；构成犯罪的，应当依法追究刑事责任。

第四章　赔偿方式和计算标准

第三十二条　国家赔偿以支付赔偿金为主要方式。

能够返还财产或者恢复原状的，予以返还财产或者恢复原状。

第三十三条　侵犯公民人身自由的，每日赔偿金按照国家上年度职工日平均工资计算。

第三十四条　侵犯公民生命健康权的，赔偿金按照下列规定计算：

造成身体伤害的，应当支付医疗费、护理费，以及赔偿因误工减少的收入。减少的收入每日的赔偿金按照国家上年度职工日平均工资计算，最高额为国家上年度职工年平均工资的五倍；

造成部分或者全部丧失劳动能力的，应当支付医疗费、护理费、残疾生活辅助费、康复费等因残疾而增加的必要支出和继续治疗所必需的费用，以及残疾赔偿金。残疾赔偿金根据丧失劳动能力的程度，按照国家规定的伤残等级确定，最高不超过国家上年度职工年平均工资的二十倍。造成全部丧失劳动能力的，对其扶养的无劳动能力的人，还应当支付生活费；

造成死亡的，应当支付死亡赔偿金、丧葬费，总额为国家上年度职工年平均工资的二十倍。对死者生前扶养的无劳动能力的人，还应当支付生活费。

前款第二项、第三项规定的生活费的发放标准，参照当地最低生活保障标准执行。被扶养的人是未成年人的，生活费给付至十八周岁止；其他无劳动能力的人，生活费给付至死亡时止。

第三十五条　有本法第三条或者第十七条规定情形之一，致人精神损害的，应当在侵权行为影响的范围内，为受害人消除影响，恢复名誉，赔礼道歉；造成严重后果的，应当支付相应的精神损害抚慰金。

第三十六条　侵犯公民、法人和其他组织的财产权造成损害的，按照下列规定处理：

处罚款、罚金、追缴、没收财产或者违法征收、征用财产的，返还财产；

查封、扣押、冻结财产的，解除对财产的查封、扣押、冻结，造成财产损坏或者灭失的，依照本条第三项、第四项的规定赔偿；

应当返还的财产损坏的，能够恢复原状的恢复原状，不能恢复原状的，按照损害程度给付相应的赔偿金；

应当返还的财产灭失的，给付相应的赔偿金；

财产已经拍卖或者变卖的，给付拍卖或者变卖所得的价款；变卖的价款明显低于财产价值的，应当支付相应的赔偿金；

吊销许可证和执照、责令停产停业的，赔偿停产停业期间必要的经常性费用开支；

返还执行的罚款或者罚金、追缴或者没收的金钱，解除冻结的存款或者汇款的，应当支付银行同期存款利息；

对财产权造成其他损害的，按照直接损失给予赔偿。

第三十七条　赔偿费用列入各级财政预算。

赔偿请求人凭生效的判决书、复议决定书、赔偿决定书或者调解书，向赔偿义务机关申请支付赔偿金。

赔偿义务机关应当自收到支付赔偿金申请之日起七日内，依照预算管理权限向有关的财政部门提出支付申请。财政部门应当自收到支付申请之日起十五日内支付赔偿金。

赔偿费用预算与支付管理的具体办法由国务院规定。

《中华人民共和国行政处罚法》（节选）

（1996年3月17日第八届全国人民代表大会第四次会议通过，2009年8月27日第十一届全国人民代表大会常务委员会第十次会议修改）

第七章　法律责任

第五十五条　行政机关实施行政处罚，有下列情形之一的，由上级行政机关或者有关部门责令改正，可以对直接负责的主管人员和其他直接责任人员依法给予行政处分：

（一）没有法定的行政处罚依据的；

（二）擅自改变行政处罚种类、幅度的；

（三）违反法定的行政处罚程序的；

（四）违反本法第十八条关于委托处罚的规定的。

第五十六条　行政机关对当事人进行处罚不使用罚款、没收财物单据或者使用非法定部门制发的罚款、没收财物单据的，当事人有权拒绝处罚，并有权予以检举。上级行政机关或者有关部门对使用的非法单据予以收缴销毁，对直接负责的主管人员和其他直接责任人员依法给予行政处分。

第五十七条　行政机关违反本法第四十六条的规定自行收缴罚款的，财政部门违反本法第五十三条的规定向行政机关返还罚款或者拍卖款项的，由上级行政机关或者有关部门责令改正，对直接负责的主管人员和其他直接责任人员依法给予行政处分。

第五十八条　行政机关将罚款、没收的违法所得或者财物截留、私分或者变相私分的，由财政部门或者有关部门予以追缴，对直接负责的主管人员和其他直接责任人员依法给予行政处分；情节严重构成犯罪的，依法追究刑事责任。

执法人员利用职务上的便利，索取或者收受他人财物、收缴罚款据为己有，构成犯罪的，依法追究刑事责任；情节轻微不构成犯罪的，依法给予行政处分。

第五十九条　行政机关使用或者损毁扣押的财物，对当事人造成损失的，应当依法予以赔偿，对直接负责的主管人员和其他直接责任人员依法给予行政处分。

第六十条　行政机关违法实行检查措施或者执行措施，给公民人身或者财产造成损害、给法人或者其他组织造成损失的，应当依法予以赔偿，对直接负责的主管人员和其他直接责任人员依法给予行政处分；情节严重构成犯罪的，依法追究刑事责任。

第六十一条　行政机关为牟取本单位私利，对应当依法移交司法机关追究刑事责任的不移交，以行政处罚代替刑罚，由上级行政机关或者有关部门责令纠正；拒不纠正的，对直接负责的主管人员给予行政处分；徇私舞弊、包庇纵容违法行为的，依照刑法有关规定追究刑事责任。

第六十二条　执法人员玩忽职守，对应当予以制止和处罚的违法行为不予制止、处罚，致使公民、法人或者其他组织的合法权益、公共利益和社会秩序遭受损害的，对直接负责的主管人员和其他直接责任人员依法给予行政处分；情节严重构成犯罪的，依法追究刑事责任。

《中华人民共和国行政监察法》（节选）

（1997年5月9日第八届全国人民代表大会常务委员会第二十五次会议通过　根据2010年6月25日第十一届全国人民代表大会常务委员会第十五次会议《关于修改〈中华人民共和国行政监察法〉的决定》修正）

第六章　法律责任

第四十五条　被监察的部门和人员违反本法规定，有下列行为之一的，由主管机关或者监察机关责令改正，对部门给予通报批评；对负有直接责任的主管人员和其他直接责任人员依法给予处分：

（一）隐瞒事实真相、出具伪证或者隐匿、转移、篡改、毁灭证据的；

（二）故意拖延或者拒绝提供与监察事项有关的文件、资料、财务账目及其他有关材料和其他必要情况的；

（三）在调查期间变卖、转移涉嫌财物的；

（四）拒绝就监察机关所提问题作出解释和说明的；

（五）拒不执行监察决定或者无正当理由拒不采纳监察建议的；

（六）有其他违反本法规定的行为，情节严重的。

第四十六条　泄露举报事项、举报受理情况以及与举报人相关的信息的，依法给予处分；构成犯罪的，依法追究刑事责任。

第四十七条　对申诉人、控告人、检举人或者监察人员进行报复陷害的，依法给予处分；构成犯罪的，依法追究刑事责任。

第四十八条　监察人员滥用职权、徇私舞弊、玩忽职守、泄露秘密的，依法给予处分；构成犯罪的，依法追究刑事责任。

第四十九条　监察机关和监察人员违法行使职权，侵犯公民、法人和其他组织的合法权益，造成损害的，应当依法赔偿。

《中华人民共和国行政复议法》（节选）

（1999年4月29日第九届全国人民代表大会常务委员会第九次会议通过1999年4月29日中华人民共和国主席令第十六号公布自1999年10月1日起施行根据2009年8月27日第十一届全国人民代表大会常务委员会第十次会议通过的《全国人民代表大会常务委员会关于修改部分法律的决定》修正）

第六章　法律责任

第三十四条　行政复议机关违反本法规定，无正当理由不予受理依法提出的行政复议申请或者不按照规定转送行政复议申请的，或者在法定期限内不作出行政复议决定的，对直接负责的主管人员和其他直接责任人员依法给予警告、记过、记大过的行政处分；经责令受理仍不受理或者不按照规定转送行政复议申请，造成严重后果的，依法给予降级、撤职、开除的行政处分。

第三十五条　行政复议机关工作人员在行政复议活动中，徇私舞弊或者有其他渎职、失职行为的，依法给予警告、记过、记大过的行政处分；情节严重的，依法给予降级、撤职、开除的行政处分；构成犯罪的，依法追究刑事责任。

第三十六条　被申请人违反本法规定，不提出书面答复或者不提交作出具体行政行为的证据、依据和其他有关材料，或者阻挠、变相阻挠公民、法人或者其他组织依法申请行政复议的，对直接负责的主管人员和其他直接责任人员依法给予警告、记过、记大过的行政处分；进行报复陷害的，依法给予降级、撤职、开除的行政处分；构成犯罪的，依法追究刑事责任。

第三十七条　被申请人不履行或者无正当理由拖延履行行政复议决定的，对直接负责的主管人员和其他直接责任人员依法给予警告、记过、记大过的行政处分；经责令履行仍拒不履行的，依法给予降级、撤职、开除的行政处分。

第三十八条　行政复议机关负责法制工作的机构发现有无正当理由不予受理行政复议申请、不按照规定期限作出行政复议决定、徇私舞弊、对申请人打击报复或者不履行行政复议决定等情形的，应当向有关行政机关提出建议，有关行政机关应当依照本法和有关法律、行政法规的规定作出处理。

《中华人民共和国税收征收管理法实施细则》（节选）

（于2002年9月7日以中华人民共和国国务院令第362号公布，根据2012年11月9日中华人民共和国国务院令第628号《国务院关于修改和废止部分行政法规的决定》第一次修订，根据2013年7月18日《国务院关于废止和修改部分行政法规的决定》第二次修订）

第七章　法律责任

第九十七条　税务人员私分扣押、查封的商品、货物或者其他财产，情节严重，构成犯罪的，依法追究刑事责任；尚不构成犯罪的，依法给予行政处分。

第九十八条　税务代理人违反税收法律、行政法规，造成纳税人未缴或者少缴税款的，除由纳税人缴纳或者补缴应纳税款、滞纳金外，对税务代理人处纳税人未缴或者少缴税款50%以上3倍以下的罚款。

第九十九条　税务机关对纳税人、扣缴义务人及其他当事人处以罚款或者没收违法所得时，应当开付罚没凭证；未开付罚没凭证的，纳税人、扣缴义务人以及其他当事人有权拒绝给付。

第一百条　税收征管法第八十八条规定的纳税争议，是指纳税人、扣缴义务人、纳税担保人对税务机关确定纳税主体、征税对象、征税范围、减税、免税及退税、适用税率、计税依据、纳税环节、纳税期限、纳税地点以及税款征收方式等具体行政行为有异议而发生的争议。

《中华人民共和国行政许可法》（节选）

（2003年8月27日第十届全国人民代表大会常务委员会第四次会议通过）

第七章　法律责任

第七十一条　违反本法第十七条规定设定的行政许可，有关机关应当责令设定该行政许可的机关改正，或者依法予以撤销。

第七十二条　行政机关及其工作人员违反本法的规定，有下列情形之一的，由其上级行政机关或者监察机关责令改正；情节严重的，对直接负责的主管人员和其他直接责任人员依法给予行政处分：

（一）对符合法定条件的行政许可申请不予受理的；

（二）不在办公场所公示依法应当公示的材料的；

（三）在受理、审查、决定行政许可过程中，未向申请人、利害关系人履行法定告知义务的；

（四）申请人提交的申请材料不齐全、不符合法定形式，不一次告知申请人必须补正的全部内容的；

（五）未依法说明不受理行政许可申请或者不予行政许可的理由的；

（六）依法应当举行听证而不举行听证的。

第七十三条　行政机关工作人员办理行政许可、实施监督检查，索取或者收受他人财物或者谋取其他利益，构成犯罪的，依法追究刑事责任；尚不构成犯罪的，依法给予行政处分。

第七十四条　行政机关实施行政许可，有下列情形之一的，由其上级行政机关或者监察机关责令改正，对直接负责的主管人员和其他直接责任人员依法给予行政处分；构成犯罪的，依法追究刑事责任：

（一）对不符合法定条件的申请人准予行政许可或者超越法定职权作出准予行政许可决定的；

（二）对符合法定条件的申请人不予行政许可或者不在法定期限内作出准予行政许可决定的；

（三）依法应当根据招标、拍卖结果或者考试成绩择优作出准予行政许可决定，未经招标、拍卖或者考试，或者不根据招标、拍卖结果或者考试成绩择优作出准予行政许可决定的。

第七十五条　行政机关实施行政许可，擅自收费或者不按照法定项目和标准收费的，由其上级行政机关或者监察机关责令退还非法收取的费用；对直接负责的主管人员和其他直接责任人员依法给予行政处分。

截留、挪用、私分或者变相私分实施行政许可依法收取的费用的，予以追缴；对直接负责的主管人员和其他直接责任人员依法给予行政处分；构成犯罪的，依法追究刑事责任。

第七十六条 行政机关违法实施行政许可，给当事人的合法权益造成损害的，应当依照国家赔偿法的规定给予赔偿。

第七十七条 行政机关不依法履行监督职责或者监督不力，造成严重后果的，由其上级行政机关或者监察机关责令改正，对直接负责的主管人员和其他直接责任人员依法给予行政处分；构成犯罪的，依法追究刑事责任。

第七十八条 行政许可申请人隐瞒有关情况或者提供虚假材料申请行政许可的，行政机关不予受理或者不予行政许可，并给予警告；行政许可申请属于直接关系公共安全、人身健康、生命财产安全事项的，申请人在一年内不得再次申请该行政许可。

第七十九条 被许可人以欺骗、贿赂等不正当手段取得行政许可的，行政机关应当依法给予行政处罚；取得的行政许可属于直接关系公共安全、人身健康、生命财产安全事项的，申请人在三年内不得再次申请该行政许可；构成犯罪的，依法追究刑事责任。

第八十条 被许可人有下列行为之一的，行政机关应当依法给予行政处罚；构成犯罪的，依法追究刑事责任：

（一）涂改、倒卖、出租、出借行政许可证件，或者以其他形式非法转让行政许可的；

（二）超越行政许可范围进行活动的；

（三）向负责监督检查的行政机关隐瞒有关情况、提供虚假材料或者拒绝提供反映其活动情况的真实材料的；

（四）法律、法规、规章规定的其他违法行为。

第八十一条 公民、法人或者其他组织未经行政许可，擅自从事依法应当取得行政许可的活动的，行政机关应当依法采取措施予以制止，并依法给予行政处罚；构成犯罪的，依法追究刑事责任。

《中华人民共和国行政监察法实施条例》（节选）

（经2004年9月6日国务院第63次常务会议通过）

第二十四条 监察机关对被监察人员作出给予行政处分的监察决定，按照下列规定进行：

（一）对由本级人民代表大会及其常务委员会决定任命的本级人民政府各部门领导人员和下一级人民代表大会及其常务委员会选举或者决定任命的人民政府领导人员，拟给予警告、记过、记大过、降级处分的，监察机关应当向本级人民政府提出处分意见，经本级人民政府批准后，由监察机关下达监察决定；拟给予撤职、开除处分的，先由本级人民政府或者下一级人民政府提请同级人民代表大会罢免职务，或者向同级人民代表大会常务委员会提请免去职务或者撤销职务后，由监察机关下达监察决定；

（二）对本级人民政府任命的人员，拟给予警告、记过、记大过、降级处分的，由监察机关直接作出监察决定，报本级人民政府备案；拟给予撤职、开除处分的，监察机关应当向本级人民政府提出处分意见，经本级人民政府批准后，由监察机关下达监察决定；

（三）对本级人民政府所属各部门和下一级人民政府及其所属各部门任命的人员，拟给予行政处分的，由监察机关直接作出监察决定。其中，县级人民政府监察机关给予被监察人员开除处分的，应当报县级人民政府批准。

第二十五条 监察机关对违反行政纪律的人员作出给予行政处分的监察决定后，由人民政府人事部门或者有关部门按照人事管理权限执行，并办理有关行政处分手续。

人民政府人事部门或者有关部门应当将监察机关作出的监察决定及其执行、办理的有关材料归入受处分人员的档案，并在适当范围内宣布。

第二十六条 监察机关根据检查、调查结果，对违反行政纪律取得的财物，可以作出没收、追缴或者责令退赔的监察决定，但依法应当由其他机关没收、追缴或者责令退赔的除外。

《中华人民共和国行政复议法实施条例》（节选）

（经2007年5月23日国务院第177次常务会议通过，自2007年8月1日起施行）

第六章 法律责任

第六十二条 被申请人在规定期限内未按照行政复议决定的要求重新作出具体行政行为，或者违反规定重新作出具体行政行为的，依照行政复议法第三十七条的规定追究法律责任。

第六十三条 拒绝或者阻挠行政复议人员调查取证、查阅、复制、调取有关文件和资料的，对有关责任人员依法给予处分或者治安处罚；构成犯罪的，依法追究刑事责任。

第六十四条 行政复议机关或者行政复议机构不履行行政复议法和本条例规定的行政复议职责，经有权监督的行政机关督促仍不改正的，对直接负责的主管人员和其他直接责任人员依法给予警告、记过、记大过的处分；造成严重后果的，依法给予降级、撤职、开除的处分。

第六十五条 行政机关及其工作人员违反行政复议法和本条例规定的，行政复议机构可以向人事、监察部门提出对有关责任人员的处分建议，也可以将有关人员违法的事实材料直接转送人事、监察部门处理；接受转送的人事、监察部门应当依法处理，并将处理结果通报转送的行政复议机构。

参考文献

［1］罗豪才：《现代行政法的理论基础——论行政机关与相对一方的权利义务平衡》，《中国法学》1993年第1期。

［2］刘杰：《外国情报公开法述评》，《法学家》2000年第2期。

［3］冯国基：《行政资讯公开法律制度研究》，法律出版社2002年版。

［4］［英］韦德：《行政法》，徐炳等译，中国大百科全书出版社1997年版。

［5］王名扬：《法国行政法》，中国政法大学出版社1988年版。

［6］张世信、周帆：《行政法学》，复旦大学出版社2001年版。

［7］朱新力：《行政违法研究》，杭州大学出版社1999年版。

［8］费伟等：《行政责任概念之探究》，《法律园地》，2001年第2期。

［9］皮纯协、胡锦光：《行政法与行政诉讼法教程》，中央广播电视大学出版社1996年版。

［10］姜明安主编，马怀德、湛中乐副主编，司法部法律考试资格委员会编审：《行政法学》，法律出版社1998年版。

［11］沈开举、王钰：《行政责任研究》，郑州大学出版社2004年版。

［12］谭宗泽、杨解君：《行政违法的研究意义与界定探讨》，《南京大学法律评论》1996年秋季号。

［13］齐秀生：《先秦官吏考核制度考述》，《烟台大学学报》（哲学社会科学版）2005年第1期。

［14］司马迁：《史记》，中华书局1959年版。

［15］王宇信、杨升南：《中国政治制度通史》（第二卷），人民出版社1996年版。

［16］钱穆：《国史大纲》，商务印书馆1997年版。

［17］吴琼：《论中国古代官吏考绩制度》，硕士学位论文，安徽大学，2003年5月。

[18] 杜预等注：《春秋三传》，上海古籍出版社1987年版。

[19] 邓小南：《西汉官吏考课制度初探》，《北京大学学报》1987年第5期。

[20] 李景平、赵亮：《中外行政监察制度比较及其启示》，《西安交通大学学报》（社会科学版）2008年第4期。

[21] 郑利平：《腐败的经济学分析》，中共中央党校出版社2000年版。

[22] 王乐理：《西方政治思想史》（第一卷），天津人民出版社2005年版。

[23] ［古希腊］亚里士多德：《雅典政制》，商务印书馆1957年版。

[24] ［古罗马］西塞罗：《论共和国、论法律》，王焕生译，中国政法大学出版社1997年版。

[25] ［美］施特劳斯、克罗波西：《政治哲学史》（上），李天然等译，河北人民出版社1993年版。

[26] ［古罗马］查士丁尼：《法学总论——法学阶梯》，张企泰译，商务印书馆1986年版。

[27] ［意］斯奇巴尼选编：《公法》，张礼洪译，中国政法大学出版社1999年版。

[28] ［日］纸野健二：《关于东亚学会首届学术总会》，《法律时报》第67卷第7号。

[29] 《日本行政程序法》（1993年），朱芒、吴微译，《行政法学研究》1994年第1期。

[30] ［日］杉村敏正：《行政法讲义总论》（上卷），有斐阁1973年版。

[31] ［日］芝池义一：《行政法总论讲义》（第二版），有斐阁1994年版。

[32] 城仲模：《行政法之基础理论》，三民书局1994年版。

[33] ［日］高田敏：《日本行政程序观的发展》，《阪大法学》第39卷第3号。

[34] ［日］佐藤幸治：《"法的支配"之意义再考》，《法学教室》第185号，1995年11月。

[35] 罗豪才：《行政法学》，北京大学出版社1996年版。

[36] 《俄罗斯联邦行政违法法典（汇编）》，刘向文译，中国人民大学出版社2004年版。

[37] 马怀德:《行政赔偿责任的构成特征》,《政法论坛》1994年第4期。

[38] 门晓:《论我国行政监察法律制度之完善》,硕士学位论文,黑龙江大学,2011年11月。

[39] 何增科:《反腐新路:转型期中国腐败问题研究》,中央编译出版社2002年版。